NHK出版 これならわかる
イタリア語文法
入門から上級まで

武田 好
Takeda Yoshimi

NHK出版

はじめに

　イタリア語は、英語・スペイン語・中国語とともに世界で多く学習されている言語です。イタリアは日本との歴史的なつながりも深く、2015年は支倉常長ら慶長遣欧使節がイタリアに到着して400年、2016年は日伊国交樹立から150年の節目の年でした。歴史、美術、建築、文学、音楽、デザイン、ファッション、そして食文化を知るためにイタリア語を深めましょう。

　本書は、おかげさまで2016年の発刊以来、刷を重ねてきました。イタリア語を大切に思ってくださる読者の皆様に深謝申し上げます。ひととおり読めばイタリア語文法が身につけられることをめざして執筆の作業が始まりました。イタリア語を学習する過程で抱く疑問点や質問事項を念頭に置いて説明文を組み立てています。発音のカタカナ表記は、特に、イタリア語の持つ音の美しさを明示する目的で加えてあります。コラム Un momento! は、さらに一歩踏み込んだ文法項目や、他の要素と関わる観点をわかりやすくまとめました。イタリア語を学習する方々の傍らで文法の参考書として活用していただければ幸いです。

　本書を作成するにあたり、NHK出版語学編集部の重冨亜喜子さん、川竹克直さんには企画の段階から長期にわたって、また染谷香織さんには校正の折に大変お世話になりました。この場をお借りして御礼申し上げます。そして、校正とイタリア語のチェックを担当してくださったリッチ佐藤エレナ先生には、日伊双方の文化的背景や語感についてさまざまな場面で助言とご協力をいただきました。お力添えに感謝申し上げます。いつも激励の言葉をかけてくださった石浜哲士編集長、本書の完成に至るまで関わってくださった皆様に心からの感謝の思いを捧げます。

　私たちのイタリア語への熱き思いが読者の皆様に伝わりますように願いをこめて。

2023年12月　　武田　好

目次

はじめに ･･･ 3
本書の使い方 ･･･ 10
イタリア語のアルファベット ･･･････････････････････････････････ 11

第1章 文法の予備知識
- 1-1 文の構造 ･･ 12
- 1-2 基本文型 ･･ 13
- 1-3 文の組み立て方（主語の位置・主語の省略） ･･････････････ 14
- 1-4 文と節について ･･ 17

第2章 名詞
- 2-1 名詞の性について ･･････････････････････････････････････ 18
- 2-2 名詞の数について ･･････････････････････････････････････ 18
  - 2-2-1 語尾変化の規則性 ････････････････････････････････ 18
  - 2-2-2 例外的な語尾変化 ････････････････････････････････ 19
  - 2-2-3 語尾変化しない名詞 ･･････････････････････････････ 21
  - 2-2-4 数の概念 ･･ 22
- 2-3 親族を表す名詞 ･･ 22
- 2-4 接尾辞 ･･ 25
  - 2-4-1 縮小辞 -ino、-etto、-icino、-icciolo、-ello、
    -ellino、-ettino、-ello、-uccio ････････････････････ 25
  - 2-4-2 拡大辞 -one ･･････････････････････････････････････ 26
  - 2-4-3 軽蔑辞 -accio、-astro、-iciattolo ･･････････････････ 26

第3章 冠詞
- 3-1 不定冠詞 ･･ 27
- 3-2 定冠詞 ･･ 29
- 3-3 部分冠詞 ･･ 33

第4章 形容詞
- 4-1 形容詞の語尾変化 ･･････････････････････････････････････ 34
  - 4-1-1 一般的な変化 ････････････････････････････････････ 34
  - 4-1-2 特別な語尾変化をする形容詞 ･･････････････････････ 37
  - 4-1-3 形容詞の位置が変わることで意味も変わる例 ････････ 40
- 4-2 所有形容詞 ･･ 41
- 4-3 指示形容詞と指示代名詞 questo と quello ････････････････ 45
  - 4-3-1 questo ･･ 45
  - 4-3-2 quello ･･ 46

4-4	疑問詞	48
4-5	数形容詞	53
	4-5-1 主な基数形容詞	53
	4-5-2 基数形容詞の用法	54
	4-5-3 序数形容詞	56
	4-5-4 「日付」の言い方	58
	4-5-5 「世紀」の言い方	59
	4-5-6 「時刻」の言い方	60
4-6	感嘆文の作り方	63

第5章 動詞

5-1	自動詞と他動詞について	66
5-2	動詞 essere と avere	67
	5-2-1 essere「〜がいる」「〜である」	67
	5-2-2 avere「〜を持っている」	68
5-3	c'è と ci sono	70
5-4	直説法現在・規則動詞	71
	5-4-1 -are 動詞	72
	5-4-2 -ere 動詞	76
	5-4-3 -ire 動詞	79
5-5	不規則動詞	81
	5-5-1 不規則動詞 その1 andare、venire、fare、dare	81
	5-5-2 不規則動詞 その2 stare、dire、uscire、conoscere	91
	5-5-3 不規則動詞 その3	93
5-6	補助動詞 volere、potere、dovere、sapere	101
5-7	再帰動詞	106
5-8	使役動詞 fare	112
5-9	知覚動詞 vedere、guardare、sentire、ascoltare、udire、osservare	118
5-10	非人称の表現	120
5-11	非人称の si と受け身の si	125
	5-11-1 非人称の si	125
	5-11-2 受け身の si	128
	5-11-3 受け身の表現	130
5-12	動詞＋a＋不定詞、動詞＋di＋不定詞	133

目次

第6章 代名詞
- 6-1 主語人称代名詞 …… 137
- 6-2 直接補語人称代名詞 …… 138
- 6-3 間接補語人称代名詞 …… 141
- 6-4 補語人称代名詞の結合形 …… 146
- 6-5 ne の用法 …… 149
  - 6-5-1 数量を表すことばの代わりをする ne …… 149
  - 6-5-2 部分冠詞に対応する ne …… 150
  - 6-5-3 「動詞＋di～」に対応する ne …… 152
  - 6-5-4 ne を使った慣用表現 …… 152
  - 6-5-5 間接目的語と ne の結合について …… 153
- 6-6 ci、lo の用法 …… 155
  - 6-6-1 ci の用法 …… 155
  - 6-6-2 代名小詞 ci …… 156
  - 6-6-3 lo の用法 …… 159
- 6-7 関係代名詞 …… 161
  - 6-7-1 関係代名詞 che …… 162
  - 6-7-2 関係代名詞 cui …… 163
  - 6-7-3 所有を表す cui …… 166
  - 6-7-4 関係代名詞 chi …… 168

第7章 前置詞
- 7-1 代表的な前置詞 …… 170
- 7-2 前置詞と定冠詞の結合形 …… 181

第8章 不定形容詞、不定代名詞
- 8-1 不定形容詞・不定代名詞 …… 183
  - 8-1-1 不定形容詞について …… 183
  - 8-1-2 不定代名詞について …… 184
  - 8-1-3 不定形容詞、不定代名詞の両方の働きを持つもの …… 185
  - 8-1-4 分量を表す不定形容詞と不定代名詞の働きを持つもの …… 186

第9章 比較
- 9-1 比較級 …… 191
  - 9-1-1 優等比較級 …… 191
  - 9-1-2 劣等比較級 …… 192
  - 9-1-3 同等比較級 …… 193

9-2	相対最上級	194
9-3	絶対最上級	196
9-4	特別な形を持つ比較級	197

第10章 副詞

10-1	副詞の働き	200
10-2	-mente で終わる副詞	201
10-3	場所を表す副詞	204
10-4	時を表す副詞	204
10-5	量を表す副詞	205
10-6	副詞句、その他よく使う副詞	206

第11章 接続詞

11-1	等位接続詞	207
11-2	従位接続詞	209

第12章 間投詞

12-1	状況に応じたいろいろな間投詞	213
12-2	擬態語、擬声語、その他	215

第13章 法と時制

13-1	法について	217
13-2	時制について	217
13-3	直説法	
13-3-1	現在	218
13-3-2	近過去	219
13-3-3	近過去の作り方	220
13-3-4	半過去	231
13-3-5	大過去	236
13-3-6	未来形	238
13-3-7	前未来（先立未来）	245
13-3-8	遠過去	247
13-3-9	前過去（先立過去）	252
13-4	条件法	
13-4-1	条件法現在の活用と用法	253
13-4-2	条件法過去の活用と用法	256

目次

13-5 接続法
- 13-5-1　接続法現在の活用 …… 260
- 13-5-2　接続法現在の用法 …… 262
- 13-5-3　接続法過去の活用 …… 265
- 13-5-4　接続法過去の用法 …… 266
- 13-5-5　接続法半過去の活用 …… 268
- 13-5-6　接続法半過去の用法 …… 269
- 13-5-7　接続法大過去の活用 …… 269
- 13-5-8　接続法大過去の用法 …… 270
- 13-5-9　接続法の独立用法 …… 273

13-6 命令法
- 13-6-1　命令法の規則動詞の活用 …… 275
- 13-6-2　命令法の活用の特徴 …… 275
- 13-6-3　命令法の不規則動詞の活用 …… 276
- 13-6-4　否定命令 …… 278
- 13-6-5　補語人称代名詞との結合 …… 279
- 13-6-6　再帰動詞の命令法の活用 …… 281

13-7 不定法
- 13-7-1　ジェルンディオ …… 284
- 13-7-2　現在分詞 …… 289
- 13-7-3　過去分詞 …… 291
- 13-7-4　不定詞 …… 295

第14章 仮定文
- 14-1　仮定文の作り方 …… 299

第15章 時制の一致
- 15-1　主節と従属節の時制一致のルール …… 305
  - 15-1-1　主節の動詞が直説法現在の場合 …… 305
  - 15-1-2　主節の動詞が直説法過去の場合 …… 306
  - 15-1-3　主節の動詞が条件法の場合 …… 308
  - 15-1-4　主節の動詞が現在で、従属節の動詞に接続法を用いる場合 …… 309
  - 15-1-5　主節の動詞が過去時制で、従属節の動詞に接続法を用いる場合 …… 310

第16章 直接話法と間接話法
- 16-1　間接話法の作り方 …… 312

第17章 句読記号と発音関連
　17-1 句読記号 ……………………………………………… 318
　17-2 発音関連事項 ………………………………………… 323

付録
　ローマ数字と序数 ………………………………………… 328
　イタリア語の発音のめやす ……………………………… 329
　essere、avereおよび規則動詞活用表 ………………… 330

索引
　文法事項索引 ……………………………………………… 338
　イタリア語索引 …………………………………………… 341
　参考文献 …………………………………………………… 351

本書の使い方

　本書は最初から順を追って読むことで、イタリア語の文法の体系を身につけることができます。一方、学習中におろそかになりがちな文法の知識を確認するための参考書として，関心のある章から読むこともできます。

　文法事項に関連する別の事項をすぐに参照できるように、指差しマーク（☞ p.00）で関連ページを各所に挙げ、索引も充実させています。知りたい知識をインデックスや索引を使って、手早く獲得しましょう。

　本書は文法をわかりやすく説明することに重点に置いていますが、文法には例外がつきものです。コラム **Un momento!** では、文法解説からこぼれ落ちた知識や、一歩踏み込んだ知識を掲載しました。

イタリア語のアルファベット

Alfabeto italiano

a	ア		m	エンメ
b	ビ		n	エンネ
c	チ		o	オ
d	ディ		p	ピ
e	エ		q	クゥ
f	エッフェ		r	エッレ
g	ジ		s	エッセ
h	アッカ		t	ティ
i	イ		u	ウ
l	エッレ		v	ヴ／ヴィ
			z	ゼータ

外来語に使われるアルファベット

j	イ・ルンガ／イ・ルンゴ
k	カッパ
w	ドッピャ・ヴ／ドッピオ・ヴ
x	イクス
y	イプスィロン／イ・グレーカ／イ・グレーコ

第 1 章 文法の予備知識

文をつくる要素と文のつくり方の基本について学びましょう。

1-1 文の構造

アルファベットを用いる英語やフランス語などの他の言語と同様に、イタリア語の文は[主語＋動詞＋補語・目的語などの要素]の順が基本です。

いきなりですが、実際に文を見てみましょう。見るだけでなく、ふりがなを頼りに発音してみましょう。

① **Io sono Maria.** 　　私はマリーアです。
　　主語　動詞　　補語
　　イオ　ソーノ　マリーア

② **Questo gelato è buono!** 　このジェラートはおいしい！
　　　　　主　　　　動　補
　　クエスト ジェラート エ ブオーノ

③ **Dove mangiamo?** 　どこで食事しましょうか？
　　　補　　　動
　　ドヴェ　マンジャーモ

④ **Lui non è italiano.** 　彼はイタリア人ではありません。
　　主　動　補
　　ルイ　ノネ イタリアーノ

単語の意味も、文についての説明もまだですが、聞いたことがあるような響きがどこかに隠れていませんか？

さて、①の io は「私」のことです。会話では、イタリア語の1つの特徴として、わかっている場合には主語を省いてしまいます。実際の場面では通常は次のように言います。

① Sono Maria.　　　　　私はマリーアです。
　　ソーノ　マリーア

　②のフレーズもすぐに使えそうですね。**questo gelato** は「このジェラート」という意味です。
　③は「どこに」という疑問副詞を用いた疑問文です。疑問詞の後ろに動詞を置いて、文末を少し上げ調子に言うと気持がよく伝わります。
　④は否定文です。否定文を作るには動詞の直前に **non** を置きます。
　では、1つずつイタリア語の言葉のしくみをおさえていくことにしましょう。

1-2 基本文型

イタリア語の基本文型を見てみましょう。

① Marco è studente.　　マルコは学生です。
　　主　動　　補

② Marco è simpatico.　　マルコは感じがいいです。
　　主　動　　補

　上の2つの文の主語は **Marco** です。è は「～です」「～である」を意味する動詞 essere の変化（活用）した形です。このように、動詞 essere の次に名詞や形容詞が続いて1つの文が作られます。
　essere は次に続く名詞や形容詞と、主語とを結びつけています。
　studente「学生」も **simpatico**「感じのよい」も主語のマルコのことを説明する補語としての働きをしています。

③ Marco lavora.　　　　マルコは働きます。
　　主　　動

④ Marco legge un libro.　マルコは本を読みます。
　　主　　動　　補

　主語は **Marco** です。**lavora** は「働く」を意味する動詞 **lavorare** の変化した形（活用形）です。**legge** は「読む」を意味する動詞 **leggere** の活用形です。

un libro は「1冊の本」です。un libro は legge の補語で、詳しく言うと直接目的語の役割を果たしています。

⑤ <u>Marco</u> <u>telefona</u> <u>a Rita</u>.　マルコはリータに電話をします。
　　主　　　動　　　補

主語は Marco です。telefona は動詞 telefonare「電話する」の活用形です。

a は「〜に」という意味の前置詞です。a Rita「リータに」は telefona の補語で、間接目的語の役割を果たしています。

⑥ <u>Marco</u>　<u>regala</u>　<u>una collana</u>　<u>a Rita</u>.
　　主　　　　動　　　補語（直接目的語）　補語（間接目的語）

　　　　　　　　　　　　　　マルコはリータにネックレスを贈ります。

主語は Marco です。regala は動詞 regalare「贈る」の活用形、una collana は「1つのネックレス」、a は「〜に」です。

una collana は直接目的語、a Rita「リータに」は間接目的語です。

⑦ <u>Marco</u> <u>chiama</u> <u>Rita</u> <u>amore</u>.
　　主　　　動　　　補　　補

　　　　　　　　　　　　　　マルコはリータをアモーレと呼びます。

主語は Marco です。chiama は動詞 chiamare「〜と呼ぶ」の活用形、Rita は chiama の直接目的語、amore は Rita を説明する補語の役割を果たしています。

1-3 文の組み立て方（主語の位置・主語の省略）

　　　主語　＋　動詞　＋　補語・目的語などの要素
　　　Tu　　　 sei　　　italiano.　　きみはイタリア人です。

tu は主語「きみは」、sei は動詞 essere「〜です」の活用形、italiano は「イタリア人（男性）」です。

14

否定文は動詞の直前に **non** をつけます。

 Tu non sei italiano. きみはイタリア人ではありません。

疑問文は文末に [?] をつけます。主語と動詞を倒置させる必要はありません。

 Tu sei italiano? きみはイタリア人ですか？
 Tu non sei italiano? きみはイタリア人ではないのですか？

話者の間で了解されているとき、主語の人称代名詞が省略されることがよくあります。

 (Tu) Sei italiano? きみはイタリア人ですか？
 (Tu) Non sei italiano? きみはイタリア人ではないのですか？

マルコを主語にした文を見てみましょう。

平叙文	Marco è italiano.	マルコはイタリア人です。
否定文	Marco non è italiano.	マルコはイタリア人ではありません。
疑問文	Marco è italiano?	マルコはイタリア人ですか？
疑問文	È italiano Marco?	マルコはイタリア人ですか？

疑問文の語順は、平叙文のときの語順のままか、主語の **Marco** が最後に置かれるかのどちらかです。è italiano「イタリア人である」という部分の2つの単語の結びつきが大切にされています。

 Dove abita Marco? マルコはどこに住んでいますか？

dove は「どこに」、**abita** は動詞 **abitare**「住む」の活用形です。疑問詞で始まる疑問文のとき、主語は動詞の後ろに置かれます。

 Dove vanno Marco e Rita? マルコとリータはどこへ行くのですか？

vanno は動詞 **andare**「行く」の活用形、**e** は「〜と」です。

他の例を見てみましょう。

(Io) Vado fuori per un momento.　少し外へ出てきます。

Quando partite (voi) per le vacanze?
あなたたちはいつバカンスへ出発するの？

fuori は「外へ」、per un momento「少しの間」（per「の間」un「1つの」momento「瞬間」）、quando「いつ」、partite は動詞 partire「出発する」の変化した形、le は定冠詞、vacanze は vacanza「休暇」の複数形です。

主語は ( ) に入っていますが、状況に応じてこの位置につけたり、省いたりします。

主語の強調／明示

動詞の後ろに主語を置いて主語が強調されるときがあります。

Lo fai tu con calma.　きみがそれを落ち着いてやるといい。

Cantano loro al concerto di questa sera.
今夜のコンサートで歌うのは彼らです。

主語の間で対照させる場合は、主語を明示します。

Io preferirei la carne, invece lei il pesce.
私は肉のほうがいいが、彼女は魚にします。

anche「〜も」, nemmeno, neanche, neppure「〜さえない」, almeno「少なくとも」などの語に続く場合は、主語は必ず明示します。

Vieni al bar anche tu?　きみもバールに来るかい？

Non capivo quella domanda nemmeno io.
その質問を私も理解できなかった。

Vorrei che almeno loro provassero a protestare.
少なくとも彼らが抵抗を示してほしいのだが。

接続法の活用において、動詞の活用形から主語が判断しにくい場合は（例えば、接続法半過去の io、tu のときの活用形はどちらも fossi

です)、主語を必ず明示します。

Mia madre pensava che <u>tu</u> fossi arrivato prima.
私の母はきみが先に到着したと思っていた。

Mia madre pensava che <u>io</u> fossi arrivato prima.
私の母は私が先に到着したと思っていた。

1-4 文と節について

節とは文をつくる要素のことで、[主語＋動詞]からなります。

<u>Io</u> <u>sono</u> felice.　　私は幸せです。

felice は「幸せな」という意味の形容詞です。

主語と従属節／目的節

<u>Sono felice</u> <u>quando sto con Rita</u>.
私はリータと一緒にいるとき幸せです。

quando は「〜のとき」、sto は動詞 stare「いる」の活用形、con は「〜と一緒に」です。この文は 2 つの節からなります。sono felice が**主節**、[quando ＋節] の部分を**従属節**と呼びます。quando sto con Rita は時を表す節です。

<u>Rita dice</u> <u>che Marco ha comprato una macchina</u>.
マルコが車を買ったとリータは言っています。

dice は動詞 dire「言う」の活用形、che は接続詞の働きで「〜ということを」、ha comprato「彼は買った」、una macchina「1 台の車」です。Rita dice が主節、従属節の [che ＋節] の部分は dice の目的語になっています。このようなとき、che に導かれる部分を**目的節**と呼びます。

このように、主節に対するそれぞれの働きによって、従属節、目的節、条件節などさまざまな名称で呼ばれる節があります。

第2章 名詞 (I nomi)

人や動物、物、事柄や観念などを表す語です。lui「彼」、Colosseo「コロッセオ」、gatto「猫」、casa「家」、festa「パーティー」、bellezza「美しさ」、giustizia「正義」、Dante「ダンテ」、Firenze「フィレンツェ」などがそうです。名詞には男性名詞と女性名詞の区別、単数と複数があります。

2-1 名詞の性について

　イタリア語の名詞は大きく分けて語尾の母音が -o, -a, -e のどれかで終わります。例えば、下表の gelato、pizza、limone、canzone のように。名詞には文法上の男性・女性の区別があって、それぞれ**男性名詞**か、**女性名詞**に分けられます。語尾の母音が -o で終わるものは男性名詞、-a で終わるものは女性名詞と覚えましょう。ジェラートが男性名詞でピッツァが女性名詞というのは変な感じがしますが、文法上の決まりだと思ってください。

　-e で終わるものは男性名詞のときと、女性名詞のときがあります。1つずつ辞書で確かめるといいでしょう。リモーネは男性名詞、カンツォーネは女性名詞です。-e で終わるものは名詞全体のおよそ25パーセントです。

男性名詞			女性名詞		
-o	gelato	ジェラート	-a	pizza	ピッツァ
-e	limone	レモン	-e	canzone	歌

2-2 名詞の数について (Il numero dei nomi)

2-2-1 語尾変化の規則性

　名詞には**単数形**（辞書の見出しに出ている形）と**複数形**があります。単数形の名詞を複数形にするには、男性名詞の語尾 -o は -i に、女性名詞の語尾 -a は -e に、単数形が -e で終わる名詞は男性名詞、女性名

詞ともに -i に変えます。名詞の数の変化とともに語尾の音がはっきりと変わるわけです。大切なのは最後の母音の音。[-o → -i][-a → -e][-e → -i][オ→イ][ア→エ][エ→イ]と語尾変化します。

	単数		複数	
男性名詞	pani**no** fior**e**	➡ ➡	pani**ni** fior**i**	パニーノ 花
女性名詞	piz**za** stazion**e**	➡ ➡	piz**ze** stazion**i**	ピッツァ 駅

　例えば、「パニーニ」は panino の複数形 panini ですから、イタリア人は「パニーニ」と聞くと瞬間的に複数を思い浮かべます。同じように、fiore「フィオーレ」は花1輪、fiori「フィオーリ」となると2輪以上の花がイメージされます。

Un momento!

男性名詞と女性名詞の見分け方

　-e で終わる名詞が男性名詞か、女性名詞かは、そのつど1つずつ覚えていくしか方法がありませんが、ちょっとした見分け方を紹介します。-ione（[ィオーネ]の音です）で終わる名詞のほとんどは女性名詞です。

televisione テレビ　　stazione 駅　　stagione 季節
テレヴィズィオーネ　　スタツィオーネ　　スタジョーネ

　-e で終わる名詞の見分け方で、-ore[-オーレ]、-one[-オーネ]、-ale[-アーレ]、-ile[-イーレ] で終わる名詞は男性名詞です。

fiore 花　　sapone せっけん　　giornale 新聞　　fucile 銃
フィオーレ　　サポーネ　　　　ジョルナーレ　　　フチーレ

2-2-2 例外的な語尾変化

　男性名詞、女性名詞の単数→複数の語尾変化の規則　-o → -i、-a → -e、-e → -i［オ→イ、ア→エ、エ→イ］をマスターしたところで、次のことを確認しておきましょう。

2. 名詞の数について

-co、-go で終わる男性名詞は co[コ]→ chi[キ]、go[ゴ]→ ghi[ギ] となります。それぞれカ行、ガ行の変化です。

parco 公園 → parchi
パルコ　　　　パルキ

gioco ゲーム → giochi
ジョーコ　　　　ジョーキ

lago 湖 → laghi
ラーゴ　　　ラーギ

albergo ホテル → alberghi
アルベルゴ　　　　アルベルギ

ところが、後ろから3番めの母音にアクセントのある -co、-go で終わる男性名詞は、co[コ]→ ci[チ]、go[ゴ]→ gi[ジ]と変化します。

medico 医者 → medici
メーディコ　　　　メーディチ

sindaco 市長 → sindaci
スィンダコ　　　　スィンダチ

biologo 生物学者 → biologi
ビオーロゴ　　　　　ビオーロジ

asparago アスパラガス → asparagi
アスパーラゴ　　　　　　アスパーラジ

最もよく使う単語の1つ amico「男友達」は例外的に次のように変化します。丸暗記しましょう。

amico → amici (amich̶i)
アミーコ　　アミーチ

-ca、-ga で終わる女性名詞は、それぞれカ行、ガ行の変化です。ca[カ]→ che[ケ]、 ga[ガ]→ ghe[ゲ]です。

amica 女友達 → amiche
アミーカ　　　　アミーケ

bottega 工房 → botteghe
ボッテーガ　　　　ボッテーゲ

つづりを間違いやすいのは -cia、-gia で終わる女性名詞のときです。cia、gia の前が母音のときは cia[チャ]→ cie[チェ]、gia[ジャ]→ gie[ジェ]と変化します。

camicia シャツ → camicie
カミーチャ　　　　　カミーチェ

malvagia 悪党 → malvagie
マルヴァージャ　　　　マルヴァージェ

cia、gia の前が子音のときは cia[チャ]→ ce[チェ]、gia[ジャ]→ ge[ジェ]と変化します。発音はどちらも同じ変化ですね。日常会話でよく使う valigia「スーツケース」→ valigie、 spiaggia「海岸」→ spiaggie は valige、spiagge の形もよく用いられます。

arancia オレンジ → **arance**
アランチャ　　　　　　　アランチェ

pioggia 雨 → **piogge**
ピオッジャ　　　　ピオッジェ

cia、gia の i にアクセントのある次のような語は、発音しながらアクセントと一緒に変化を覚えましょう。

farmacia 薬局 → **farmacie**
ファルマチーア　　　　　　ファルマチーエ

bugia 嘘 → **bugie**
ブジーア　　　　ブジーエ

2-2-3 語尾変化しない名詞

なかには単数から複数にしたときに語尾変化しない名詞もあるので例外として覚えておきましょう。

caffè「コーヒー」、**tè**「紅茶」のように最後の母音にアクセントがついている名詞は、単数形、複数形とも同じ形です。1杯でも2杯でも **caffè、tè** のままです。ほかに、**città**「街」、**università**「大学」、**libertà**「自由」、**gioventù**「青春」、**papà**「お父さん」などがあります。

外来語起源の名詞

autobus バス アウトブス	**bar** バール バール
computer コンピューター コンピューテル	**depliant** リーフレット デプリアーン
fax ファックス ファクス	**film** 映画 フィルム
foulard スカーフ フラール	**gas** ガス ガス
manga マンガ マンガ	**sport** スポーツ スポルト
yogurt ヨーグルト ヨグルト	

これらの外来語は単複同形です。また、男性名詞として扱われます。

2-2-4 数の概念

ここで概念的なことを1つ。pizza「ピッツァ」のように数えられる名詞は複数形にしますが、1つ、2つ…と数えられないもの、例えば、液体・気体・粉末状・固体状のものは原則として複数形になりません。acqua「水」、aria「空気」、zucchero「砂糖」、pane「パン」、riso「米」などがそうです。これらの量を伝えたいときには、「少しの〜」「○○杯の〜」のように、数量を表す語をつけ加えることになります。vino(ワイン)そのものは数えられませんが、ワインリストなどでよく見かけるviniは、ワインの種類を明示しているのです。

パスタのspaghetti「スパゲッティ」は複数形です(spaghettoは小さなひも)。同様にpenne[ペンネ]、fettuccine[フェットゥッチーネ]、ravioli[ラヴィオーリ]、lasagne[ラザーニェ]、gnocchi[ニョッキ]もイタリア語では常に複数形です。

2-3 親族を表す名詞

それでは続いて、父、母など親族を表す名詞を見ていきましょう。家族、親族で集まる機会の多いイタリアでは、これらの語が会話の中で頻繁に登場します。男女を並べてセットで覚えましょう。

uomo – donna	maschio – femmina
ウォーモ　ドンナ	マスキオ　　　フェンミナ
人、男性　女性	男　　　　　　女

padre – madre	marito – moglie
パードレ　マードレ	マリート　モッリェ
父　　　　母	夫　　　　妻

figlio – figlia	fratello – sorella
フィッリョ　フィッリャ	フラテッロ　ソレッラ
息子　　　娘	兄弟　　　姉妹

cugino – cugina	zio – zia
クジーノ　クジーナ	ツィーオ　ツィーア
従兄弟　　従姉妹	おじ　　　おば

nonno – nonna　　suocero – suocera
ノンノ　　ノンナ　　スオーチェロ　　スオーチェラ
祖父　　祖母　　　しゅうと、義父　しゅうとめ、義母

genero – nuora　　nipote
ジェーネロ　ヌオーラ　　ニポーテ
娘の夫、婿　息子の妻、嫁　甥、姪、孫（男女同形）

uomo、donna は化粧室の男性用、女性用を区別するときなどに用います。成人男性、成人女性をイメージします。英語の man、woman に当たります。maschio、femmina は子どもについて男が2人、女が1人……のように内訳を説明するときに、よく用います。息子の複数形 figli だけでは、息子ばかりいるのか、息子と娘がいるのか、わからないからです。

　　Ho tre figli: due maschi e una femmina.
　　　　　　　　私は子どもが3人います。息子が2人、娘が1人です。

nipote という語が甥、姪、孫のどれを意味しているかは、前後の文脈や会話の状況から理解します。

男女セットで覚えると便利な名詞

　男女で形の違う語です。セットで覚えましょう。

signore – signora　　cameriere – cameriera
スィニョーレ　スィニョーラ　　カメリエーレ　カメリエーラ
男性、〜さん　女性、〜さん　ウェイター　ウェイトレス

infermiere – infermiera　　padrone – padrona
インフェルミエーレ　インフェルミエーラ　　パドローネ　パドローナ
看護師（男性）　看護師（女性）　主人、オーナー（男性）　主人、オーナー（女性）

parrucchiere – parrucchiera　　poeta – poetessa
パッルッキエーレ　パッルッキエーラ　　ポエータ　ポエテッサ
美容師（男性）　美容師（女性）　詩人（男性）　詩人（女性）

3. 親族を表す名詞

professore – professoressa
プロフェッソーレ　プロフェッソレッサ
大学教員 (男性)　大学教員 (女性)

conte – contessa
コンテ　　　コンテッサ
伯爵　　　伯爵夫人

principe – principessa
プリンチペ　　プリンチペッサ
王子　　　　王女

studente – studentessa
ストゥデンテ　　　ストゥデンテッサ
学生、生徒 (男性)　学生、生徒 (女性)

scrittore – scrittrice
スクリットーレ　　スクリットリーチェ
作家 (男性)　　作家 (女性)

attore – attrice
アットーレ　　アットリーチェ
俳優 (男性)　俳優 (女性)

pittore – pittrice
ピットーレ　　ピットリーチェ
画家 (男性)　画家 (女性)

次の -a で終わる語は男女同形です。実際には冠詞 ☞ p.27 をつけて区別します。

collega – collega
コッレーガ
同僚 (男性)　同僚 (女性)

astronauta – astronauta
アストロナウタ
宇宙飛行士 (男性)　宇宙飛行士 (女性)

atleta – atleta
アトレータ
アスリート (男性)　アスリート (女性)

次の -e で終わる語は男女同形です。実際には冠詞をつけて区別します。

cantante – cantante
カンタンテ
歌手 (男性)　歌手 (女性)

negoziante – negoziante
ネゴツィアンテ
商店主 (男性)　商店主 (女性)

物語の中で見ることの多い次の語も紹介しておきましょう。

re – regina
レ　レジーナ
王　王妃

eroe – eroina
エローエ　エロイーナ
英雄、ヒーロー　女傑、ヒロイン

dio – dea
ディーオ　デーア
神　　女神

2-4 接尾辞 （I suffissi）

イタリア語の多くの名詞は、語末の母音をとって接尾辞をつけると意味のバリエーションを増やすことができます。例えば、**縮小辞**をつけると「小さい」という意味が加わります。また、ニュアンスが加わって、意味が変わることもあります。

2-4-1 縮小辞 （I diminutivi e i vezzeggiativi）
-ino、-etto、-icino、-icciolo、-ello、-ellino、- ettino、-uccio

これらの縮小辞がついた語は「小さい」という意味が加わります。おおむね、かわいらしさや親愛をこめた場合が多いです。

ragazzo 青年	→	ragazzino 少年
mano 手	→	manina 小さい手
libro 本	→	libretto 小さな本、オペラの台本／リブレット
borsa かばん	→	borsetta ハンドバッグ、ポシェット
bacio キス、口づけ	→	bacino, bacetto 小さなキス
albero 木	→	alberello 小さな木
fiore 花	→	fiorellino 小さな花
biglietto 切符、カード	→	bigliettino 小さなカード
porta 門	→	porticina 小さな門
strada 道	→	stradina 小道

名詞のほか、形容詞や副詞も同様です。会話の中でよく使われます。

bello 美しい	→	bellino かわいい
freddo 寒い	→	freddino 少し寒い
bene よく	→	benino 少しよく
poco 少し	→	pochino ほんの少し
presto 早く	→	prestino 少し早く
tesoro 宝物	→	tesoruccio かわいい宝物

ただし、-uccio には軽蔑のニュアンスが加わる場合もあります。

| bocca 口 | → boccuccia 小さな口、曲げた口 |
| vestito 服 | → vestituccio ひどい服、趣味の悪い服 |

2-4-2 拡大辞 （Gli accrescitivi） -one

libro 本	→ librone 大きな本
sala 広間	→ salone 大広間
donna 女	→ donnone 大女

これらの拡大辞がついた語は「大きい」というニュアンスが加わります。-one がつくと男性名詞になります。

2-4-3 軽蔑辞 （I peggiorativi） -accio、-astro、-iciattolo

これらの接尾辞がついた語は、軽蔑や蔑称など、否定的なニュアンスが加わります。

ragazzo 少年／青年	→ ragazzaccio 悪童、悪さをする少年／青年
parola 単語、言葉	→ parolaccia 汚い言葉、ののしり
serata 夕べ	→ serataccia ひどい晩
carta 紙	→ cartaccia 紙くず
tempo 天気	→ tempaccio ひどい天気
medico 医者	→ medicastro やぶ医者
fiume 川	→ fiumiciattolo 汚れた川、とるに足りない川

色を表す形容詞に -astro がつくと、「〜色っぽい、〜色を帯びた」の意味になります。

bianco 白い	→ biancastro 白っぽい
verde 緑色の	→ verdastro 緑がかった
giallo 黄色い	→ giallastro 黄色っぽい

第3章 冠詞 (Gli articoli)

冠詞は、名詞の前に「冠」のようにつきます。不定冠詞、定冠詞、そして部分冠詞があります。

3-1 不定冠詞 (L'articolo indeterminativo)

名詞には一般に **un** とか **il** のような冠詞がつきます。冠詞には不定冠詞と定冠詞の2種類があり、不定冠詞は「1つの」「ある」、定冠詞は「その、いつもの」「〜というもの」を表します。冠詞は名詞の最初のつづりによって形が少し変わります。音の滑らかさを実感しながら発音してみましょう。

男性	**un**	ほとんどの語
	uno	s+子音、z、gn、pn、ps、x、yではじまる語
女性	**una**	子音ではじまる語
	un'	母音ではじまる語

不定冠詞の代表は男性名詞の前につく **un** と女性名詞の前につく **una** です。まずこの2つを覚えましょう。男性名詞の中で、s + 子音、zなどではじまる語の前では **uno** になります。**uno studente**（学生）、**uno zaino**（リュック）の例を暗記しておきましょう。母音ではじまる女性名詞の前では **un'** になります（**una** のaが省略された形）。**un' oliva**（オリーブ[ウノリーヴァ]）、**un' arancia**（オレンジ[ウナランチャ]）の例を暗記しておきましょう。

勢いよく滑らかに発音するために **un'** と縮めています。イタリア語では[ウナオリーヴァ][ウナアランチャ]のように母音が重なって音が伸びることをあまり好みません。

1. 不定冠詞

un libro　1冊の本　　　　una borsa　バッグ1個
un anno　1年　　　　　　una notte　一晩、ある晩
uno studente　男子学生1人　un'oliva　オリーブ1個

Un momento!

un' について

　母音ではじまる女性名詞のとき un' になりますが、その例を見ておきましょう。母音の省エネを発音しながら確認してください。

un'ora　1時間　　un'aranciata　オレンジジュース1杯
ウノーラ　　　　　ウナランチャータ

un'idea　1つの考え
ウニデーア

　不定冠詞の男性形に un' という形はありません。un amico[ウナミーコ]（男友達1人）となります。一方、「女友達1人」は un'amica[ウナミーカ] です。

要注意の単語

日頃よく目にする「s + 子音ではじまる男性名詞」を見ておきましょう。

uno sbaglio　誤り　　　　uno scherzo　冗談
uno specchio　鏡　　　　uno spettacolo　芝居、ショー
uno sposo　新郎　　　　 uno stadio　スタジアム
uno stato　国家　　　　　uno stile　スタイル、様式
uno stipendio　給与　　　uno straniero　外国人
uno strumento　道具　　 uno svizzero　スイス人

3-2 定冠詞 (L' articolo determinativo)

	単数	複数	
男性	il	i	ほとんどの子音ではじまる語
	lo	gli	s+子音、z、gn、ps、x、yではじまる語
	l'	gli	母音ではじまる語
女性	la	le	子音ではじまる語
	l'	le	母音ではじまる語

　定冠詞の代表は**男性名詞単数形につくil**と**女性名詞単数形につくla**です。それぞれ複数はi、leと変化します。il→i[イル→イ]、la→le[ラ→レ]と覚えましょう。定冠詞の男性形は、s+子音、z、gn、ps、x、yではじまる語の前でlo→gli[リ]、母音ではじまる語の前ではl'→gli、女性形は母音ではじまる語の前でl'→leとなります。

	単数		複数
男性	**il** regalo　その贈り物	➡	**i** regali
	lo studente　その男子学生	➡	**gli** studenti
	l'albero　その木	➡	**gli** alberi
女性	**la** chiesa　その教会	➡	**le** chiese
	l'amica　その女友達	➡	**le** amiche

-ista の性別は冠詞で区別

　ピアニスト、バイオリニスト、ジャーナリストはそれぞれpianista、violinista、giornalistaです。-istaで終わる職業名は男女同形です。男性か女性かは冠詞ilやlaをつけて区別します。複数形はそれぞれi pianisti（男性複数）、le pianiste（女性複数）のように-isti、-isteとなり、区別することができます。

　母音ではじまる場合は、単数形を見て男性か女性かを区別できませんが、実際には、その場の状況などから判断できるのでさほど困ることはないでしょう。定冠詞をつけた例を見てください。

| 男性 || 女性 ||
単数	複数	単数	複数
il dentista	→ i dentisti	la dentista	→ le dentiste　歯医者
lo stilista	→ gli stilisti	la stilista	→ le stiliste　デザイナー
il farmacista	→ i farmacisti	la farmacista	→ le farmaciste　薬剤師
l'artista	→ gli artisti	l'artista	→ le artiste　アーティスト
l'analista	→ gli analisti	l'analista	→ le analiste　アナリスト
l'alpinista	→ gli alpinisti	l'alpinista	→ le alpiniste　アルピニスト
il turista	→ i turisti	la turista	→ le turiste　ツーリスト、観光客

男女混合の場合は男性表現が優先

　「友達」は定冠詞をつけると、l'amico（男性単数）→ gli amici（男性複数）、l'amica（女性単数）→ le amiche（女性複数）の4とおりの言い方があります。友だちグループの中に、1人でも男性が含まれると、男性複数で表します。gli amiciは「男性ばかり」「男性＋女性の混合」の2とおりの意味があります。男女混合の場合は男性複数形で表記する、と覚えておきましょう。

-aで終わる男性名詞、-oで終わる女性名詞

　-oで終わる名詞は男性名詞、-aで終わる名詞は女性名詞が原則ですが、いくつかの例外があります。

　-aで終わる男性名詞にはpoeta（詩人）、papa（教皇）、profeta（預言者）などがあります。-aで終わる男性名詞の複数は-iと覚えておきましょ

う。同様にギリシア語源の -ma で終わる名詞 programma「番組」、problema「問題」、poema「詩」、sistema「制度」、diploma「卒業証書」、panorama「眺望」なども、複数形は -mi です。

il diploma → i diplomi
イル ディプローマ　イ ディプローミ

il panorama → i panorami
イル パノラーマ　イ パノラーミ

il papa → i papi
イル パーパ　イ パーピ

il poema → i poemi
イル ポエーマ　イ ポエーミ

il poeta → i poeti
イル ポエータ　イ ポエーティ

il problema → i problemi
イル プロブレーマ　イ プロブレーミ

il profeta → i profeti
イル プロフェータ　イ プロフェーティ

il programma → i programmi
イル プログランマ　イ プログランミ

il sistema → i sistemi
イル スィステーマ　イ スィステーミ

cinema「映画館」、foto「写真」、auto「自動車」、moto「バイク」、radio「ラジオ」は、もとは cinematografo、fotografia、automobile、motocicletta、radiofonia でした。長いので省略された形を日常的に用います。**単複同形**です。

il cinema → i cinema
イル チーネマ　イ チーネマ

la foto → le foto
ラ フォート　レ フォート

la moto → le moto
ラ モート　レ モート

la radio → le radio
ラ ラーディオ　レ ラーディオ

l'auto → le auto
ラウト　レ アウト

以下のような -i で終わる名詞は、学術的なことを言う場面でよく見かけますが、単複同形です。ラテン語、ギリシア語源の言葉です。

la crisi 危機 → le crisi
ラ クリーズィ　レ クリーズィ

l'analisi 分析 → le analisi
ラナーリズィ　レ アナーリズィ

la tesi 論文 → le tesi
ラ テーズィ　レ テーズィ

31

la sintesi 総合、総括 → le sintesi　　l'ipotesi 仮説 → le ipotesi
ラ スィンテズィ　　　　　レ スィンテズィ　　リポーテズィ　　　レ イポーテズィ

単音節の語は単複同形です。

il re 王 → i re　　　la gru 鶴 → le gru
イル レ　　イ レ　　　　ラ グル　　　レ グル

定冠詞の例外的用法

　身体の一部を表す語は、単数は -o で終わる男性名詞、複数は -a で終わる女性名詞になるものが多くあります。これらのものは、定冠詞をつけた形で単数と複数を何度も発音しながら覚えてしまいましょう。それぞれ男性複数の形も持ちますが、たとえば、**i bracci** は「腕状のもの」、**i labbri** は「器の口」など、意味が変わります。

il braccio 腕　→ le braccia　　il labbro 唇　→ le labbra
イル ブラッチョ　　レ ブラッチャ　　イル ラッブロ　　　レ ラッブラ

il dito 指　→ le dita　　il ginocchio 膝 → le ginocchia
イル ディート　　レ ディータ　　イル ジノッキォ　　レ ジノッキァ

il corno 角　→ le corna　　l'osso 骨　→ le ossa
イル コルノ　　　レ コルナ　　　ロッソ　　　　レ オッサ

　これまで単数→複数について学んできましたが、一般的に複数形しか使わないものがあります。

le forbici ハサミ　　i pantaloni ズボン
レ フォルビチ　　　　イ パンタローニ

gli occhiali 眼鏡　　le mutande パンツ、ショーツ　le ferie 休暇、休み
リ オッキァーリ　　　レ ムタンデ　　　　　　　　　レ フェーリエ

　特に変わった変化をする名詞を挙げておきます。

l'uomo 男性 → gli uomini　　l'uovo 卵 → le uova
ルオーモ　　　リ ウオーミニ　　　ルオーヴォ　　レ ウオーヴァ

32

3-3 部分冠詞 (L'articolo partitivo)

「ワインはいかが？」「砂糖を入れる？」と言うとき、vino、zucchero の前には何をつければよいのだろう、と考えた経験があると思います。このようなときは部分冠詞をつけます。

　　Vuole del vino?　Metti dello zucchero?

この del、dello が部分冠詞と呼ばれるものです。
　部分冠詞の作り方は [di + 定冠詞] です。「いくつかの」「いくらかの」という意味を持ちます。

　　Hai degli amici italiani?　きみは何人かイタリア人の友だちはいるかい？
　　Ho letto dei libri durante la pausa.
　　　　　　　　　　　　　　　　　　　私は休憩中に何冊か本を読んだ。

　　C'è del latte nel frigo.　冷蔵庫に牛乳が少しあるよ。
　　Ho comprato del pane.　私はパンを少し買いました。

このように、数えられる名詞のときは、[di + 定冠詞の複数形]、数えられない名詞のときは、[di + 定冠詞の単数形] にします。「3人」、「5冊」、「たくさんの」、のようにはっきりと示さない、漠然とした分量を表します。これらは、alcuni/alcune「いくつかの」、un po' di「少しの」を用いて言い換えることができます。

　　Hai alcuni amici italiani?　きみは何人かイタリア人の友だちはいるかい？
　　Ho letto alcuni libri durante la pausa.
　　　　　　　　　　　　　　　　　　　私は休憩中に何冊か本を読んだ。

　　C'è un po' di latte nel frigo.　冷蔵庫に牛乳が少しあるよ。
　　Ho comprato un po' di pane.　私はパンを少し買いました。

形容詞 (Gli aggettivi)

形容詞は名詞を説明します。名詞を修飾するので、名詞に合わせて男性形・女性形、単数形、複数形があります。

4-1 形容詞の語尾変化

4-1-1 一般的な変化

「かわいい」「小さい」のように、人や物の性質や形状などを表す形容詞を品質形容詞と言います。語尾が -o で終わるものと、-e で終わるものの2とおりがあります。

piccolo 小さい　　　　**carino** かわいい
ピッコロ　　　　　　　　カリーノ

grande 大きい　　　　**gentile** 親切な
グランデ　　　　　　　　ジェンティーレ

これらの形容詞も修飾する名詞に合わせて語尾を変化させます。

	-o で終わる形容詞 単数	-o で終わる形容詞 複数	-e で終わる形容詞 単数	-e で終わる形容詞 複数
男性	-o ➡ -i		-e ➡ -i	
女性	-a ➡ -e			

「～が…である」の文の「…である」という部分に形容詞を用いるとき、主語の性・数に合わせます。主語が女性名詞単数のとき、-o で終わる形容詞の語尾は -a にしましょう。-e で終わる形容詞は、主語が男性単数、女性単数のどちらでも -e のままです。

Il letto è piccolo.　　　そのベッドは小さいです。
La camera è piccola.　　その部屋は小さいです。

34

Il letto è grande.　　　　そのベッドは大きいです。
La camera è grande.　　　その部屋は大きいです。

主語が複数のときは -o→-i, -a→-e, -e→-i［オ→イ, ア→エ, エ→イ］に従って語尾変化させてください。

I letti sono piccoli.　　　　そのベッド（複数）は小さいです。
Le camere sono piccole.　　その部屋（複数）は小さいです。
I letti sono grandi.　　　　そのベッド（複数）は大きいです。
Le camere sono grandi.　　その部屋（複数）は大きいです。

「新鮮な魚」「イタリア人の女の子」のように名詞を修飾するとき、形容詞は普通、名詞の後ろに置かれます。不定冠詞をつけた例です。

un pesce fresco　　　　　新鮮な魚
una maglietta bianca　　　白いTシャツ
un ragazzo giapponese　　日本人の男の子
una ragazza italiana　　　イタリア人の女の子

それでは練習です。「～な○○」という形容詞を用いた句を複数形にしましょう。定冠詞、名詞、形容詞はいずれも形が変わります。何度も発音して定冠詞の単数から複数への変化と、名詞と形容詞の変化の規則［オ→イ ア→エ エ→イ］に慣れましょう。

il cappotto lungo　　→　i cappotti lunghi　　長いコート
il treno veloce　　　→　i treni veloci　　　速い列車
la giacca bianca　　→　le giacche bianche　白いジャケット
la commessa gentile →　le commesse gentili 親切な店員

発音のコツは、これら3語のかたまりを息を吐いたまま、切らずに発音することです。例えば、「長いコート」の複数は［イ・カッポッティ・ルンギ］と単語の語末の音が［イ・イ・イ］とそろいます。「白いジャケット」は［レ・ジャッケ・ビアンケ］となって［エ・エ・エ］と語末の音がそろっています。イタリア語の音の美しさである、この音の連続性を感じて

1. 形容詞の語尾変化

ください。

ここで色を表す形容詞をまとめておきましょう。スポーツなどの国際試合では、イタリアのナショナルカラー azzurro をよく見ます。**gli azzurri** は地中海ブルーのユニフォームを身につけたイタリア選手たちを意味します。

rosso 赤の　　bianco 白の　　verde 緑の　　nero 黒の
ロッソ　　　　ビアンコ　　　ヴェルデ　　　ネーロ

giallo 黄色の　grigio グレーの　marrone 茶色の、栗色の
ジャッロ　　　グリージョ　　マッローネ

arancione オレンジ色の　　azzurro 青色の　　blu 濃い青の
アランチョーネ　　　　　　アッズッロ　　　　ブル

viola 紫色の　beige ベージュ色の　rosa ピンク色の
ヴィオーラ　　ベージュ　　　　　　ローザ

la borsa nera　　　→ le borse nere　　　黒いバッグ
la camicia verde　 → le camicie verdi　 グリーンのブラウス
il cappello marrone → i cappelli marroni 茶色の帽子
la gonna grigia　　→ le gonne grigie　　グレーのスカート
l'abito blu　　　　 → gli abiti blu　　　紺色のドレス
la cravatta arancione → le cravatte arancioni オレンジ色のネクタイ

色の形容詞の中で、**blu、viola、beige、rosa** は不変化です。
biondo（金髪の）、**bruno**（濃茶色の）、**castano**（栗色の）は髪や目の色を言うときによく用います。

i capelli biondi　金髪　　　gli occhi castani　茶色の目

特に、**biondo、bruno** は「金髪の人」「褐色の髪の人」という意味を持つので、次のような言い方が可能です。

Lui è biondo.　　彼は金髪です。
Lei è bruna.　　 彼女は褐色の髪をしています。

形容詞は名詞を後ろから修飾するのが原則ですが、比較的音節の短い、

通常よく用いる形容詞 **buono**、**bravo**、**bello**、**santo**、**grande**、**giovane**、**vecchio**、**piccolo**、**brutto**、**cattivo** などは基本的に名詞の前に置かれます。

  un bravo cantante 上手な歌手 una brava persona 良い人物
  una piccola città 小さな町 il brutto tempo ひどい天気

ただし、副詞 **molto**「とても」などがついて長くなると後ろに置かれます。

  un cantante molto bravo とても上手な歌手
  una città molto piccola とても小さな町

4-1-2 特別な語尾変化をする形容詞

bello

形容詞 **bello**「美しい、すばらしい」は次に続く名詞の最初の文字（音）に応じて、次のように形が変わります。変化がたくさんあるように見えますが、そのパターンは定冠詞の語尾とほとんど同じです。

		単数形	複数形
男性	bel	ほとんどの子音	bei
	bello	s+子音、z、gn、pn、ps、x	begli
	bell'	母音	begli
女性	bella	子音	belle
	bell'	母音	belle

 un bel paese 美しい村 bei capelli 美しい髪
 un bello spettacolo すばらしい芝居 begli orologi すばらしい時計
 un bell'uomo 美しい男性 begli occhi 美しい目
 una bella donna 美しい女性 belle case すてきな家
 una bell'attrice 美しい女優 belle attrici 美しい女優たち

1. 形容詞の語尾変化

buono

よく用いる形容詞 buono「よい」は、次に続く名詞の最初の文字（音）に応じて形が変化します。挨拶の **Buon giorno!** や **Buona sera!** がその例です。変化のパターンは不定冠詞のときとほとんど同じです。

		単数形	複数形
男性	**buon** **buono**	ほとんどの子音、母音 s+子音、z、gn、pn、ps、x	**buoni** **buoni**
女性	**buona** **buon'**	子音 母音	**buone** **buone**

un buon ristorante　よいレストラン　　buoni piatti　おいしい料理
un buono studente　よい学生　　　　　buone parole　よい言葉
una buon'amica　　よい女友達

会話の中でよく用いる次のフレーズを buono の変化に注意して覚えておきましょう。

Buon divertimento!　エンジョイしてください！　楽しんでね！
Buona giornata!　　　よい１日を！
Buona serata!　　　　よい夕べを！
Buon lavoro!　　　　 お仕事頑張ってください！
Buono studio!　　　　勉強頑張ってください！
Buon viaggio!　　　　よい旅を！
Buona passeggiata!　散歩を楽しんでください！
Buone compere!　　　よいショッピングを！
Buone ferie!　　　　 よい休暇を！（有給休暇をとる人に）
Buone vacanze!　　　 よい休暇を！

暦（calendario）に関係する次のフレーズも覚えておくと便利です。

Buon Natale! メリークリスマス！　　Buon Anno! 新年おめでとう！
Buon Capodanno!　新年おめでとう！（大晦日から元日にかけて使う）
Buona Pasqua!　　復活祭おめでとう！
Buon compleanno!　お誕生日おめでとう！
Buon onomastico!　聖名祝日おめでとう！

santo

教会、街の通りや広場の名称でよく見る形容詞 santo「聖なる」は次に続く名詞の最初の文字（音）に応じて次のように変わります。各町の守護聖人や個人の聖名祝日（onomastico）を祝うときにも頻繁に聞かれます。

	単数		複数
男性	san 子音 santo s+子音 sant' 母音		santi
女性	santa 子音 sant' 母音		sante

San Marco 聖マルコ　　San Pietro 聖ペテロ　　San Zeno 聖ゼノ
Santo Stefano 聖ステファノ　　Sant'Antonio 聖アントニオ
Santa Maria 聖母マリア　　Santa Caterina 聖カテリーナ
Sant'Angelo 聖天使　　Sant'Agata 聖アガタ
Santi Cosimo e Damiano 聖コジモと聖ダミアーノ
Sante Maria e Anna 　　聖母マリアと聖アンナ

地図などの表記においては省略して S.Marco、S.Maria、SS. Cosimo e Damiano のように書かれていますが、読むときにはそれ

ぞれ ［サンマルコ］、［サンタマリーア］、［サンティコズィモエダミアーノ］と発音します。［サン］、［サンタ］のあとにポーズを置かないようにひと息で発音しましょう。特に母音で始まる語がくるとき、S.Antonio、S.Agata、S.Angeloは［サンタントーニオ］、［サンターガタ］、［サンタンジェロ］と続けて発音することに気をつけましょう。

grande

形容詞 grande は、単数 grande → 複数 grandi が普通ですが、次に来る名詞の最初の文字（音）に応じて次のように変わることがあります。

	単数		複数
男性	**gran** 子音 **grand'** 母音		grandi grandi
女性	**gran** 子音 **grand'** 母音		grandi grandi

un grande signore = un gran signore　紳士

un grande amico = un grand'amico　大親友

una grande sorpresa = una gran sorpresa　大きな驚き

una grande attrice = una grand'attrice　偉大な女優

4-1-3 形容詞の位置が変わることで意味も変わる例

さて、この grande は名詞を修飾するとき、名詞の前に置かれるか、後ろに置かれるかによって意味合いが変わることがあります。基本的に形容詞は後ろから名詞を修飾するので、後ろに置かれるときは本来の意味を持ち、名詞の前に置かれるときは「抽象的・広義の意味」が加わります。位置によって意味の変わることのある形容詞を挙げておきましょう。

un grand'uomo　　　立派な男

un uomo grande　　　大きな男

un <u>vecchio</u> amico	昔からの友人	
un amico <u>vecchio</u>	年老いた友人	
un <u>nuovo</u> dizionario	新しく出た（これまでとは違う）辞書	
un dizionario <u>nuovo</u>	新しい／新品の辞書	
un <u>bravo</u> ragazzo	良い少年	
un ragazzo <u>bravo</u>	優秀な少年	
<u>certe</u> informazioni	いくつかの情報	
informazioni <u>certe</u>	確かな情報	
un <u>buon</u> insegnante	（先生として）よい先生	
un insegnante <u>buono</u>	（自身の性格が）善良な先生	

4-2 所有形容詞 （Gli aggettivi possessivi）

「私の本」「きみの家」のように、「誰々の〜」を意味する所有形容詞とその使い方を覚えましょう。

所有者 \ 所有されるもの	男性名詞 単数	男性名詞 複数	女性名詞 単数	女性名詞 複数
私の	mio	miei	mia	mie
きみの	tuo	tuoi	tua	tue
彼の／彼女の／あなたの／それの	suo	suoi	sua	sue
私たちの	nostro	nostri	nostra	nostre
きみたちの／あなた方の	vostro	vostri	vostra	vostre
彼らの／彼女らの／それらの	loro	loro	loro	loro

2. 所有形容詞

たくさんの形があって覚えるのが大変そうですが、まずはmio、tuo、suo、nostro、vostro、loro と何度もくり返し発音して、男性単数の縦列を覚えましょう。これは、次にくる名詞が男性単数のときの形です。

定冠詞＋所有形容詞＋名詞

「私の本」と言うとき、[定冠詞＋所有形容詞＋名詞]の3語で作ります。本が2冊以上のときは名詞に合わせて、定冠詞・所有形容詞が複数形になります。

男性名詞	単数	複数
私の本	il mio libro	i miei libri

「イ・ミエーイ・リーブリ」の語尾の音の流れに慣れましょう。

次に女性名詞の例です。「私の家」と言うとき、男性名詞の場合と同じように[定冠詞＋所有形容詞＋名詞]の順で作ります。複数形は次のようになります。

女性名詞	単数	複数
私の家	la mia casa	le mie case

「私たちの夢」ならどうでしょうか。夢はsogno（男性名詞）です。

男性名詞	単数	複数
私たちの夢	il nostro sogno	i nostri sogni

さて、間違いやすいのは3人称のsuo、suoi、sua、sue の意味です。
il suo sogno は「彼の夢」「彼女の夢」「あなたの夢」の3つの意味が考えられます。「あなたの夢」は大文字のSuoを使ってil Suo sognoと書くこともありますが、小文字のsuoも使われるので、il suo sognoの場合、前後の文脈から判断して、意味を察する必要があります。複数形はi suoi sogniです。

女性名詞につくsuaも同様で、la sua ideaは「彼の考え」「彼女の考え」「あなたの考え」の3つの意味が考えられます。複数形は le sue idee

です。

　loro は不変化です。「彼らの／彼女らの本」は単数が il loro libro、複数形は i loro libri、「彼らの／彼女らの家」は単数が la loro casa、複数形は le loro case です。

不定冠詞＋所有形容詞＋名詞
　una mia amica と la mia amica を使った会話例で、不定冠詞と定冠詞の使い分けを見てみましょう。

　①A: Ti presento <u>una mia amica</u>.　　きみに僕の友だちを紹介するよ。
　　B: Ciao Guido, piacere.　　　　　　　やあ、グイドだよ。はじめまして。
　　C: Piacere. Sono Franca.　　　　　　　はじめまして。フランカよ。

　②A: Ti presento <u>la mia amica</u> Franca.　きみに僕の友だちフランカを紹介するよ。
　　B: Ciao, Franca. Sono Guido.　　　　　やあ、フランカ。僕はグイド。
　　C: Ciao. Sono Franca.　　　　　　　　こんにちは。フランカよ。

　①は、AがCを una mia amica「僕の女友達の1人」としてBに紹介しています。BはまだCのことを知らないという前提で、不特定な相手として、AはCを紹介するわけです。
　②は、Aが「フランカという僕の友達」をBに紹介するときの表現です。定冠詞をつけて la mia amica とし、そのあとに名前を続けるのが普通です。

所有形容詞と親族名詞
　次に大切なポイントは、親族名詞の単数形に定冠詞をつけないことです。代表は mio padre「私の父」、mia madre「私の母」です。figlio「息子」– figlia「娘」、fratello「兄弟」– sorella「姉妹」、zio「おじ」– zia「おば」、nonno「祖父」– nonna「祖母」、nipote「甥、姪、孫／男、女」、marito「夫」– moglie「妻」、cugino「従兄弟」– cugina「従姉妹」、suocero「舅、義父」– suocera「姑、義母」、genero「婿」– nuora「嫁」もそうです。ただし、複数形のとき、loro

2. 所有形容詞

を用いるとき、形容詞、接尾辞のついた変意語とともに用いるときは定冠詞をつけることに要注意です。**mamma**「お母さん」、**papà**「お父さん」、**babbo**「お父さん」にも定冠詞がつきます。

mia figlia　　私の娘（単数）　　　le mie figlie 私の娘たち（複数）
la loro figlia 彼らの／彼女らの娘　la mia cara zia 私の大切なおばさん
la tua nipotina きみのかわいい孫娘／姪
il nostro fratellino 私たちのかわいい弟
il tuo papà きみのお父さん　　　la mia mamma 私のお母さん
la tua simpatica cugina きみの感じのよい従姉妹

Un momento!

所有代名詞

「私のもの」「彼のもの」のように「誰々のもの」というときは[定冠詞＋所有形容詞]で表します。所有代名詞の働きをします。

- Questo è il mio biglietto. Dov'è il tuo?
　　　　　　　　　これは私のチケットだよ。きみのはどこ？
- Il mio è nella borsa.　　　私のはバッグの中よ。
- Questa giacca è la tua, Gianni?
　　　　　　　　　ジャンニ、この上着はきみのものですか？
- Sì, è la mia.　　ああ、僕のものだよ。

il tuo＝きみのもの、la tua＝きみのもの、la mia ＝私のもの、という意味です。

会話の中でよく用いられる表現に　i miei、i tuoi、i suoi のような[男性定冠詞の複数形＋所有形容詞]があります。これらは「誰々の家族、身内」を表します。日本語の「家のもの」「お宅」に似ています。

Come stanno i tuoi?　きみの家族は元気ですか？
Tanti saluti ai Suoi.　あなたのご家族によろしく。

Natale con i tuoi, Pasqua con chi vuoi.
ナターレ コン イトゥオーイ パスクヮ コンキ ヴオーイ

きみの家族とのクリスマス、きみが望む人との復活祭。
→（諺）クリスマスは家族と、復活祭は好きな人とともに。

proprio

所有形容詞の suo「彼の、彼女の、あなたの」、loro「彼らの、彼女らの」は、それだけでは意味がわかりにくい場合があります。そのようなときには proprio「自分の」を用いて明確に言うことがよくあります。形容詞 proprio の働きを覚えておきましょう。会話の中では前後の文脈や状況からおおよそ判断できますが、特に文字の上では判別できないので proprio が使われます。

Lui viene con la sua macchina. 彼は、彼の／彼女の／あなたの車で来ます。
→ Lui viene con la propria macchina. 彼は自分の車で来ます。
Lei è orgogliosa del suo lavoro.
　　　　彼女は、彼の／彼女の／あなたの仕事に誇りを持っています。
→ Lei è orgogliosa del proprio lavoro.
　　　　彼女は自分の仕事に誇りを持っています。

4-3 指示形容詞と指示代名詞 questoとquello

questo は「この〜」（指示形容詞）と「これ」（指示代名詞）の意味があります。
同様に quello は「あの〜」（指示形容詞）と「あれ」（指示代名詞）の意味があります。

4-3-1 questo

指し示しているものの性・数に応じて4とおりに変化します。

3. 指示形容詞と指示代名詞 questo と quello

questo「この〜」「これ」

	単数	複数
男性	questo	questi
女性	questa	queste

指示形容詞 questo「この〜」

Questo cappotto è lungo. 　このコートは長いです。（男性単数）
Questa cravatta è bella. 　このネクタイは素敵です。（女性単数）
Questi pantaloni sono lunghi. 　このパンツは長いです。（男性複数）
Queste scarpe sono belle. 　この靴は素敵です。（女性複数）

指示代名詞 questo「これ」

Questo è mio marito. 　こちらは私の夫です。（男性単数）
Questa è mia moglie. 　こちらは私の妻です。（女性単数）
Questi sono i miei fratelli. 　こちらは私の兄弟です。（男性複数）
Queste sono le mie sorelle. 　こちらは私の姉妹です。（女性複数）

　このように指し示しているものの性・数に応じて4とおりに変化します。形容詞 lungo、bello は主語に合わせて変化しています。発音しながら、[クエスト・カッポット・エ・ルンゴ]は[オ]の音、[クエスタ・クラヴァッタ・エ・ベッラ]は[ア]の音、[クエスティ・パンタローニ・ソーノ・ルンギ]は[イ]の音、[クエステ・スカルペ・ソーノ・ベッレ]は[エ]の音、各フレーズの中の単語の語末の音の連なりを楽しみましょう。これがイタリア語の美しさです。

4-3-2 quello

　quelloは「あの〜」（指示形容詞）と「あれ」（指示代名詞）の意味を持ちます。
　「あの〜」（指示形容詞）の意味で用いるときは、次に続く単語の最初の文字（音）に反応して、定冠詞と同じように変化します。音の連続性を大切にするイタリア語の特徴が表れています。

3. 指示形容詞と指示代名詞 questo と quello

指示形容詞 quello「あの～」

	単数	複数	
男性	quel	quei	ほとんどの子音ではじまる語
	quello	quegli	s+子音、z、gn、psではじまる語
	quell'	quegli	母音ではじまる語
女性	quella	quelle	子音ではじまる語
	quell'	quelle	母音ではじまる語

Quel ragazzo è italiano.	あの青年はイタリア人です。
Quei turisti sono giapponesi.	あの観光客たちは日本人です。
Quello spettacolo è stupendo.	あの芝居はすばらしいです。
Quell'orologio è prezioso.	あの時計は高価だ。
Quegli studenti sono bravi.	あの学生たちは優秀です。
Quegli alberghi sono famosi.	あのホテル (複数) は有名です。
Quella ragazza è italiana.	あの女の子はイタリア人です。
Quelle borse sono care.	あのバッグ (複数) は値段が高い。

　これまで品質形容詞、所有形容詞、指示形容詞で見たように、修飾する名詞の性と数に合わせて変化します。形容詞を続けて並べて用いる場合は次のようになります。

あのホテル	quell'albergo
あの小さなホテル	quel piccolo albergo
あの島	quell'isola
あの小さな島	quella piccola isola

4 形容詞

指示代名詞 quello「あれ」

	単数	複数
男性	quello	quelli
女性	quella	quelle

指示代名詞 quello「あれ」

Quello è Marco.　　　　　あれはマルコです。（男性単数）
Quella è Maria.　　　　　あれはマリーアです。（女性単数）
Quelli sono i miei amici.　あれらは私の友だちです。（男性複数）
Quelle sono le mie amiche.　あれらは私の友だち(女性)です。（女性複数）

指し示しているものの性・数に応じて4とおりに変化します。

4-4 疑問詞 (Gli interrogativi)

「いつ」「どこで」「誰が」「何を」「どのように」「なぜ」など、疑問を表現する疑問詞は、疑問形容詞、疑問副詞、疑問代名詞に分類されますが、いずれも文頭に置いて次に動詞を続けます。主語は最後に来るのが普通です。疑問詞の手前に前置詞をつけることができるのがポイントです。

quando　「いつ」　疑問副詞

Quando comincia la Coppa Italia?　イタリアカップはいつ始まりますか？
Di quando è questa rivista?　　　　この雑誌はいつのものですか？
Da quando siete a Roma?　　　　　きみたちはいつからローマにいるの？
Fino a quando rimanete in montagna?
　　　　　　　　　　　　　　　　きみたちはいつまで山に滞在するの？

dove「どこで」「どこへ」疑問副詞

Dove abiti?	きみはどこに住んでいるの？
Dov'è il museo civico?	市立博物館はどこですか？
<u>Da</u> dove vieni?	きみはどこから来たの？
<u>Di</u> dove siete?	あなた方は出身はどちらですか？

chi「誰が」「誰を」疑問代名詞　主語、あるいは目的語の働きを持ちます。

Chi è quel ragazzo?	あの男の子は誰ですか？
Pronto, chi parla?	（電話で）もしもし、どちらさまですか？
Chi invitiamo alla cena?	夕食会に誰を招きましょうか？
<u>Con</u> chi studi l'italiano?	誰と一緒にイタリア語を勉強してるの？
<u>Di</u> chi è questa bicicletta?	この自転車は誰のですか？

Un momento!

chi について

　疑問代名詞の chi は主語の「誰が」、目的語の「誰を」の意味を持ちます。

　　Chi ha aiutato Maria?

　この文は、chi を主語を考えると「誰がマリーアを助けたのか？」となり、chi を目的語と考えると「マリーアは誰を助けたのか？」となります。前後の文脈がなければ、どちらとも判断できません。

　chi が主語であるときは、次のように表現できます。

　　Chi l'ha aiutata, Maria?　　誰が彼女を助けたのか、マリーアを？

　直接補語人称代名詞　la「彼女を」を使って、まず先に示してから、文の終わりに再度、その目的語を明示して Maria を置きます。

---

che cosa / che / cosa「何が」「何を」疑問代名詞　主語、あるいは目的語の働きを持ちます。会話では che cosa を省略した形の che や cosa で代用されることも多くあります。前置詞を伴う場合はたいてい［前置詞 + che cosa］を用います。

4. 疑問詞

Che cosa c'è? / Che c'è? / Cosa c'è?　何があるのですか？
Che cos'è questo?　これは何？
Che cosa fai questo fine settimana?　この週末きみは何をするの？
Cosa dici?　何だって？
Che cosa prende, signora?　奥様、何になさいますか？
Di che cosa parlate voi?　きみたちは何を話しているの？
A che pensi?　きみは何を考えているの？
Con che cosa mangiamo il baccalà?
　　　　　　　　　　　タラの塩漬けに何をつけて食べよう？

che＋名詞　「何の～」疑問形容詞

Che lavoro fai?　きみは何の仕事をしているの？
Che lingue parlate?　きみたちは何語を話しているの？
Che gusto vuoi?　きみは何味がいい？
Di che nazionalità è, signora?　奥さん、国籍はどちらですか？
Tu di che segno sei?　－ Sono del Sagittario.
　きみは何座ですか？　　　私は射手座です。

quale「どれ」「どのような」疑問代名詞

Qual è il tuo film preferito?　きみの好きな映画はどれ？
Qual è il tuo uomo ideale?　きみの理想の男性は？
Quali sono le verdure di stagione?　旬の野菜はどれですか？

quale＋名詞「どの～」「どちらの～」「どんな～」疑問形容詞

Quale giornale preferisci leggere?　きみはどの新聞を読むのが好き？
Quali cibi bruciano i grassi?　どんな食べものが脂肪を燃やしますか？
Quale canzone ti piace di più, questa o quella?
　　　　　きみはどちらの歌が好きですか？　これ、それともあれ？

綴りの注意点です。**quale** の次に **è** や **era**（**è** の半過去）が続くとき、**quale** の語末の母音 e が落ちて **qual** となります。音の流れを滑らかにするためです。

 Qual è la tua giacca? きみの上着はどれ？
 Qual era la password? パスワードは何でしたっけ？

come 「どのように」「どんなふうに」疑問副詞

 Come si chiama quella canzone? あの歌の名前は何て言ったっけ？
 Come fai a saperlo? どうしてそれを知っているの？
 Come si scrive in giapponese? 日本語でどう書くの？

perché 「なぜ」「どうして」疑問副詞

 Perché ridi così tanto? どうしてそんなにたくさん笑ってるの？
 Perché non siete venuti? あなたたちはどうして来なかったの？
 Perché non giochiamo a dama? チェッカーゲームをしない？

・Come mai ~?

「驚き」「意外性」を含めて「一体どうして？」と言うには、**Come mai ~?** を使います。

 Come mai sei qui? 一体どうしてきみはここにいるの？

quanto 「どれだけ」「どのくらい」疑問副詞

 Quanto sei alto? きみは背丈はどのくらい？
 Quanto costa questo mazzo di fiori? この花束はいくらですか？

quanto 「どれだけ」「いくつ」疑問代名詞

指し示す名詞の性、数に合わせて quanto、quanti、quanta、quante と語末が変化します。

Quanti ne abbiamo oggi?
  今日は何日ですか？（ne= di giorni）

Signora, quante ne vuole?
  奥さん、それをいくつご入り用ですか？（例えば：ne= di mele）

In quanti siete? 何人様ですか？

quanto＋名詞 「どれだけの」「いくつの」疑問形容詞

次に続く名詞の性、数に合わせて quanto、quanti、quanta、quante と語末が変化します。

Quante figurine ha Marco?
  マルコはキャラクターカード何枚持ってるの？

Quante lingue parlate voi? あなた方は何か国語話せるの？

Quante calorie ha una pizza? ピッツァ１枚は何カロリーありますか？

4-5 数形容詞 (I numeri)

数形容詞は大きく分けて**基数形容詞**と**序数形容詞**に分けられます。前者は人や物の数を表し、後者は人や物の順序を表します。

4-5-1 主な基数形容詞 (I numeri cardinali)

1	**uno**		21	**ventuno**
2	**due**		22	**ventidue**
3	**tre**		23	**ventitré**
4	**quattro**		24	**ventiquattro**
5	**cinque**		25	**venticinque**
6	**sei**		26	**ventisei**
7	**sette**		27	**ventisette**
8	**otto**		28	**ventotto**
9	**nove**		29	**ventinove**
10	**dieci**		30	**trenta**
11	**undici**		40	**quaranta**
12	**dodici**		50	**cinquanta**
13	**tredici**		60	**sessanta**
14	**quattordici**		70	**settanta**
15	**quindici**		80	**ottanta**
16	**sedici**		90	**novanta**
17	**diciassette**		100	**cento**
18	**diciotto**		101	**centouno**
19	**diciannove**		102	**centodue**
20	**venti**		200	**duecento**

1.000	**mille**		200.000	**duecentomila**
2.000	**duemila**		100万	**un milione**
10.000	**diecimila**		1億	**cento milioni**
100.000	**centomila**		10億	**un miliardo**

4-5-2 基数形容詞の用法

20以上の数字で1の位が1, 8のときは、21 ventuno[ヴェントゥーノ]、28 ventotto[ヴェントット]、51 cinquantuno[チンクワントゥーノ]、58 cinquantotto[チンクワントット]と10の位の語末の母音を取って、そこにつけます。[ヴェンティウーノ][ヴェンティオット]と母音が重なり、間延びした音になることを避けて、音の流れをスムーズにするのがイタリア語の特徴です（ただし、101はcentouno）。

Abbiamo ventotto lezioni.　私たちは28の授業があります。

20以上の数字で1の位が3のとき、〜tréと表記します。少しくぐもった[エ]の音、閉口母音の[e]を示します。

基数形容詞は修飾する名詞の前に置かれます。

Marco ha quattro cani.　マルコは犬を4匹飼っています。
Si sono iscritti diciotto partecipanti.
　　　　　　　　　　　　　　18名の参加者が登録しました。

unoはuna, un'のように不定冠詞と同じ変化をします。

Rita ha due cani e una gatta.
　　　　　　　　　　　　リータは犬を2匹と猫を1匹飼っています。
Marco voleva comprare un orologio da polso.
　　　　　　　　　　　　　　マルコは腕時計を買いたかった。

milleの複数形はmilaとなります。

Il suo orologio da polso costa più di cinquemila euro.
　　　　　　　　　　　　彼の腕時計は5000ユーロ以上の値段だ。

milione「100万」, miliardo「10億」の複数形はそれぞれmilioni, miliardiです。次に数字が続くときは間に[e]を置きます。milione, miliardoの次に名詞がくるときは前置詞diで続けます。

La compagnia investe all'estero un milione e duecentomila euro.
　　　　　　　　　　　　会社は海外に120万ユーロを投資します。

La popolazione di questo paese è di <u>dieci</u> <u>milioni</u> <u>di</u> abitanti. この国の人口は１千万人です。

基数形容詞には名詞の働きもあります。名詞的用法の場合、数字は男性名詞です。

Il <u>sette</u> è il mio numero preferito.　7は私の好きな数字です。

基本的に基数形容詞は名詞を前から修飾しますが、次のように後ろに置かれる場合もあります。

Aprite a pagina <u>23</u>.　　23ページを開いてください。
la camera <u>306</u>　　　　306号室

基数形容詞と品質形容詞を同時に用いるときは、基数形容詞が前に置かれます。

<u>due</u> <u>belle</u> macchine　2台のすてきな車

基数形容詞と所有形容詞を同時に用いるときは、所有形容詞が前に置かれます。

le <u>mie</u> <u>due</u> macchine　私の2台の車

[tutti e ＋数字（＋定冠詞＋名詞）] [tutte e ＋数字（＋定冠詞＋名詞）]

「すべての」を意味する **tutto** とともに用いるときの語順です。「～とも」を表します。

Sono arrivati <u>tutti</u> <u>e</u> <u>cinque</u>.　　5人とも到着しました。
Sono arrivati <u>tutti</u> <u>e</u> <u>cinque</u> gli invitati.
　　　　　　　　　　　　　　　　招待客5人とも到着しました。
Verranno <u>tutte</u> <u>e</u> <u>dieci</u>.　　10人とも来るでしょう。
Verranno <u>tutte</u> <u>e</u> <u>dieci</u> le amiche.　女友達10人とも来るでしょう。

加減乗除を意味する **più**「加」、**meno**「減」、**per**「乗」、**diviso**「除」を覚えましょう。割り算の表記が日本とは違っています。**uguale**（＝）は省かれることがあります。加減乗除の計算は次のように言います。

8 + 9 = 17　　　otto più nove uguale diciassette
20 − 5 = 15　　　venti meno cinque uguale quindici
14 × 3 = 42　　　quattordici per tre uguale quarantadue
36 : 2 = 18　　　trentasei diviso due uguale diciotto

数字の桁を3つずつ区切るときはピリオドを、小数点にはコンマを用います。日本の場合と逆ですから注意してください。

20.018.465　venti milioni diciottomilaquattrocentosessantacinque

0,51　　　　zero virgola cinquantuno

10や約10を表すdecina（複数 decine）、100や約100を表すcentinaio（複数　centinaia）、1000や約1000を表すmigliaio（複数 migliaia）、12個やダースを表すdozzina（複数　dozzine）があります。

Fra una decina di giorni ci arriverà il pacco.
小包は約10日後に私たちのところに届くだろう。

Centinaia di persone facevano la coda davanti alla banca.
何百という人が銀行の前に列をなしていた。

Hanno inviato migliaia di soldati al confine orientale.
東部国境方面に何千もの兵士が送られた。

Non sono sufficienti due dozzine di bottiglie di Prosecco.
発泡性ワイン2ダースでは十分ではありません。

4-5-3 序数形容詞

序数形容詞は、次に続く名詞の性・数に合わせて語尾を -o、-a、-i、-e と変化させます。序数をアラビア数字を用いて表すとき、右肩に小さく o、a、i、e をつけます。

11以上の序数は、基数の語末の母音を取って、-esimo をつけて作ります。ただし、-tré のときは -treesimo と e が2つ重なります。（☞ **p.328** 別表「ローマ数字と序数」参照）

基数	序数
23 ventitré	23º ventitreesimo
100 cento	100º centesimo

「〜番目」を表す序数形容詞は普通、定冠詞をつけて名詞を前から修飾します。列車の切符を購入するとき車両の等級（クラス）をいう際に用いますが、定冠詞、ときにはclasseもよく省かれます。

Domani è il ventesimo(20º) anniversario del nostro matrimonio.

明日は私たちの結婚20周年記念日です。

Marco abita al quarto(4º) piano nel palazzo a sinistra.

マルコは左側の建物の4階（日本の5階 ☞ p.62 ）に住んでいます。

Oggi studiamo la sesta(6ª) Unità.　今日は第6課を勉強しましょう。

Prenda la seconda(2ª) strada a destra.

2つめの道を右に曲がってください。

Vorrei un biglietto di prima(1ª) classe per Milano.

ミラノ行き、1等車を1枚おねがいします。

王や法王、皇帝などの「〜世」、芝居の幕、書物の巻・章などを表すときは後ろに置かれます。

Papa Alessandro Ⅵ / Papa Alessandro sesto

教皇アレクサンドル6世

Carlo Ⅴ / Carlo quinto　　　　　　　カール5世

Atto Secondo　　　　　　　　　　　第2幕

Capitolo Ⅶ / Capitolo settimo　　　　第7章

分数を言うとき、**分子は基数**、**分母は序数**にします。分子が複数のときは分母の語尾も複数になります。

1/2	2分の1	mezzo / la metà
1/3	3分の1	un terzo
2/3	3分の2	due terzi
3/20	20分の3	tre ventesimi
4 2/5	4と5分の2	quattro e due quinti
8 1/2	8と2分の1	otto e mezzo

4-5-4 「日付」の言い方

日付を表すときは、日、月、西暦の順です。日付の数字には男性定冠詞単数の **il** をつけます（ただし、曜日が前に置かれるとき、定冠詞は省かれます）。月の名前、曜日は文頭でなければ特に大文字にしません。

Oggi è lunedì 12 settembre (dell'anno) 2016.
　　　　　　　　　　　　　　今日は2016年9月12日 月曜です。

È il 7 aprile. 　　　4月7日です。

Il 5 febbraio si festeggia Sant'Agata.
　　　　　　　　　　2月5日は聖アガタを祝います。

Sono nato nel 1993. 　私は1993年に生まれました。

1日は **il primo** と読みます。8日、11日は **otto, undici** と母音ではじまるので男性定冠詞 **l'** をつけて **l'8**、**l'11** と表記します。

Ci vediamo il 1° marzo. 　3月1日にお会いしましょう。

Il secondo figlio è nato l'11 maggio.
　　　　　　　　　2番めの息子は5月11日に生まれました。

60年代、70年代、80年代は **gli anni Sessanta, gli anni Settanta, gli anni Ottanta** のように **gli anni** をつけて大文字で表します。**gli anni '60, gli anni '70, gli anni '80** と書いてもかまいません。1960年代、1970年代、1980年代のことです。1900年代を10年単位で区

切って○年代と表すことが多くあります。

> Questo è uno dei migliori film degli anni '70.
> これは1970年代の最高の映画の1本です。

> Ti ricordi quel movimento studentesco nato in Europa negli anni '60?
> きみは1960年代にヨーロッパで誕生したあの学生運動のことを覚えているかい？

4-5-5 「世紀」の言い方

「〜世紀」には次のような表し方があります。

5世紀　　il V secolo / il quinto secolo

21世紀　　il XXI secolo / il ventunesimo secolo

紀元前は a.C. (avanti Cristo と読みます)、紀元後は d.C. (dopo Cristo と読みます) を後ろにつけます。

紀元前4世紀　　il IV secolo a.C. / il quarto secolo a.C.

世紀を表記するとき、例えば、13世紀は1000年代を省略して '200 のように記すことが多くあります。アルファベットを使って il Duecento と定冠詞をつけて大文字で書き始めます。特に美術などの分野でよく用いられます。

13世紀　1201〜1300年
　il XIII secolo / il tredicesimo secolo / il '200 / il Duecento
14世紀　1301〜1400年
　il XIV secolo / il quattordicesimo secolo / il '300
　/ il Trecento
15世紀　1401〜1500年
　il XV secolo / il quindicesimo secolo / il '400
　/ il Quattrocento
16世紀　1501〜1600年
　il XVI secolo / il sedicesimo secolo / il '500 / il Cinquecento

5. 数形容詞

17世紀　1601〜1700年
il XVII secolo / il <u>diciassettesimo</u> secolo / il '600
/ il Seicento
18世紀　1701〜1800年
il XVIII secolo / il <u>diciottesimo</u> secolo / il '700
/ il Settecento
19世紀　1801〜1900年
il XIX secolo / il <u>diciannovesimo</u> secolo / l'800 / l'Ottocento
20世紀　1901〜2000年
il XX secolo / il <u>ventesimo</u> secolo / il '900 / il Novecento

In questa sala vedrete capolavori del '400.
　　　　　　　　この部屋では15世紀の傑作を見ることができるでしょう。

Ecco alcune opere splendide del XIII secolo.
　　　　　　　　ほら、13世紀のいくつかのすばらしい作品です。

4-5-6 「時刻」の言い方

「〜時」は [le＋数字] で表します。1時のときは定冠詞 l' を用いて l'una となります。「時間」を表す ora は女性名詞なので、女性名詞につく定冠詞が用いられます。ラジオの時報などでは ore がつきます。時刻表や映画の開始時間、テレビやラジオの番組欄などでは午後は 13, 14, … と 24 時間制の表記です。時刻はピリオドを用いて 2.10（2時10分）、16.35（16時35分）のように記されます。

Sono <u>le</u> tre.　　　3時です。　　　È <u>l'una</u>.　1時です。
Sono le (<u>ore</u>) <u>venti</u>.　20時です。
「正午」は　mezzogiorno、「午前0時」は　mezzanotte です。
È <u>mezzogiorno</u>. / Sono le dodici.　正午です。
È <u>mezzanotte</u> e venti. / Sono le ventiquattro e venti.
　　　　　　　　　　　　　　　　　　　午前0時20分です。

「○時○分すぎ」のとき、時間と分の間に e を置きます。「○時○分前」は meno を置きます。また、〜時半の半を示す mezzo/mezza、15分の un quarto、45分の tre quarti も日常よく使います。

Che ore sono? / Che ora è?	何時ですか？
–Sono le due e cinque.	2時5分です。
–Sono le due e un quarto.	2時15分です。
–Sono le due e trenta.	2時30分です。
–Sono le due e mezzo / mezza.	2時半です。
–Sono le due e tre quarti.	2時45分です。
–Sono le tre meno un quarto.	3時15分前です。
–Sono le tre meno dieci.	3時10分前です。

「○時に」という場合は、前置詞 a を用います。

A mezzogiorno andiamo a mangiare.
　　　　　　　　　　　　　　正午に私たちは食事に行きます。

Di solito mi alzo alle sette.　たいてい私は7時に起きます。

Piccolo 単語帳
曜日、月、季節の単語を覚えましょう。

曜日

lunedì 月曜　martedì 火曜　mercoledì 水曜　giovedì 木曜
venerdì 金曜　sabato 土曜　domenica 日曜

月

gennaio 1月　febbraio 2月　marzo 3月　aprile 4月
maggio 5月　giugno 6月　luglio 7月　agosto 8月
settembre 9月　ottobre 10月　novembre 11月　dicembre 12月

季節

primavera 春　estate 夏　autunno 秋　inverno 冬

Un momento!

音楽用語

音楽用語の中で数字にかかわるものをいくつか挙げておきます。

duetto	(← due)	二重奏	デュエット
trio	(← tre)	三重奏	トリオ
quartetto	(← quarto)	四重奏	カルテット
quintetto	(← quinto)	五重奏	クインテット

建物の階数の表し方

イタリアでは、建物の1階を pianterreno (pianoterra)「地上階」と呼びます。日本での建物の2階がイタリアでは il primo piano「1階＝1番めの階」となります。エレベーターの階数も Ⓣ①②③… と表示されます。1階のボタンは T であることを覚えておきましょう。地下1階は sotterraneo「地下の」を使って il primo piano sotterraneo と言います。

C'è un negozio di abbigliamento al secondo piano.
衣料品店は2階（日本の3階）にあります。

Troverete una libreria al quinto piano dei Grandi Magazzini.
百貨店の5階（日本の6階）に書店が見つかるでしょう。

piano は建物の階、フロアのことを意味します。「何階建て」を言うときは基数形容詞を使います。

Quell'edificio ha 36 piani. あの建物は36階建てです。
Mio padre lavora al 36° piano di quell'edificio.
私の父はあの建物の36階（日本の37階）で働いています。

エレベーター内では次の会話が交わされます。

A che piano è? 何階ですか？
- Al terzo piano. Grazie. 3階（日本の4階）です。どうも。

料理に使われる primo、secondo

イタリアで食事をするときに用いる語の il primo piatto（第1の皿

／1皿めの料理)、il secondo piatto（第2の皿／2皿めの料理）は会話においては primo, secondo だけで代用されることがよくあります。

Il secondo piatto viene servito dopo il primo piatto.
　　　　　　　2皿めの料理は1皿めの料理のあとに出されます。

- Per primo cosa prendete, signori?
　　　　　　　お客様、1皿めの料理は何になさいますか？

- Come secondo prenderei la tagliata di manzo.
　　　　　　　2皿めの料理は牛肉のタリアータにしてみよう。

doppio、triplo

よく使われる**倍数形容詞**に doppio「2倍」、triplo「3倍」があります。

Questa stoffa costa il doppio di quella.
　　　　　　　この生地はあれの2倍の値段です。

Di notte chiudiamo la porta con un triplo giro di chiave.
　　　　　　　夜は鍵を3回まわして扉を閉めます。

Vorrei un caffè doppio.　カフェ・ドッピオを1杯お願いします。

バールなどで注文するコーヒーの種類の **caffè doppio** はダブルショットのカフェのことです。

4-6 感嘆文の作り方 （Gli esclamativi）

感嘆文は、驚きを表す表現です。疑問詞の **come、quanto、chi、che cosa、cosa、che、quale** を文頭に置いて作ります。

日常会話の中でよく耳にするのが **Che＋名詞！ Che＋形容詞＋名詞！** の形です。文の最後に「**!**」をつけます。

イントネーションは、驚きをこめて発音され、文末で下がります。

che＋名詞！

Che gioia!　　　　　なんてうれしいことだ！
Che felicità!　　　　なんて幸せなことだ！

Che allegria!	なんて陽気なことだ！
Che peccato!	なんて残念なことだ！
Che freddo!	なんて寒いんだ！
Che noia!	なんて退屈なことだ！
Che rumore!	なんて騒々しいんだ！
Che fastidio!	なんてわずらわしいんだ！
Che bella giornata!	なんとよい天気だ！／なんてよい1日だ！
Che bei fiori!	なんと美しい花だろう！
Che bel paesaggio!	なんとすばらしい景色だろう！
Che fantastica storia!	なんてすばらしい話だろう！

Che ＋ 形容詞！ は会話でよく用いられます。

Che bello!	なんてきれいなんだ！　なんてすばらしい！
Che brutto!	なんとひどいことだ！
Che incredibile!	なんて信じられないことだ！
Che triste!	なんて悲しいんだ！

Quanto/a/i/e ＋ 名詞！「なんてたくさんの〜だ！」

特に quanto は量的な感嘆表現に用います。次に名詞が続くときは名詞の性数に合わせ、語尾変化させます。

Quanti fiori!	なんてたくさんの花だ！
Quanta gente!	なんてたくさんの人だ！
Quanti dolci!	なんてたくさんのお菓子だ！

Come ＋ 節！、Quanto ＋ 節！

come, quanto はどちらも次に文を続けて、文全体の感嘆表現を作ることができます。働きは同じですが、quanto のほうが量的なニュアンスが含まれます。

Come mi dispiace!	なんと残念なことだろう！
= Quanto mi dispiace!	なんと残念なことだろう！
Come sei bella!	なんてきみは美しいんだ！
= Quanto sei bella!	なんてきみは美しいんだ！
Come parli bene l'italiano!	きみはなんて上手にイタリア語を話すんだ！
Quanto bevi!	きみはなんてたくさん飲むんだ！
Quanto mi fa male!	なんて痛いんだ！

quale

「感情を表す名詞」を量的に感嘆するときに用います。chi を用いた慣用表現も覚えておきましょう。

Quale onore!	なんと名誉なことだ！
Chi si vede! *	誰かと思ったら！（←人は誰を見ているのだろう）

＊これは久しく会っていない人との出会いの場で使われます。

第5章 動詞 (I verbi)

主語の動作や状態を表します。人称（1人称、2人称、3人称）、数（単数、複数）、法（直説法、接続法、条件法、命令法）、時制（現在、過去、未来）によって活用します。

5-1 自動詞と他動詞について

　camminare「歩く」lavorare「働く」dormire「眠る」のようにその動詞だけで行為が完結できるものを自動詞（Il verbo intransitivo）、amare「愛する」 aiutare「助ける」 comprare「買う」のように、その動詞に目的語「～を」を伴うことで意味が成り立つものを他動詞（Il verbo transitivo）と考えてください。

　例えば、amare、aiutare、comprare を用いるとき、「きみを愛する」「友だちを助ける」「プレゼントを買う」のように「何を」にあたる語を続けなければ、その行為や動作がおよぶ対象がわかりません。ですから、これらの動詞は目的語としてよく使われる名詞とセットで覚えると非常に効率的に学べます。
　ただし、よく用いられる動詞 mangiare「食べる」leggere「読む」は他動詞ですが、目的語を伴わなくても、その語だけで「食事する」「読書する」と意味が通ります。
　また、動詞の中には、finire「終わる」「終える」cominciare「始まる」「始める」passare「過ぎる」「過ごす」のように、自動詞と他動詞の両方の意味を持つものもあります。

　新しい動詞を学ぶときは、ひとつずつ「～を」を伴うものかどうかについて、少し意識してから覚えるようにしてください。この先、過去や未来の時制を学習するときにとても役に立ちます。

5-2 動詞 essere と avere

5-2-1 essere 「〜がいる」「〜である」

io 私は イオ		**sono** ソーノ	noi 私たちは ノイ		**siamo** スィアーモ
tu きみは トゥ		**sei** セーイ	voi きみたちは／ ヴォイ あなた方は		**siete** スィエーテ
lui/lei/Lei 彼は／彼女は／ ルイ／レイ／レイ あなたは		**è** エ	loro 彼らは／ ローロ 彼女らは		**sono** ソーノ

　essereは英語のbe動詞にあたる動詞です。存在を表すほか、「〜は〜である」の「〜である」の意味で使います。「私は」のときと「彼ら、彼女らは」のときの活用形は同じで、どちらも sono［ソーノ］です。まずは主語に続けて［イオソーノ、トゥセーイ……］と発音して覚えましょう。

Io <u>sono</u> in Italia.	私はイタリアにいます。
<u>Sono</u> in Italia.	私はイタリアにいます。
Io <u>sono</u> italiano.	私はイタリア人です。
<u>Sono</u> italiano.	私はイタリア人です。
Lui <u>è</u> italiano.	彼はイタリア人です。
Lei <u>è</u> italiana.	彼女は（あなたは）イタリア人です。
Tu <u>sei</u> giapponese.	きみは日本人です。
Tu <u>sei</u> giapponese?	きみは日本人ですか？
<u>Sei</u> giapponese?	きみは日本人ですか？
Lui non <u>è</u> francese.	彼はフランス人ではありません。

　話し手と聞き手の間で主語が了解されているときは、特に会話においては、主語人称代名詞 p.137 を省略することが多くあります。動詞の活用形によって主語がわかるからです。疑問文は「?」を文末につけて、文末を上げ調子で発音します。

2. 動詞 essere と avere

　否定文は動詞の前に non [ノン] を置きます。non è と続くときかならず [ノネ] と発音することに気をつけましょう。

　3人称単数のところに lui、lei、Lei とあります。lui は「彼は」、lei は「彼女は」、Lei は「あなたは」です。Lei は敬称です。初対面のときや、目上の人に対して、また、ビジネスシーンで用います。つづりは lei「彼女は」と同じで発音も同じですから、聞いただけ、文字だけでは判断できません。手紙においては、区別するために Lei と大文字で書くことがよくあります。

　　Signore, Lei è italiano?　　あなた (男性) はイタリア人ですか？
　　Signora, Lei è italiana?　　あなた (女性) はイタリア人ですか？

　相手の性別によって、italiano / italiana と変わっていることに注意しましょう。相手が男性であれば、主語の Lei は男性扱いです。
　また、複合時制では essere は助動詞の役割を果たします。☞ p.223、236、245、252、256、265、270

5-2-2 avere 「〜を持っている」

io イオ	**ho** オ	noi ノイ	**abbiamo** アッビアーモ
tu トゥ	**hai** アーイ	voi ヴォイ	**avete** アヴェーテ
lui/lei/Lei ルイ／レイ／レイ	**ha** ア	loro ローロ	**hanno** アンノ

　英語の have 動詞にあたる動詞です。「〜を持っている」と所有を表すほかに、「おなかが空いている (空腹を持つ)」「のどが渇いている (渇きを持つ)」「〜歳である (〜年を持つ)」など慣用表現でよく用います。

　　Carlo ha una macchina.　　カルロは車を1台持っています。
　　Ho una casa a Milano.　　私はミラノに家を1軒持っています。

Roberta e Franco <u>hanno</u> un figlio.
　　　　　　　　　ロベルタとフランコには息子が1人います。

Lui <u>ha</u> 20 anni.　　　　彼は20歳です。
Non <u>ho</u> fame.　　　　　私はおなかが空いていません。
<u>Avete</u> fretta?　　　　　あなたたちはお急ぎですか？
I miei figli <u>hanno</u> paura del buio.
　　　　　　　　　私の子どもたちは暗闇を怖がります。
<u>Abbiamo</u> un po' di sete.　私たちは少し喉が渇いています。

　hは発音しません。否定形は［ノノ、ノナーイ、ノナ、ノナッビアーモ、ノナヴェーテ、ノナンノ］となることに注意しましょう。
　また、複合時制ではavereは助動詞の役割を果たします。☞ p.220、230、236、245、252、256、265、269

Un momento!

avere を使った慣用表現

avere を用いた慣用表現には次のようなものがあります。

avere fame	おなかが空いている	avere sonno	眠い
avere sete	のどが渇いている	avere freddo	寒い
avere caldo	暑い	avere paura di ～	～がこわい

avercela con ～　「～に腹を立てている」

動詞 avere に ci と la が結合した avercela は次のように活用します。

io	ce l'ho チェロ		noi	ce l'abbiamo チェラッビアーモ
tu	ce l'hai チェラーイ		voi	ce l'avete チェラヴェーテ
lui/lei/Lei	ce l'ha チェラ		loro	ce l'hanno チェランノ

Lui non mi saluta.　　Forse ce l'ha con me.
彼は私に挨拶をしない。　たぶん私に腹を立てている。

Ce l'hai con me? きみは私に怒っているの？

一方、会話において「〜を持っている？」と尋ねるとき、答えの文で [ci + lo/la/li/le + avere] を使って次のように言います。

Hai una macchina? – Sì, ce l'ho. – No, non ce l'ho.
きみは車を持っていますか？ - はい、持っています。 - いいえ、持っていません。

Avete i biglietti dell'autobus?
きみたちはバスの切符を持っていますか？

– Sì, ce li abbiamo.　　– No, non ce li abbiamo.
- はい、持っています。　- いいえ、持っていません。

- Hai soldi?　きみはお金を持っている？
- Sì, ce li ho.　うん、持っています。
- No, non ce li ho.　いいや、持っていません。

指し示すものを lo、la、li、le で受けて答えます。lo、la のときは l' になります。

5-3　c'è と ci sono

[c'è＋単数名詞]、[ci sono ＋複数名詞] は「〜があります」「〜がいます」の意味です。否定形は non c'è〜、non ci sono〜 です。

C'è un ristorante.	レストランが1軒あります。
Oggi non c'è Mario.	今日マリオはいません。
C'è qualcuno?	誰かいますか？
Non c'è nessuno?	誰もいないのですか？
Non c'è niente da fare.	するべきことは何もありません。
C'è un bello spettacolo a teatro.	劇場ですばらしいお芝居があります。
Ci sono molti studenti nell'aula.	教室に学生たちがたくさんいます。
Domani non ci sono lezioni.	明日授業はありません。
C'è una fermata dell'autobus qui vicino?	この近くにバスの停留所はありますか？

Per Brindisi ci sono treni Intercity ed Eurostar City.
ブリンディジへはインターシティとユーロスターシティの列車があります。

Ci sono punti Wi-Fi?　　Wi-Fiスポットはありますか？

> **Un momento!**
>
> **esserci について**
> 　c'è + 単数名詞、ci sono + 複数名詞「～がある／いる」で学んだ動詞 esserci を使って「私がいる」「きみがいる」と言うには、次のように表現します。主語に合わせて動詞 essere を活用させます。
>
> 　　Ci sono io. / Io ci sono.　　私がいる。
> 　　Ci sei tu. / Tu ci sei.　　きみがいる。
>
> 　主語を強調したいときは io、tu が後ろに置かれます。
>
> 　　Ci sei tu?　　　　　　　きみはそこにいるの？
> 　　Se tu ci sarai, ci sarò anch'io.
> 　　　　　　　　　　　もしきみがいるなら、私もいるだろう。
>
> 　相手が話についてきているかどうか尋ねるときは、次のように言います。
> 　　Ci sei?　　　　　　　　わかる？

5-4 直説法現在・規則動詞
(L'indicativo presente dei verbi regolari)

　辞書の見出しとして載っている動詞の形＝**不定詞**（動詞の原形のことです）には、**guardare、vivere、dormire** のように**語尾が -are、-ere、-ire** の3つのパターンがあります。それぞれ便宜的に **-are動詞、-ere動詞、-ire動詞**と呼びます。

　この are、ere、ire の部分は、主語に応じて形が変わります。これを「**活用する**」と言います。活用する部分を**活用語尾**と呼びます。

　ではまず、現在の事柄を述べるときに使用する時制、直説法現在の規則活用を覚えてしまいましょう。イタリア語は会話の中で主語を省

略してしまう場合が多いので、1つの動詞が1つのフレーズとしての働きを持つことになります。1つずつ、文だと思って、語尾の音をはっきりと発音しましょう。語尾の音が、例えば［オ］か、［イ］か、［ア］かによって、まったく意味が違ってしまいます。

5-4-1 -are動詞

-are動詞の活用および活用語尾

	guardare 見る	活用語尾
io	**guardo** グゥルド	-o
tu	**guardi** グゥルディ	-i
lui/lei/Lei	**guarda** グゥルダ	-a
noi	**guardiamo** グゥルディアーモ	-iamo
voi	**guardate** グゥルダーテ	-ate
loro	**guardano** グゥルダノ	-ano

活用語尾は、ご覧のように主語に応じて6つのパターンに形が変化します。-are動詞、-ere動詞、-ire動詞の活用で共通の部分を見てみましょう。主語がio「私は」のとき、規則動詞の活用語尾は常に-oです。主語がtu「きみは」のとき、常に-iです。まずは、親しい間柄でのtuとioのやりとりをマスターしましょう。また、主語が「私たちは」のとき常に-iamoです。特に、-iamo?「～しようか？」と誘いかける表現は、コミュニケーションに欠かせないフレーズです。

Parli italiano?　　-Sì, parlo italiano.
イタリアを話せる？　- はい、イタリア語を話します。

Parli francese?　　-No, non parlo francese.
フランス語を話せる？　-いいえ、フランス語は話せません。

つづり字の注意　その1

動詞活用で単に -are の部分を -o、-i ... と書き換えただけでは発音と一致しないことがあります。下線部のつづりはよく間違えるのでチェックしておきましょう。

	cercare 探す	**pagare** 支払う
io	**cerco** チェルコ	**pago** パーゴ
tu	**cer_chi_** チェルキ	**pa_ghi_** パーギ
lui/lei/Lei	**cerca** チェルカ	**paga** パーガ
noi	**cer_chi_amo** チェルキアーモ	**pa_ghi_amo** パギアーモ
voi	**cercate** チェルカーテ	**pagate** パガーテ
loro	**cercano** チェルカノ	**pagano** パーガノ

「キ」の音は→chi　　　　　「ギ」の音は→ghi

	mangiare 食べる	**cominciare** 始める、始まる
io	**mangio** マンジョ	**comincio** コミンチョ
tu	**mang_i_** マンジ(mangii とはなりません)	**cominc_i_** コミンチ(comincii とはなりません)
lui/lei/Lei	**mangia** マンジャ	**comincia** コミンチャ
noi	**mang_i_amo** マンジャーモ	**cominc_i_amo** コミンチャーモ
voi	**mangiate** マンジャーテ	**cominciate** コミンチャーテ
loro	**mangiano** マンジャノ	**cominciano** コミンチャノ

＊studiare「勉強する」も同様の活用です。

「チ」の音は→ci　「チャ」の音は→cia　「チェ」の音は→ce

4. 直説法現在・規則動詞

	suonare (=sonare) 演奏する
io	**suono** スオーノ
tu	**suoni** スオーニ
lui/lei/Lei	**suona** スオーナ
noi	**suoniamo / soniamo** スオニアーモ　ソニアーモ
voi	**suonate / sonate** スオナーテ　ソナーテ
loro	**suonano** スオーナノ

suonareは sonare とも言います。活用形を音で覚えてしまいましょう。

Lavoro sette ore al giorno.　私は１日７時間働きます。

Quanto guadagnano al mese?　彼らは1か月にどれくらい稼ぎますか？

Stasera mangiamo, cantiamo e balliamo fino a tardi.
　　　　　　　　　今夜は私たちは遅くまで食べて、歌って、踊ります。

Mia cugina suona il violino molto bene.
　　　　　　　　　私の従姉妹はバイオリンをとても上手に演奏します。

I miei genitori passano quest'estate in montagna al fresco.
　　　　　　　　　私の両親はこの夏を山で涼しく過ごします。

Un bambino cerca il pallone ma non lo trova.
　　　　　　　　　男の子がサッカーボールを探しているが見つからない。

Oggi paghiamo noi!　今日は私たちが支払いますよ！

Che cosa mangi a pranzo?　昼食にはきみは何を食べる？

Fra un mese comincia la scuola.　1か月後に学校が始まります。

Piccolo 単語帳

会話をスムーズに運ぶためにすぐに役立つ基本的な規則動詞を紹介しましょう。それぞれ -are の部分を主語に応じて活用させて使ってみましょう。

-are 動詞

abbracciare 抱擁する　abitare 住む　accettare 受け入れる
accompagnare 同伴する　aiutare 助ける　amare 愛する
arrivare 着く　ascoltare 聴く　aspettare 待つ
baciare キスする　ballare 踊る　cambiare 変える/変わる
cantare 歌う　cercare 探す　chiamare 呼ぶ、電話する
cominciare 始める/始まる　comprare 買う
continuare 続ける/続く　cucinare 料理する　dimenticare 忘れる
domandare 質問する、要求する　entrare 入る
fumare たばこを吸う　giocare 遊ぶ　guadagnare 稼ぐ
guardare 見る　guidare 運転する　imparare 習う
incontrare 出会う　insegnare 教える　invitare 招待する
lasciare 置いておく　lavare 洗う　lavorare 働く
mandare 送る　mangiare 食べる　nuotare 泳ぐ
ordinare 注文する　pagare 支払う
passare 過ごす/過ぎる　pensare 考える　portare 運ぶ
prenotare 予約する　preparare 用意する　presentare 紹介する
prestare 貸す　provare 試す
regalare プレゼントする　restare 残る　ricordare 思い出す
sbagliare 間違う　scherzare 冗談を言う
sciare スキーをする　sposare 結婚する　studiare 勉強する
suonare 演奏する　telefonare 電話する　tornare 帰る
trovare 見つける　viaggiare 旅行する

5-4-2 -ere動詞

-ere動詞の活用および活用語尾

	vivere 生きる	活用語尾
io	vivo ヴィーヴォ	-o
tu	vivi ヴィーヴィ	-i
lui/lei/Lei	vive ヴィーヴェ	-e
noi	viviamo ヴィヴィアーモ	-iamo
voi	vivete ヴィヴェーテ	-ete
loro	vivono ヴィーヴォノ	-ono

　これが -ere 動詞の活用語尾です。主語が**3人称単数 lui / lei / Lei** のとき **-e** 、主語が**2人称複数 voi**のとき **-ete** 、主語が **loro** のとき **-ono** であるところが -are動詞の活用と違っています。主語が「私は」のときは -o 、主語が tu「きみは」のとき -i である点、主語が「私たちは」のとき常に -iamo である点は、規則動詞すべてに共通です。

4. 直説法現在・規則動詞

つづり字の注意　その2

動詞活用の発音とつづりを間違えやすいのでチェックしておきましょう。

	leggere 読む	**vincere** 勝利する
io	**leggo** レッゴ	**vinco** ヴィンコ
tu	**leggi** レッジ	**vinci** ヴィンチ
lui/lei/Lei	**legge** レッジェ	**vince** ヴィンチェ
noi	**leggiamo** レッジャーモ	**vinciamo** ヴィンチャーモ
voi	**leggete** レッジェーテ	**vincete** ヴィンチェーテ
loro	**leggono** レッゴノ	**vincono** ヴィンコノ

「ジ」の音は→ gi　「ジャ」の音は→ gia　「ジェ」の音は→ ge

-ereの部分を-o、-i ... と書き換えただけでは発音と一致しません。下線部が二重母音になっていることに注意しましょう。

	sedere 腰を下ろす*
io	**si̲edo** スィエード
tu	**si̲edi** スィエーディ
lui/lei/Lei	**si̲ede** スィエーデ
noi	**sediamo** セディアーモ
voi	**sedete** セデーテ
loro	**si̲edono** スィエードノ

＊「腰を下ろす」「座る」は再帰動詞 sedersi を多く使います。
　sedere の部分の動詞活用を覚えておきましょう。

4. 直説法現在・規則動詞

Vivono a Venezia. 彼らはヴェネツィアに暮らしています。
Che cosa prendete? あなたたちは何にしますか？
Io prendo un cappuccino, lui prende un caffè.
　　　　　　　　　　　　　　　　私はカプチーノを、彼はコーヒーにします。
La banca chiude all'una. 銀行は1時に閉まります。
Tu scendi? ―Io scendo alla prossima fermata.
　　降りますか？　　　　私は次の停留所で降ります。
I miei cugini vendono il loro motoscafo.
　　　　　　　　　　　　私のいとこたちは彼らのモーターボートを売ります。
Cosa ridete? あなたたちは何を笑ってるの？
Leggi il giornale italiano? きみはイタリアの新聞を読みますか？
Prendo un taxi alla stazione. 私は駅でタクシーに乗ります。
Lei mette gli occhiali da sole. 彼女はサングラスをかけます。

Piccolo 単語帳
-ere 動詞

accendere 点火する	chiedere 尋ねる	chiudere 閉める/閉まる
correre 走る	credere 信じる	dipingere 描く
dividere 分ける	leggere 読む	mettere 置く、身につける
perdere 失う、負ける	permettere 許す	piangere 泣く
prendere とる、飲む	ricevere 受けとる	ridere 笑う
ripetere くり返す	rispondere 答える	scendere 降りる
scrivere 書く	smettere やめる	sorridere 微笑む
uccidere 殺す	vedere 見る	vendere 売る
vincere 勝つ	vivere 生きる、暮らす	

5-4-3　-ire動詞

-ire動詞の活用および活用語尾

	dormire　眠る	活用語尾
io	**dormo** ドルモ	**-o**
tu	**dormi** ドルミ	**-i**
lui/lei/Lei	**dorme** ドルメ	**-e**
noi	**dormiamo** ドルミアーモ	**-iamo**
voi	**dormite** ドルミーテ	**-ite**
loro	**dormono** ドルモノ	**-ono**

　これが -ire 動詞の活用語尾です。主語が**3人称単数 lui / lei / Lei のとき -e**、主語が**2人称複数 voi のとき -ite**、主語が **loro のとき -ono** であるところが -are 動詞の活用と違っています。主語が「私は」のときは -o、主語が tu「きみは」のとき -i である点、主語が「私たちは」のとき常に -iamo である点は、規則動詞すべてに共通です。

　Isabella parte per Roma giovedì.
　　　　　　　　　イザベッラは木曜日にローマへ出発します。

　Luciana apre la finestra per cambiare aria.
　　　　　　　　　ルチャーナは空気を換えるために窓を開けます。

　Il bambino soffre di un'allergia.
　　　　　　　　　その子はアレルギーに苦しんでいる。

　In viaggio scopro sempre cose nuove.
　　　　　　　　　旅では私はいつも新しいことを発見します。

　Non dormo da due giorni.　2日前から私は寝ていません。

　Pronto, Paola? Non ti sento bene!
　　　もしもし、パオラ？　あなたの声がよく聞こえない！

Il negoziante <u>offre</u> assaggi di formaggi vari.
　　　　　　　　　　　店主はいろいろなチーズの味見をさせてくれる。

Piccolo 単語帳
-ire動詞
aprire 開く/開ける　　dormire 眠る　　offrire ごちそうする
partire 出発する　　scoprire 発見する　　sentire 聞く、感じる
soffrire 苦しむ

-ire動詞（-isc型活用）の活用および活用語尾

　-ire動詞の中には活用語尾に -isc- を含むものがあります。区別しやすいように、-ire動詞の-isc型活用と呼んでおきます。[-イスコ、-イッシ、-イッシェ、-イアーモ、-イーテ、-イスコノ]と発音しながら活用語尾を覚えましょう。

-ire動詞（-isc型）の活用および活用語尾

	finire 終わる／終える	活用語尾
io	finisco フィニスコ	-isco イスコ
tu	finisci フィニッシ	-isci イッシ
lui/lei/Lei	finisce フィニッシェ	-isce イッシェ
noi	finiamo フィニアーモ	-iamo イアーモ
voi	finite フィニーテ	-ite イーテ
loro	finiscono フィニスコノ	-iscono イスコノ

<u>Finiamo</u> di studiare alle quattro.
　　　　　　　　　　　　私たちは4時に勉強を終わります。

Il film <u>finisce</u> fra poco. 映画はまもなく終わります。

Capite l'italiano.   あなた方はイタリア語がわかりますか？

Spedisco una cartolina a un'amica.
　　　　　　　　　　　私は絵葉書を女友だちに送ります。

Sara pulisce la stanza ogni giorno.　サラは部屋を毎日掃除します。

Restituisco il libro a mio fratello.　私は本を兄（弟）に返します。

Piccolo 単語帳
（-isc型活用）

capire	わかる	finire	終える/終わる
preferire	〜を好む	pulire	掃除する
restituire	返す	spedire	送る

Un momento!

便利な動詞 preferire「〜の方を好む」

　preferire は次に不定詞を続けて「〜をしたい」という文を作ります。「（〜に比べて）〜を選ぶ」というニュアンスが加わります。

　Andiamo al ristorante.　Cosa preferite mangiare?
　　　　レストランへ行きましょう。　あなた方は何を食べたいですか？

　Preferisce gli spaghetti alle vongole o le trenette al pesto?
　　ボンゴレ・スパゲッティとジェノヴェーゼソースのトレネッテのどちらがいいですか？

　Preferisco gli spaghetti alle vongole.
　　　　　　　　　　　　私はボンゴレ・スパゲッティがいいです。

5-5 不規則動詞　(I verbi irregolari)

5-5-1 不規則動詞　その1 andare、venire、fare、dare

　日常よく使われる動詞ほど不規則な活用をする傾向があります。リズムをつけて何度もくり返し発音しながら綴りと一緒に覚えるのがコツです。日常会話で頻繁に登場する **andare**「行く」、**venire**「来る」、**fare**「する」、**dare**「与える」をマスターしましょう。

5. 不規則動詞

andare 行く

io	**vado** ヴァード	noi	**andiamo** アンディアーモ
tu	**vai** ヴァイ	voi	**andate** アンダーテ
lui/lei/Lei	**va** ヴァ	loro	**vanno** ヴァンノ

venire 来る

io	**vengo** ヴェンゴ	noi	**veniamo** ヴェニアーモ
tu	**vieni** ヴィエーニ	voi	**venite** ヴェニーテ
lui/lei/Lei	**viene** ヴィエーネ	loro	**vengono** ヴェンゴノ

fare する

io	**faccio** ファッチョ	noi	**facciamo** ファッチャーモ
tu	**fai** ファイ	voi	**fate** ファーテ
lui/lei/Lei	**fa** ファ	loro	**fanno** ファンノ

dare 与える

io	**do** ド	noi	**diamo** ディアーモ
tu	**dai** ダイ	voi	**date** ダーテ
lui/lei/Lei	**dà** ダ	loro	**danno** ダンノ

andare：andare a/in 〜「〜へ／に行く」、andare a + 不定詞「〜しに行く」、　andare da + 人「誰々のところへ／家へ行く」

<u>Andiamo</u> a cena fuori stasera. 今晩私たちは外へ食事に行きます。
<u>Andate</u> al mare domani? きみたちは明日海へ行くの？
Lei <u>va</u> a ballare con Giorgio. 彼女はジョルジョと踊りに行きます。
I bambini <u>vanno</u> dai nonni. 子どもたちは祖父母の家に行きます。

dai nonni は「祖父母の家へ／のところへ」です。a casa dei nonni「祖父母の家へ／のところへ」を使って、I bambini vanno <u>a casa dei nonni</u>. と言い換えることができます。

また、「誰々に」を意味する間接目的語と一緒に用いて、〜したいかどうかを尋ねたり、好みを伝えたりすることができます。「きみには、なになには OK?」「私には、なになには好みだ」という意味です。主語が単数なら va、複数なら vanno にします。

Ti <u>va</u> un caffè？ コーヒーはどう？
Non mi <u>vanno</u> i liquori. リキュール類は私はだめです。

andare と前置詞を使った慣用表現

andare a casa	家に行く／家に帰る
andare a cena	夕食へ行く
andare a letto	床につく
andare a lezione	授業へ行く
andare a piedi	徒歩で行く
andare a scuola	学校へ行く
andare a teatro	劇場へ行く
andare al bagno	トイレ／バスルームへ行く
andare al bar	バールへ行く
andare al cinema	映画館へ行く
andare al concerto	コンサートへ行く
andare al lago	湖へ行く
andare al mare	海へ行く

5. 不規則動詞

andare al mercato	市場へ行く
andare al ristorante	レストランへ行く
andare al supermercato	スーパーマーケットへ行く
andare alla fermata	停留所へ行く
andare alla festa	パーティへ行く
andare alla messa	ミサへ行く
andare alla posta	郵便局へ行く
andare alla spiaggia	海岸へ行く
andare alla stazione	駅へ行く
andare all'aeroporto	空港へ行く
andare all'estero	外国へ行く
andare all'università	大学へ行く
andare in banca	銀行へ行く
andare in campagna	田舎へ行く
andare in campeggio	キャンプへ行く
andare in chiesa	教会へ行く
andare in città	街へ行く
andare in montagna	山へ行く
andare in palestra	ジムへ行く
andare in pensione	年金生活に入る
andare in piazza	広場へ行く
andare in piscina	プールへ行く
andare in ufficio	オフィスへ行く
andare in vacanza	バカンスへ行く

andare in biblioteca / enoteca / discoteca*

図書館／ワイナリー／クラブ へ行く

andare in libreria / lavanderia / osteria / trattoria / pasticceria*

書店／クリーニング店／オステリア／トラットリア／ケーキ店へ行く

*これらは andare alla biblioteca、andare alla libreria のように言うこともできます。andare a のときには定冠詞をつけます。

Vado alla biblioteca comunale. 私は市立図書館へ行きます。
Vado alla libreria Atene. 私はアテネ書店へ行きます。

andare in「冠詞なし・乗り物」

例：andare in treno / autobus / bicicletta / moto / aereo / macchina / taxi / metropolitana
電車／バス／自転車／バイク／飛行機／車／タクシー／地下鉄で行く

andare con「定冠詞＋乗り物」

例：andare con il treno / l'autobus / la bicicletta / la moto / l'aereo / la macchina / il taxi / la metropolitana
電車／バス／自転車／バイク／飛行機／車／タクシー／地下鉄で行く

「〜に乗って行く」を表現するとき、andare in のときは「冠詞なし・乗り物」、andare con のときは「定冠詞つき・乗り物」です。どちらも意味は同じですが、in の場合は乗り物に乗り込んでいるイメージ、con を用いる場合は手段としてその乗り物を選んだイメージがあります。

andare dal parrucchiere / panettiere 美容院／パン屋へ行く
andare dal fruttivendolo 果物店へ行く
andare dal medico / dentista 医者／歯医者へ行く
andare dal fioraio / macellaio / fornaio / meccanico
花屋／肉屋／パン屋／修理工へ行く

「〜屋へ行く」は、「da＋人」に合わせて「da＋職業名」で表します。

都市名が続くときは「andare a ＋ 都市の名前」、国名が続くときは「andare in ＋国の名前」が基本です。地方の名前、いくつかの島の名前のときも「andare + in」が基本です。

andare a Tokyo / Milano / Londra / Parigi
東京／ミラノ／ロンドン／パリへ行く
andare in Italia / Grecia / Toscana / Sardegna / Sicilia
イタリア／ギリシア／トスカーナ州（地方）／サルデーニャ島／シチリア島へ行く

venire: venire a/in ～「～へ／に来る」、venire a ＋ 不定詞「～しに来る」、venire da ～「～から来る／～出身である」、venire da ＋ 人「誰々のところへ／誰々の家へ来る」（これらの前置詞の使い方は andare のときと同じです）

Una mia amica italiana <u>viene</u> in Giappone.
　　　　　　　　　　　　　　　私のイタリア人の女友だちが日本へ来ます。

<u>Vieni</u> a mangiare con noi?　　私たちと一緒に食事しに来ない？
Da dove <u>vieni</u>? - <u>Vengo</u> da Ravenna.
　　　　　　　　　　　　ご出身はどちらですか？ - ラヴェンナ出身です。
Riccardo <u>viene</u> da me.　　リッカルドが私の家へ来ます。
Mi è <u>venuta</u> un'idea.　　私に１つの考えが浮かんだ。

　da me は「私の家へ」です。a casa mia「私の家へ」を使って、Riccardo viene **a casa mia**. と言い換えることができます。

Quanto <u>viene</u> in tutto?　　全部でいくらになりますか？

　venire には「値段が～である」の意味もあります。

fare:「～する」のほかにたくさんの熟語表現があります。**fare ＋ 不定詞**は「～させる」という**使役表現**です。

Che cosa <u>fai</u> domani?　　明日きみは何をするの？
<u>Faccio</u> colazione in fretta.　　私は急いで朝食をとります。
<u>Facciamo</u> una passeggiata nel bosco.　私たちは森を散歩します。
Lui <u>fa</u> sempre tardi.　　彼はいつも遅刻します。
Lei <u>ha fatto</u> finta di non saperlo.
　　　　　　　　　　　　彼女はそのことを知らないふりをした。
Mi <u>fa</u> male la testa.　　私は頭が痛い。
I grassi <u>fanno</u> male alla Sua salute. 脂肪はあなたの健康を害します。
Oggi lo <u>faccio</u> ridere.　　今日は彼を笑わせよう。
Mi <u>fai</u> vedere quel DVD?　　あのDVDを私に見せてくれる？

5. 不規則動詞

「fare＋自動詞＋人」「fare＋他動詞＋〜＋a/da＋人」

fare の次に不定詞を続けて「〜させる」という使役の文を作ることができます。

Ti faccio conoscere Maria.
きみにマリーアを紹介してあげます。

Faccio piangere Marco. 私はマルコを泣かせます。

Marco は直接目的語ですから、代名詞 lo「彼を」を使って次のように言い換えることができます。

Lo faccio piangere.　　私は彼を泣かせます。

Faccio vedere la mia foto a Marco. 私はマルコに私の写真を見せます。

a Marco は間接目的語ですから、代名詞 gli「彼に」を使って次のように言い換えることができます。

Gli faccio vedere la mia foto.　　私は彼に私の写真を見せます。

Faccio guidare la mia macchina a Marco.
私はマルコに私の車を運転させます。

Gli faccio guidare la mia macchina. 私は彼に私の車を運転させます。

ただし、「マルコに運転してもらう」ニュアンスが強いのであれば、a よりも da を使って次のように言います。

Faccio guidare la mia macchina da Marco.
私はマルコに私の車を運転してもらいます。

再帰動詞 farsi を使って「自分のために〜させる、誰々にしてもらう」と表現することができます。

「farsi ＋他動詞 ＋ 〜 ＋ da ＋ 人」の形です。

Mi faccio tagliare i capelli dal parrucchiere.
私は美容師に髪を切ってもらいます。

Elisabetta si fa pettinare da sua sorella.
エリザベッタは彼女の姉（妹）に髪をといてもらいます。

fare を使った慣用表現

fare colazione	朝食をとる
fare finta di 〜	〜のふりをする
fare il letto	ベッドを整える
fare la doccia	シャワーを浴びる
fare la fila	列に並ぶ
fare la spesa	日常の買い物をする
fare le valigie	スーツケースに荷物を詰める、旅行のための荷造りをする
fare male a 〜	〜に痛みを与える、〜に害を与える
fare rumore	音をたてる
fare spese	ショッピングをする
fare sport	スポーツをする
fare tardi	遅くなる
fare un bagno / il bagno	海水浴をする、入浴する
fare un viaggio	旅行する
fare una dieta	ダイエットをする
fare una gita	一巡りする、散策する
fare una passeggiata	散歩する
fare una torta	ケーキを作る

Un momento!

動詞 farcela

farcela は「うまくやってのける」という意味です。fare の語末に ci と la が結合した形の動詞で、会話でよく登場します。活用形を見てみましょう。3つの語でワンセットです。「成功した」という場面で用いるときは近過去の活用です。

5. 不規則動詞

farcela の直説法現在の活用

io	**ce la faccio** チェ ラ ファッチョ	noi	**ce la facciamo** チェ ラ ファッチャーモ
tu	**ce la fai** チェラファーイ	voi	**ce la fate** チェラファーテ
lui/lei/Lei	**ce la fa** チェラファ	loro	**ce la fanno** チェラファンノ

Non ho voglia di correre.　Non ce la faccio più.
　　　　　　　　　　　　私は走りたくありません。もうできません。

farcela の近過去の活用

io	**ce l'ho fatta** チェ ロ ファッタ	noi	**ce l'abbiamo fatta** チェ ラッビャーモ ファッタ
tu	**ce l'hai fatta** チェ ライ ファッタ	voi	**ce l'avete fatta** チェ ラヴェーテ ファッタ
lui/lei/Lei	**ce l'ha fatta** チェ ラ ファッタ	loro	**ce l'hanno fatta** チェ ランノ　ファッタ

Finalmente ce l'ho fatta!　とうとうやり遂げた！

dare：「与える」のほかさまざまな表現に用いられます。「誰々に」を意味する目的語 **mi**（私に）、**ti**（きみに）……　などとともに用いることが多いです。

Ti do questo libro.	きみにこの本をあげるよ。
Mi dai un bacio?	私にキスしてくれる？
Mi dà un po' d'acqua?	お水を少しいただけますか？
Maria, ti do una mano?	マリーア、手伝おうか？
Questa stanza dà sul mare.	この部屋は海に面しています。

Lui mi dà un passaggio fino alla stazione.
　　彼は私を車で駅まで送ってくれます。

Piero dà un calcio alla palla.　ピエーロはボールを蹴ります。

<u>Danno</u> «Madama Butterfly» al Teatro La Fenice.
フェニーチェ劇場で『蝶々夫人』が上演される。

<u>Diamoci</u> del tu.　　tuを用いて話しましょう。

<u>dare del tu</u>「tuで呼ぶ、敬称のLeiを使わず打ち解けて話す」はぜひ覚えておきたいフレーズです。初対面の人どうしでも、話をするうちにどちらからともなく Diamoci del tu. や Possiamo darci del tu?「tuで話してもいいですか？」と切り出すことがあります。親称のtuを使って友だち言葉で話すほうが居心地がいいわけです（ただし、年上の人には言いません）。文中のciは「お互いに」の意味です。

dareを使った慣用表現

dare la mano	（握手するために）手を差し出す
dare un consiglio	アドバイスを与える
dare un esame	試験を受ける
dare una mano	手を貸す
dare una notizia	情報・近況を知らせる
dare uno sguardo a ~	~をちらりと見る
dare un'occhiata a ~	~をちらりと見る
dare ~ in prestito	~を貸す

Un momento!

「行く」「来る」の使い方

二者の間で、話し相手のいる場所に自分が「行く」ときはvenireを用います。

「きみの家へ行く」は Vengo da te.
「きみに会いに行く」は Vengo a trovarti.
「きみを迎えに行く」は Vengo a prenderti.
相手に呼ばれて「いま行きます！」と答えるときは　Vengo subito!

「イタリアへ行く」というとき、話し相手がイタリアにいるなら <u>Vengo in Italia</u>. イタリアにいないなら <u>Vado</u> in Italia. となります。「行く」「来る」の表現で日本語と異なるポイントに注意しましょう。

5-5-2 不規則動詞 その2 stare、dire、uscire、conoscere

stare「～の状態である／いる」、dire「言う」、uscire「出る」、conoscere「知る」の活用と表現を見ておきましょう。

stare ～の状態である／いる

io	**sto** スト	noi	**stiamo** スティアーモ
tu	**stai** スターイ	voi	**state** スターテ
lui/lei/Lei	**sta** スタ	loro	**stanno** スタンノ

dire 言う

io	**dico** ディーコ	noi	**diciamo** ディチャーモ
tu	**dici** ディーチ	voi	**dite** ディーテ
lui/lei/Lei	**dice** ディーチェ	loro	**dicono** ディーコノ

uscire 出る

io	**esco** エスコ	noi	**usciamo** ウッシャーモ
tu	**esci** エッシ	voi	**uscite** ウッシーテ
lui/lei/Lei	**esce** エッシェ	loro	**escono** エスコノ

conoscere 知る

io	**conosco** コノスコ	noi	**conosciamo** コノッシャーモ
tu	**conosci** コノッシ	voi	**conoscete** コノッシェーテ
lui/lei/Lei	**conosce** コノッシェ	loro	**conoscono** コノスコノ

5. 不規則動詞

stare：essereの強調の意味「ある／〜の状態である」で用いられるほか、**stare per＋不定詞**「（今まさに）〜しようとするところだ」、**stare ＋ジェルンディオ**「（今ちょうど）〜している最中だ」があります。

Come sta?	お元気ですか？
– Sto bene, grazie. E Lei?	- 元気です。どうも。であなたは？
Sto a casa in malattia.	私は病気で家にいます。
Stiamo tutti bene.	私たちはみんな元気です。
Questa camicia ti sta bene.	このシャツはきみによく似合う。
Sta per piovere.	雨が降りそうだ。
Sto studiando l'italiano.	私はイタリア語を勉強しているところです。

dire：「言う」のほか、多くの慣用表現があります。**Cosa vuol dire?**「どういう意味？」は便利なフレーズです。

Dico la verità.	私は本当のことを言っています。
Tu cosa dici?	きみの意見は？
Lui dice "Ti amo".	「きみを愛している」と彼は言います。
Donata dice bugie.	ドナータはうそをついている。
Cosa vuol dire questa parola?	この単語はどういう意味ですか？

uscire：「出る」「外出する」。「家を出る」は**uscire di casa**となります。**usciamo**は誘いかけの表現として会話でよく登場します。

Esco dall'ufficio alle cinque.	私はオフィスを5時に出ます。
Esco di casa alle sette.	私は7時に家を出ます。
Esci con gli amici stasera?	今晩友だちと出かけるの？
Usciamo!	出かけよう！

conoscere：「（経験的に）知っている」「（誰々を）知っている」のように、見た／聞いた／行ったことがある／知り合いであることを表します。

Conosco l'indirizzo email di Anna.
　　　　　　　　　　　　私はアンナのメールアドレスを知っています。
Conosci questa canzone?　　きみはこの歌を知ってる？
Sergio conosce bene Napoli.　セルジョはナポリの街をよく知っています。

5-5-3　不規則動詞　その3

bere「飲む」、rimanere「残る」の活用と表現も見ておきましょう。

bere 飲む

io	**bevo** ベーヴォ	noi	**beviamo** ベヴィアーモ
tu	**bevi** ベーヴィ	voi	**bevete** ベヴェーテ
lui/lei/Lei	**beve** ベーヴェ	loro	**bevono** ベーヴォノ

bere「飲む」は食事のときに欠かせない動詞です。beviamo は誘いかける表現として用いられます。

Da bere?　　　　　　　　お飲み物は？（ウエイターの言葉）
Mio padre beve volentieri.　私の父はお酒が好きです。
Beviamo qualcosa insieme.　何か一緒に飲みましょう。

rimanere 残る／とどまる

io	**rimango** リマンゴ	noi	**rimaniamo** リマニアーモ
tu	**rimani** リマーニ	voi	**rimanete** リマネーテ
lui/lei/Lei	**rimane** リマーネ	loro	**rimangono** リマンゴノ

5. 不規則動詞

Tu rimani a Roma? きみはローマに残るの？
Rimango a casa a riposare. 私は家で休みます。
Questo mese rimaniamo in città. 今月私たちは街にとどまります。

引き続き、比較的使う頻度の高いものを見ておきましょう。一度に覚えるのは大変ですから、まずは不定詞と意味をセットで暗記して、語彙を増やしていきましょう。以下の動詞は新聞、雑誌など時事的な話題においてよく見かけます。

tenere「持つ、保つ」、porre「置く」、produrre「生産する」、togliere「取り去る」、compire「成し遂げる」、apparire「現れる」、salire「登る」、muovere「動かす」、udire「聞く」、morire「死ぬ」、nascere「生まれる」、trarre「引く」、spegnere「火を消す、スイッチを切る」、piacere「～を好む」の活用形を見てみましょう。

tenere 持つ、保つ

io	**tengo** テンゴ	noi	**teniamo** テニアーモ
tu	**tieni** ティエーニ	voi	**tenete** テネーテ
lui/lei/Lei	**tiene** ティエーネ	loro	**tengono** テンゴノ

このパターンの活用をする動詞は、ほかに appartenere「～に属する」、mantenere「保持する」、sostenere「支える」、contenere「含む」などがあります。-tenere の部分の変化は同じです。

porre 置く

io	**pongo** ポンゴ	noi	**poniamo** ポニアーモ
tu	**poni** ポーニ	voi	**ponete** ポネーテ
lui/lei/Lei	**pone** ポーネ	loro	**pongono** ポンゴノ

このパターンの活用をする動詞に comporre「組み立てる」、disporre「配置する」、proporre「提案する」、imporre「課す」などがあります。-porre の部分の変化は同じです。

produrre 生産する

io	**produco** プロドゥーコ	noi	**produciamo** プロドゥチャーモ
tu	**produci** プロドゥーチ	voi	**producete** プロドゥチェーテ
lui/lei/Lei	**produce** プロドゥーチェ	loro	**producono** プロドゥーコノ

このパターンの活用をする動詞にridurre「減らす」、condurre「導く」、addurre「提示する」 などがあります。-durre の部分の変化は同じです。

togliere 取り去る

io	**tolgo** トルゴ	noi	**togliamo** トッリャーモ
tu	**togli** トッリ	voi	**togliete** トッリェーテ
lui/lei/Lei	**toglie** トッリエ	loro	**tolgono** トルゴノ

このパターンの活用をする動詞にaccogliere「迎える」、cogliere「摘む」、raccogliere「集める」、scegliere「選ぶ」、sciogliere「解く、溶かす」などがあります。 -gliere の部分の変化は同じです。

compire 成し遂げる

io	**compio** コンピオ	noi	**compiamo** コンピアーモ
tu	**compi** コンピ	voi	**compite** コンピーテ
lui/lei/Lei	**compie** コンピエ	loro	**compiono** コンピオノ

5. 不規則動詞

これと同じパターンの活用をする動詞に riempire「満たす」があります。-mpire の部分の変化は同じです。

apparire 現れる

io	**appaio** アッパイオ	noi	**appariamo** アッパリヤーモ
tu	**appari** アッパーリ	voi	**apparite** アッパリーテ
lui/lei/Lei	**appare** アッパーレ	loro	**appaiono** アッパイオノ

これと同じパターンの活用をする動詞に scomparire「消える」があります。

salire 登る

io	**salgo** サルゴ	noi	**saliamo** サリアーモ
tu	**sali** サーリ	voi	**salite** サリーテ
lui/lei/Lei	**sale** サーレ	loro	**salgono** サルゴノ

これと同じ、もしくは似たパターンの活用をする動詞に valere「〜の価値がある」、dolere「痛む」などがあります。valere は valgo、vali、vale、valiamo、valete、valgono、 dolere は dolgo、duoli、duole、doliamo、dolete、dolgono となります。1人称単数が -lgo となるのが特徴です。1人称単数から3人称複数まで6つの活用形を紹介していますが、これら2つの動詞は実際には3人称の活用を使うことが多いです。

muovere　動かす

io	**muovo** ムオーヴォ	noi	**m(u)oviamo** モヴィアーモ（ムオヴィヤーモ）
tu	**muovi** ムオーヴィ	voi	**m(u)ovete** モヴェーテ（ムオヴェーテ）
lui/lei/Lei	**muove** ムオーヴェ	loro	**muovono** ムオーヴォノ

　これと似たパターンの活用をする動詞に **cuocere**[クオーチェレ] があります。**cuocere** は **cuocio**、**cuoci**、**cuoce**、**cociamo**、**cocete**、**cuociono** となります。主語が noi、voi のとき [コチャーモ][コチェーテ] となるのが特徴です。

udire　聞く

io	**odo** オード	noi	**udiamo** ウディアーモ
tu	**odi** オーディ	voi	**udite** ウディーテ
lui/lei/Lei	**ode** オーデ	loro	**odono** オードノ

１人称単数が **odo** となります。文語表現で見る動詞です。

morire　死ぬ

io	**muoio** ムオイオ	noi	**moriamo** モリアーモ
tu	**muori** ムオーリ	voi	**morite** モリーテ
lui/lei/Lei	**muore** ムオーレ	loro	**muoiono** ムオイオノ

5. 不規則動詞

nascere 生まれる

io	**nasco** ナスコ	noi	**nasciamo** ナッシャーモ
tu	**nasci** ナッシ	voi	**nascete** ナシェーテ
lui/lei/Lei	**nasce** ナッシェ	loro	**nascono** ナスコノ

trarre 引く

io	**traggo** トラッゴ	noi	**traiamo** トライアーモ
tu	**trai** トラーイ	voi	**traete** トラエーテ
lui/lei/Lei	**trae** トラーエ	loro	**traggono** トラッゴノ

trarreは活用形が非常に特徴的です。

spegnere 火を消す、スイッチを切る

io	**spengo** スペンゴ	noi	**spegniamo** スペニャーモ
tu	**spegni** スペーニ	voi	**spegnete** スペニェーテ
lui/lei/Lei	**spegne** スペーニェ	loro	**spengono** スペンゴノ

piacere 〜を好む

io	**piaccio** ピアッチョ	noi	**piacciamo** ピアッチャーモ
tu	**piaci** ピアーチ	voi	**piacete** ピアチェーテ
lui/lei/Lei	**piace** ピアーチェ	loro	**piacciono** ピアッチョノ

La mamma <u>tiene</u> il suo bambino in braccio.
  お母さんは自分の子を腕に抱いています。

<u>Poniamo</u> questa domanda agli studenti.
  私たちはこの質問を学生に出します。

Vi dico come <u>produciamo</u> il nostro vino.
  どのように私たちがワインを造っているかを教えてあげよう。

Bambini, <u>togliete</u> i gomiti dal tavolo!
  子どもたち、テーブルにひじをつかないようにしなさい!

Oggi mio nonno <u>compie</u> 90 anni.
  今日私の祖父は90歳になります。

Mi <u>appaiono</u> queste icone sul PC. Come faccio?
  パソコンにこのアイコンが出てくる。どうしよう?

Tanti turisti stranieri <u>salgono</u> sul Monte Fuji.
  多くの外国人観光客が富士山に登ります。

Io <u>salgo</u> al secondo piano con l'ascensore.
  私は2階(日本の3階)へエレベーターで上がります。

<u>Muovo</u> il comodino verso il letto.
  私はナイトテーブルをベッドのほうへ動かします。

<u>Udite</u>, <u>udite</u>, o rustici attenti non fiatate.
  村の皆様、お耳を拝借、おしゃべりなさらずご注目。
    ドニゼッティ作曲 歌劇《愛の妙薬》より

I vecchi soldati non <u>muoiono</u> mai, svaniscono lentamente.
  老兵は死なず、静かに去るのみ。

Alessandro Manzoni <u>nasce</u> a Milano nel 1785.
  アレッサンドロ・マンゾーニは1785年ミラノに生まれる。

<u>Traiamo</u> le conclusioni.
  結論を出しましょう。

Ragazzi, <u>spegnete</u> la luce! あなたたち、明かりを消しなさい!

5. 不規則動詞

[mi piace ＋ 単数名詞] [mi piacciono ＋複数名詞]「私は〜が好きである」、[mi piace ＋不定詞]「私は〜するのが好きである」

動詞 piacere を使った好き・嫌いの表現です。mi は a me のことです。直訳すると「私に〜は好まれる」「私に〜することは好まれる」となります。mi のところに「誰々に」を意味する間接目的語 ti、gli、le、ci、vi を入れて使います。否定は [non mi piace 〜]、[non mi piacciono 〜] です。

<u>Mi</u> <u>piace</u> questo paese.　　私はこの国が好きだ。
<u>Mi</u> <u>piacciono</u> questi vestiti.　私はこの服が好きです。
<u>Ti</u> <u>piace</u> il minestrone della mamma?
　　　　　　　　　　　きみは母さんのミネストローネが好きかい？
<u>Mi</u> <u>piace</u> vivere a Tokyo.　　私は東京に住むのが好きです。
<u>Ti</u> <u>piace</u> nuotare al mare?　きみは海で泳ぐのが好きですか？

Un momento!

anche と neanche

好き・嫌いの表現で、簡単に「私も」と答えるには、次のように言います。否定のときは neanche（〜も〜ない）を用いる点がポイントです。

Mi piace andare al cinema.　私は映画を見に行くのが好きです。
　- <u>Anche</u> a me.　　　　　　私も。
Non mi piace fare jogging.
　　　　　　　　　　　私はジョギングをするのは好きではありません。
　- <u>Neanche</u> a me.　　　　　私も。

5-6 補助動詞　volere、potere、dovere、sapere

　volere、potere、dovere、sapere は**補助動詞**（I verbi servili）と呼ばれ、後ろに別の動詞の不定詞を続けて用います。まずは、よく使われるこれらの活用形と使い方を覚えましょう。

volere　〜したい

io	**voglio** ヴォッリョ	noi	**vogliamo** ヴォッリャーモ
tu	**vuoi** ヴオーイ	voi	**volete** ヴォレーテ
lui/lei/Lei	**vuole** ヴオーレ	loro	**vogliono** ヴォッリョノ

potere　〜できる

io	**posso** ポッソ	noi	**possiamo** ポッスィアーモ
tu	**puoi** プオーイ	voi	**potete** ポテーテ
lui/lei/Lei	**può** プオ	loro	**possono** ポッソノ

dovere　〜しなければならない

io	**devo** デーヴォ	noi	**dobbiamo** ドッビアーモ
tu	**devi** デーヴィ	voi	**dovete** ドヴェーテ
lui/lei/Lei	**deve** デーヴェ	loro	**devono** デーヴォノ

6. 補助動詞 volere、potere、dovere、sapere

sapere 〜する能力がある

io	**so** ソ	noi	**sappiamo** サッピアーモ
tu	**sai** サーイ	voi	**sapete** サペーテ
lui/lei/Lei	**sa** サ	loro	**sanno** サンノ

volere「〜したい」は、願望や誘いかけ、相手への依頼、許可を表す表現に用いられます。また、他動詞として名詞を続けて「〜が欲しい」と言えるほか、疑問文にすると「〜をどう？／いかがですか？」と相手に勧めるときの表現として使うことができます。

Voglio andare dal parrucchiere.　私は美容院へ行きたいです。
Vuoi ascoltare questo CD?　このCDを聞きたい？
Vuole venire da me?　私の家へいらっしゃいませんか？
Vogliamo andare al lago?　みんなで湖へ行くのはどうだい？
Se vuoi, resto con te.　もしきみがよければ、きみと一緒に残るよ。
Vuoi un po' di gelato?　ジェラートを少しどう？

Un momento!

[volere bene a＋人]の表現

Ti voglio bene.「きみを愛している」「きみのことが好きだ」はよく聞くフレーズです。SNS（ソーシャル・ネットワーク・サービス）ではT.V.B.と書き表します。[a＋誰々]となることに注意しましょう。

Sua nonna vuole tanto bene ai nipoti.
彼の祖母は孫たちをとても愛している。

volerci の用法

[ci vuole ＋ 単数名詞][ci vogliono ＋ 複数名詞] は「〜がかかる」「〜が必要である」という意味です。

Per andare a Faenza ci vogliono venti minuti con la macchina.
ファエンツァへ行くには車で20分かかります。

Ci vuole un'ora per arrivare alla stazione.
駅に到着するには1時間かかります。

Quanto (tempo) ci vuole per cuocere un arrosto?
ロースト肉を焼くにはどのくらいかかりますか？

Ci vuole fantasia per il design.
デザインには想像力が必要です。

potere 「〜できる」は、可能、禁止のほか、許可を求める表現に用いられます。

Possiamo partire domani mattina.
私たちは明朝出発することができます。

Posso entrare?　入ってもいいですか？

Puoi portare anche i tuoi amici.
きみはきみの友達も連れてきていいですよ。

Non può essere vero.　それはほんとうのはずがない。

I bambini non possono giocare in giardino.
子どもたちは庭で遊んではいけません。

6. 補助動詞 volere、potere、dovere、sapere

dovere「〜しなければならない」は、必要・義務のほか、禁止、強い推量を表す表現に用いられます。さらに、他動詞としてのdovereには「(お金などを)借りている」「〜のおかげである」の意味があります。

Devo fare le pulizie di casa.	家を掃除しなくてはいけない。
Non devi piangere.	泣いちゃだめだよ。
Lui deve essere italiano.	彼はイタリア人にちがいない。
Quanto devi a mio fratello?	きみは私の兄(弟)にいくら借りているの？
Devo tutto a mio zio.	すべて私のおじのおかげです。

sapere「〜できる」は、学習や経験を経て「〜できる能力がある」ことを表します。また、他動詞「知る」「わかる」の意味もあります。目的節を続けることができるのもsapereの特徴です。

Marco sa sciare.	マルコはスキーができる。
Non so niente di lui.	彼について私は何も知りません。
Sai il suo indirizzo?	彼の住所を知ってる？
- No, non lo so.	いいや、知らない。
Scusi, sa dov'è la stazione?	すみません、駅はどこかご存じですか？
Non so dove abita Maria.	マリーアがどこに住んでいるか私は知りません。
So che l'amore non esiste tra di noi.	私たちの間に愛がないことはわかっている。

potere と sapere の使い分け

ここで「〜できる」の表現について確認しておきましょう。

potereは「可能であるかどうか」、sapere は「能力としてできるかどうか」を言います。何らかの原因があって不可能ならpotere、習ってなくて身についていないならsapere です。「泳ぐ」「読む」のほか、「料理する」「運転する」「踊る」「歌う」「話す」「ピアノ(楽器名)を弾く」「ゴルフ(スポーツ名)をする」など、習って経験を積んでできることはsapere を使います。

6. 補助動詞　volere、potere、dovere、sapere

Non <u>so</u> nuotare.　　　　　私は泳げません。

Non <u>posso</u> leggerlo senza occhiali.
　　　　　　　　　　　私は眼鏡がなくてはそれを読めません。

Marietta non <u>sa</u> ancora leggere. マリエッタはまだ字が読めません。

<u>Sai</u> ballare?　　　　　　　きみは踊れる？

Mia sorella <u>sa</u> cucinare bene. 私の姉(妹)は料理が上手だ。

Un momento!

non so ＋疑問詞＋不定詞

「～したらよいかわからない」の言い方を覚えておきましょう。疑問詞のあとに不定詞を続けることがポイントです。

Non so che cosa dire.　　　私は何を言えばよいかわからない。
Non so dove andare.　　　　私はどこへ行けばよいかわからない。
Non so come fare.　　　　　私はどうしたらいいのかわからない。

表現をふやそう！

ここまでvolere、potere、dovereなどの補助動詞と不規則動詞を見てきました。補助動詞に新しく出てきた不規則動詞の不定詞を組み合わせて表現してみましょう。

Vuoi bere qualcosa?　　　　何か飲みたい？（←会話のきっかけに）
Posso venire anch'io?　　　私も行っていいですか？（←自分も参加したいとき）
Devo rimanere a casa.　　　私は家に残らないといけない。（←用事があるときなどに）
Non posso bere alcolici. 私はアルコールは飲めません。
　　　　　　　　　　　　　　　（←アルコール類が飲めないとき）

5-7 再帰動詞 (I verbi riflessivi)

　alzarsi、mettersi、vestirsi のように、動詞の不定詞が -arsi、-ersi、-irsi の動詞を**再帰動詞**と言います。それぞれ動詞の語尾の -are、-ere、-ire に si がついていると考えてください。この si は**再帰代名詞**と呼ばれ、「自分自身を／自分自身のために」を意味します。活用形を見てみましょう。

alzarsi 起きる

io	**mi alzo** ミ　アルツォ		noi	**ci alziamo** チ　アルツィアーモ
tu	**ti alzi** ティ　アルツィ		voi	**vi alzate** ヴィ　アルツァーテ
lui/lei/Lei	**si alza** スィ　アルツァ		loro	**si alzano** スィ　アルツァノ

　直説法現在の活用形はそれぞれ2語からなります。alzare は「起こす」という意味です。主語の人称に合わせて mi、ti、si、ci、vi、si をつけて、はじめて「自分自身を起こす＝起きる」となるわけです。「私は起きる」は mi alzo（＝私は私を起こす）です。このように、動作が自分自身に再び帰ってくることから再帰動詞と呼ばれます。辞書では再、再動、rifl. のように表記されています。

　Io　mi　alzo.　　　私は起きます。
　私は　私を　起こす

lavarsi「自分の体を／体の一部を洗う」を例に見てみましょう。

① **Io mi lavo.**　　　　私は私自身を洗う。→　私は体を洗います。
② **Io mi lavo i capelli.**　私は私自身のために髪を洗う。→　私は髪を洗います。

　どちらも動詞 lavarsi を用いた、主語が「私は」のフレーズです。①と②での mi の働きは違っていて、①では mi「私自身を」は lavare の直接目的語、②では i capelli「髪」が直接目的語で mi「私自身のために」は間接目的語です。英語では「私の髪を洗う」I wash my hair. のよ

うに言いますが、イタリア語では i miei capelli「私の髪」という所有形容詞を用いません。「私は私自身のために髪を洗う」と表現します。再帰動詞は自身に動作が及ぶと覚えておきましょう。

Piccolo 単語帳
よく使われる再帰動詞

addormentarsi 寝入る　　bagnarsi 水を浴びる、ぬれる
chiamarsi ～という名前である　comportarsi 振る舞う
divertirsi 楽しむ　　fermarsi とどまる　mettersi 身に着ける
mettersi a ～ ～し始める　pettinarsi 自分の髪をとかす
prepararsi 支度する　rilassarsi ゆったりする、リラックスする
riposarsi 休息する　　rompersi 壊れる、骨を折る
sedersi 座る　　sentirsi 自分が～だと感じる
sposarsi con ～と結婚する　svegliarsi 目を覚ます
trovarsi ある、いる　truccarsi 化粧する　vestirsi 服を着る

Come si chiama Lei?　あなたのお名前は何ですか？
Mi trucco e mi pettino davanti allo specchio.
　　　　　　　　　　私は鏡の前で化粧をして髪をとかします。

Domani mi sveglio alle sei.　明日私は6時に起きます。
Elisa si veste sempre elegante.
　　　　　　　　　　エリーザはいつもエレガントに着こなします。

I bambini si divertono molto allo zoo.
　　　　　　　　　　子どもたちは動物園でとても楽しんでいます。

Il pianista si siede e si mette a suonare.
　　　　　　　　　　ピアニストは座って演奏をし始めます。

Dopo cena mi riposo sul divano. 夕食後私はソファで休みます。
Domenica mi rilasso in mezzo alla natura.
　　　　　　　　　　日曜日は私は自然の中でリラックスします。

7. 再帰動詞

Come ti trovi a Milano? ミラノの居心地はどうだい？

Dopo il lavoro mi sento stanchissimo.
　　　　　　　　　　　仕事の後は私はとても疲れを感じます。

Il mio bambino si comporta male a scuola.
　　　　　　　　　　　私の子どもは学校での態度がよくない。

Leggendo i libri di filosofia, mi addormento subito.
　　　　　　　　　　　哲学の本を読んでいると私はすぐに寝入ってしまいます。

Ci fermiamo a Siena un paio di giorni.
　　　　　　　　　　　私たちはシエナに2日ほどとどまります。

Il vaso è caduto dal tavolino e si è rotto.
　　　　　　　　　　　花瓶が小テーブルから落ちて割れた。

Mi sono bagnato tutto. 　私はずぶぬれになった。

　補助動詞とともに用いるときは、再帰動詞の -arsi、-ersi、-irsi の si の部分を主語に合わせて mi、ti、si、ci、vi、si と変化させることに注意しましょう。この再帰代名詞は活用している動詞の直前に置くこともできます。どちらの文も意味は同じです。

Devo alzarmi presto. 　私は早く起きないといけない。
Mi devo alzare presto. 　私は早く起きないといけない。
Le mie amiche vogliono rilassarsi al sole.
　　　　　　　　　　　私の女友達は日を浴びてリラックスしたい。

Le mie amiche si vogliono rilassare al sole.
　　　　　　　　　　　私の女友達は日を浴びてリラックスしたい。

　再帰動詞には相互的用法と呼ばれるものがあります。複数の人称（noi、voi、loro）にのみ用いられ、「互いに〜し合う」の意味になります。他動詞を複数の再帰動詞の活用形にすればいいわけです。たとえば、amare「愛する」を使って「愛し合う」と表現するには次のように言います。

<u>Ci</u> amiamo.　　私たちは愛し合っています。
<u>Vi</u> amate.　　きみたちは愛し合っています。
<u>Si</u> amano.　　彼らは愛し合っています。

辞書には《相互的》と記されています。よく使われるものに **amarsi**「愛し合う」、**guardarsi**「見つめ合う」、**baciarsi**「キスし合う」、**abbracciarsi**「抱き合う」、**salutarsi**「互いに挨拶する」、**vedersi**「互いに会う」、**conoscersi**「知り合う」、**lasciarsi**「別れる」があります。

Anna e Stefano <u>si amano</u> tanto.
　　　　　　　アンナとステファノはとても愛し合っている。
Io e Marco <u>ci vediamo</u> spesso al bar. 私とマルコはバールでよく会う。
<u>Ci vediamo</u> domani! 明日お会いしましょう！
<u>Ci conosciamo</u> da tanto tempo. 私たちはずいぶん前からの知り合いだ。
Marco e Francesco <u>si salutano</u>.
　　　　　　　マルコとフランチェスコは挨拶を交わします。
Gli innamorati <u>si guardano</u> negli occhi.
　　　　　　　恋人たちは互いに目を見つめ合っている。

後ろに di～を伴い、人間の心理や感覚をいう頻出の再帰動詞には、**annoiarsi** di～「～に退屈する」、**arrabbiarsi**～「～に怒る」、**dimenticarsi** di～「～を忘れる」、**fidarsi** di～「～を信頼する」、**innamorarsi** di～「～に恋する」、**interessarsi** di～「～に関心をもつ」、**lamentarsi** di～「～を嘆く」、**preoccuparsi** di～「～を心配する」があります。

代名動詞について

再帰動詞と同様の活用をするものに**代名動詞**と呼ばれるものがあります。辞書には再帰動詞の中に含めているものと、代と記されている場合があります。大きな枠組みの中では再帰動詞の仲間ですが、再帰代名詞を伴わない不定詞だけでは意味を持ちません。**accorgersi**～「～に気づく」、**pentirsi**～「～を後悔する」、**vergognarsi** di～「～を恥じる」がそうです。

7. 再帰動詞

<u>Mi arrabbio</u> spesso con lui!　私は彼によく腹を立てる！

Non <u>ti vergogni</u> del tuo comportamento?
　　　　　　　　　　　きみのその態度は恥ずかしくないの？

<u>Mi fido</u> di mio zio.　　　私はおじを頼りにしています。

Mia madre <u>si interessa</u> di musica barocca.
　　　　　　　　　　　私の母はバロック音楽に興味があります。

Non <u>mi dimentico</u> di te.　きみのことは忘れない。

さらに、再帰動詞には**強調的用法**と呼ばれるものがあります。主語の強調の働きをします。次の文を見てみましょう。

Mangio le cozze.　私はムール貝を食べます。

<u>Mi</u> mangio le cozze.
　　　　　　私は（自分のために／自分が好きな）ムール貝を食べます。

主語の人称に合わせて**再帰代名詞 mi、ti、si、ci、vi、si** を用いることによって、「自分自身のために」「自分が楽しむために」「個人の楽しみのために」というニュアンスが加わります。

<u>Mi compro</u> una bella pipa.　私は自分にすてきなパイプを買います。

<u>Mi sono bevuto</u> un litro di squisita birra alla spina.
　　　　　　　　　　　私はうまい生ビールを１リットル飲んだ。

Mio nonno <u>si fuma</u> tante sigarette.
　　　　　　　　　　　私の祖父はたばこをたくさん吸います。

Un momento!

場所を表す ci とともに再帰動詞を用いるときの代名詞の位置

再帰動詞 trovarsi を使った trovarsi bene a Firenze「フィレンツェで居心地がよい」の表現を例に見てみましょう。

a Firenze を ci で言い換えると次のようになります。

io	<u>Mi</u> <u>ci</u> trovo bene.
tu	<u>Ti</u> <u>ci</u> trovi bene.
lui/lei/Lei	<u>Ci</u> <u>si</u> trova bene.
noi	<u>Ci</u> troviamo bene <u>a Firenze</u>.
voi	<u>Vi</u> <u>ci</u> trovate bene.
loro	<u>Ci</u> <u>si</u> trovano bene.

主語が noi のときは 副詞の ci を用いずに a Firenze を残します。3人称単数・複数のときは副詞の ci は再帰代名詞の前に置かれます。

Un momento!

andarsene と cavarsela

慣用的な再帰動詞の中には andarsene「立ち去る」、cavarsela「なんとか切り抜ける」のように -<u>sene</u>、-<u>sela</u> の形のものがあります。si「自分自身のために」と ne「そこから」、la「そのことを」を結合させた代名詞を伴った慣用的な表現です。直説法現在の活用形はそれぞれ3語でひとまとまり！ 会話でよく登場します。

andarsene

me ne vado	ce ne andiamo
te ne vai	ve ne andate
se ne va	se ne vanno

cavarsela

me la cavo	ce la caviamo
te la cavi	ve la cavate
se la cava	se la cavano

Ho un appuntamento. Ora <u>me ne vado</u>.
　　　　　　　　　　約束があります。もう失礼します。

Perché <u>te ne vai</u>?　　どうしてきみは行ってしまうの？
<u>Me la cavo</u> con l'inglese.　私は英語でなんとかやれます。
<u>Se n'è andato</u> senza neanche salutare.
　　　　　　　　　　挨拶もしないで彼は去って行った。

<u>Me la sono cavata</u> con 50 euro.　私は 50 ユーロでなんとか切り抜けた。

近過去の活用を見ておきましょう。

> **andarsene**
> 　me ne sono andato/a　　　ce ne siamo andati/e
> 　te　ne sei andato/a　　　　ve ne siete andati/e
> 　se　n'è andato/a　　　　　se ne sono andati/e
>
> **cavarsela**
> 　me la sono cavata　　　　ce la siamo cavata
> 　te　la sei cavata　　　　　ve la siete cavata
> 　se　l'è cavata　　　　　　se la sono cavata
>
> ＊cavarselaは、laに合わせて過去分詞の語尾をaにします。
>
> 　特にandarseneは命令形で使われることが多いので　tu、Lei、noi、voiに対する命令法の活用を見ておきましょう。☞ p.283
>
> **andarsene**
> 　tu　vattene　　　　　　　noi　andiamocene
> 　　　ヴァッテネ　　　　　　　　　　アンディアーモチネ
> 　　　きみは出て行きなさい　　　　私たちは行ってしまおう
>
> 　Lei　se ne vada　　　　　voi　andatevene
> 　　　セネヴァーダ　　　　　　　　　アンダーテヴェネ
> 　　　あなたは出て行きなさい　　　あなた方は出て行ってしまいなさい

5-8 使役動詞 fare （I verbi causativi）

[fare＋不定詞] → 使役の表現「〜させる」

　Mi <u>fai vedere</u> quel libro?　　　　　私にあの本を見せてくれる？

　このように日常会話でよく使う表現に、動詞fareの次に不定詞を続けて作る使役「〜させる」の表現があります。

　このとき、「fare ＋ 自動詞 ＋ 人／物」と「fare ＋ 他動詞 ＋ 〜 ＋ a/da ＋ 人」の場合があります。2つのパターンについて見てみましょう。

1）[fare＋不定詞＋その行為が及ぶ人／物] の場合、意味は「〜に対して〜させる」。

「その行為が及ぶ人／物」を直接目的語「誰々を」「なになにを」で言い換えることができます。

  Faccio venire Paola. 私はパオラを来させます。
  → La faccio venire. 私は彼女を来させます。

 Paola は直接目的語ですから、代名詞 la「彼女を」を使ってこのように言い換えることができます。

  Faccio ridere Marco. 私はマルコを笑わせます。
  → Lo faccio ridere. 私は彼を笑わせます。

 Marco は直接目的語ですから、代名詞 lo「彼を」を使ってこのように言い換えることができます。

  Faccio tradurre questa mail in giapponese.
        私はこのメールを日本語に訳させます。

  → La faccio tradurre in giapponese.
        私はそれを日本語に訳させます。

questa mail は直接目的語の代名詞 la「それを」を使って言い換えます。

  Il poliziotto ha fatto fermare un'auto. 警官が1台の車を停めた。
  → Il poliziotto l'ha fatta fermare. 警官がそれを停めた。

  Ho fatto riparare la macchina. 私は車を修理させました。
  → L'ho fatta riparare. 私はそれを修理させました。

  Fammi entrare! 私を入らせてください！
  Puoi farmi pensare? 私に考えさせてくれますか？
  Lui mi ha fatto aspettare più di due ore.
      彼は私を2時間以上待たせました。

  Ti farò sapere com'è andata a finire la prova.
      そのリハーサルがどうなったかきみに知らせるね。

  Mia madre non mi ha fatto andare alla festa.
      母は私をパーティーに行かせてくれなかった。

8. 使役動詞 fare

　使役動詞の fare を不定詞のまま使う場合、[far＋不定詞] となることが多くあります。fare の語末の母音 e が省略されます。[far ＋ -are / -ere / -ire 動詞] となるわけです。

　Non mi far ridere!　　　　　　　私を笑わせないで！
　Devo far studiare Carlo.　　　　カルロに勉強させないといけない。
　→ Lo devo far studiare.　　　　　彼に勉強させないといけない。

2）[fare ＋不定詞＋その行為が及ぶ人／物＋ a ＋人] 　の場合、意味は「誰々に～を～させる」。

　このとき「その行為を行う人」を [a＋人]（間接目的語）で表します。「誰々に～を～してもらう」の訳語が適切な場合もあります。

　Faccio riparare la macchina a Marco.
　　　　　　　　　　　　私はマルコに車を修理させます。
　→ Gli faccio riparare la macchina.
　　　　　　　　　　　　私は彼に車を修理させます。
　Mia madre mi ha fatto preparare la cena.
　　　　　　　　　　　　母は私に夕食を用意させました。

　この **mi** は **a me** のことです。

　次の使役の文を、補語人称代名詞 ☞ p.138 を使って言い換えてみましょう。文中の「なになにを」の部分、「その行為を行う人」の部分が言い換えのポイントです。

　Faccio tradurre questa mail in giapponese alla mia segretaria.
　　　　　　　　　　　　私は秘書にこのメールを日本語に訳させます。
　→ La faccio tradurre in giapponese alla mia segretaria.
　　　　　　　　　　　　私は秘書にそれを日本語に訳させます。
　→ Le faccio tradurre questa mail in giapponese.
　　　　　　　　　　　　私は彼女にこのメールを日本語に訳させます。
　→ Gliela faccio tradurre.　　私は彼女にそれを訳させます。

このように互いの間で了解されている事柄は、（直接／間接）補語人称代名詞を用いて言い換えることがよくあります。あいまいさを避けるため、[a + 人] の部分を [da + 人]（～によって）とすることがあります。誰にその動作をしてもらうのかがより明確になります。

 Faccio assaggiare la bistecca a Marco.
         私はマルコにステーキを味見させます。

 Gli faccio assaggiare la bistecca.
         私は彼にステーキを味見させます。

「マルコに味見してもらう」ニュアンスが強いのであれば、**a** より **da** を使って次のように言います。

 Faccio assaggiare la bistecca da Marco.
         私はマルコにステーキを味見してもらいます。

 Faccio scrivere da Nino una lettera per Maria.
         私はマリーアへの手紙をニーノに書いてもらいます。

da Nino「ニーノによって」があることで、誰に書いてもらうのかがはっきりします。

会話では、「誰々に～させなさい」という命令法とともに補語人称代名詞がよく使われます。特に、内容が互いの間で了解されている場合には、間接目的語（**mi**、**ti**、**gli**、**le**、**ci**、**vi**、**gli**）、直接目的語（**lo**、**la**、**li**、**le**）、間接目的語と直接目的語の結合形（**me lo**、**te li**、**gliela**、**ce le**、**ve lo**...）が頻繁に用いられます。

 Fai preparare questo rapporto a Gianni.
         この報告書をジャンニに準備させてくれ。

 → Fagli preparare questo rapporto.
         この報告書を彼に準備させてくれ。

 → Fallo preparare a Gianni. それをジャンニに準備させてくれ。

 → Faglielo preparare. 彼にそれを準備させてくれ。

8. 使役動詞 fare

再帰動詞 farsi を使って「自分自身が〜させる／自分自身が〜してもらう」と表現することができます。

まず、[farsi ＋他動詞]のとき、「自分自身が〜される」となります。

Lui camminava piano piano per non farsi sentire.

> 彼は気づかれないように静かに歩いていた。（←自分自身を感じられる）

Fatti vedere qualche volta.

> ときどきは顔を見せてね。（←自分自身の姿を見せる）

fatti は tu に対する fare の命令形 fa' と ti（再帰代名詞）が結合した形です。

Ho gridato forte per farmi sentire da tutti.

> みんなに聞こえるように私は大声で叫んだ。（←自分の声を聞かれる）

[farsi ＋他動詞＋直接目的語＋ da ＋ 人]で、「誰々によって、自分自身のために／自分自身のものを〜させる（〜してもらう）」です。

Domani mi faccio tagliare i capelli da una mia amica.

> 明日、私は友人に髪を切ってもらいます。

mi は「私のために」「私の〜」を意味します。「誰にしてもらうか」は [da ＋人]で表します。

Mio padre si fa fare la barba dal barbiere.

> 私の父は理髪師にひげを剃ってもらいます。

fare la barba は「ひげを剃る」です。

Mi sono fatto lavare la macchina da Luigi.

> 私はルイージに私の車を洗ってもらいました。

同様に mi は「私のために」「私の」を意味します。

Anna si è fatta fare un bel vestito in un negozio di Via Montenapoleone.

> アンナはモンテナポレオーネ通りの店ですてきな服を作ってもらった。

Mi sono fatto installare da Marco questo software sul PC.
私はマルコにこのソフトをパソコンにインストールしてもらいました。

3) [lasciare ＋不定詞]　放任の表現「～させておく、～するままにさせる」

　動詞 lasciare の次に不定詞を続けて「～させておく、～するままにさせる」と表現することができます。構文は使役動詞 fare の場合と同じです。

La mamma lascia dormire il bambino.
お母さんは子どもを寝かせている。

Te lo lascio fare.　　　　私はきみにそれをさせてあげる。
Vi lascio fare le vostre cose.
きみたちのことはきみたちにさせてあげよう。

Mia madre non mi lascia mangiare gli hamburger.
私の母は私にハンバーガーを食べさせてくれません。

Suo padre non la lascia uscire da sola.
彼女の父は彼女を1人で外出させません。

Lascio deciderlo al direttore.
私はそれを部長に決めてもらいます。

次のように命令形で用いる場面が多くあります。

Lasciami andare.	私を行かせてください。
Lasciamo perdere!	放っておきましょう。
Lascia stare.	そのままにしてください。
Lascia fare a me.	私にさせてください。
Non glielo lasciar fare!	彼にそれをさせないでください！

5-9 知覚動詞 （I verbi di percezione）
vedere、guardare、sentire、ascoltare、udire、osservare

［知覚動詞 vedere、ascoltare、sentire など ＋ 不定詞］
「～が～するのを見る／聞く／感じる」

vedere（見る）、guardare（見る）、sentire（聞く、感じる）、ascoltare（聞く）、udire（聞く）、osservare（観察する）のような知覚動詞の次に不定詞を続けて「～が～するのを見る／聞く／感じる」と表現することができます。

Sento cantare Maria.	マリーアが歌っているのが聞こえる。
Sento Maria cantare.	マリーアが歌っているのが聞こえる。
La sento cantare.	彼女が歌っているのが聞こえる。

不定詞の意味上の主語は、不定詞の前に置いても、後ろに置いても構いません。これは動詞の目的語ですから、直接補語人称代名詞で書き換えることができます。

Vedo giocare Piero.	ピエーロが遊んでいるのが見える。
Vedo Piero giocare.	ピエーロが遊んでいるのが見える。
→ Lo vedo giocare.	彼が遊んでいるのが見える。
Ti osservo ridere.	私はきみが笑うのをじっと見ている。
Sento camminare sul corridoio.	廊下を歩くのが聞こえる。

＊動詞の目的語が省略されることもあります。

Lui guardava le navi partire.	彼は船が出航するのを見ていた。

「～が～を～するのを見る／聞く／感じる」のときは、不定詞の意味上の主語は不定詞の前に置かれます。直接補語人称代名詞を使って書き換えると次のようになります。

Ascolto Maria cantare un'aria di Puccini.
　　　私はマリーアがプッチーニのアリアを歌うのを聞きます。

→ La ascolto cantare un'aria di Puccini.

私は彼女がプッチーニのアリアを歌うのを聞きます。

→ La ascolto cantarla.　　私は彼女がそれを歌うのを聞きます。

最初の **la** は「彼女を＝マリーアを」、2つめの **la** は「それを＝プッチーニのアリアを」のことです。un'aria di Puccini を示す **la** は不定詞 **cantare** の語末に結合させます。

話者の間で了解されているのであれば目的語を使いますが、まぎらわしい場合は多用しないほうがよいでしょう。

Ascoltavo Rinaldo suonare la chitarra.

私はリナルドがギターを弾くのを聞いていました。

→ Lo ascoltavo suonare la chitarra.

私は彼がギターを弾くのを聞いていました。

→ Lo ascoltavo suonarla.　私は彼がそれを弾くのを聞いていました。

Lei guardava la mamma preparare gli gnocchi.

彼女は母親がニョッキを作るのを見ていた。

Ho visto tante persone mangiare il sushi.

私はたくさんの人がすしを食べるのを見ました。

再帰動詞が続く場合は、再帰代名詞 **mi**、**ti**、**si**、**ci**、**vi**、**si** を意味上の主語に合わせます。

Vedevo Maria truccarsi.

私はマリーアが化粧するのを見ていました。

Ho visto gli innamorati baciarsi.

私は恋人どうしがキスするのを見ました。

5-10 非人称の表現 (La forma impersonale)

動詞の3人称単数の活用形を用いて表す非人称の表現です。
1) 非人称動詞としてよく使われる動詞、2)［essere＋形容詞／副詞／名詞＋不定詞］、3)［essere＋形容詞／副詞／名詞＋ che ～］、4) 天候を言うのに用いる非人称動詞、5) そのほかの非人称の表現があります。

1) 非人称構文でよく使う動詞

不定詞はそれぞれ accadere、bastare、bisognare、capitare、convenire、dire、occorrere、parere、potere、sembrare、succedere、darsi です。3人称単数の活用を用いて非人称構文を作ります。意味上の主語の部分は、不定詞か、che に導かれる節を用います。まずは occorre che ～のように che を続けるパターンを覚えてください。「誰々に」を加えたい場合は、「a＋人」を表す間接補語人称代名詞を用います。中上級の文法事項になりますが、留意点は、このような非人称構文においては、che に導かれる節中の動詞活用は接続法を用いることです。

　　Bisogna studiare di più.　　　　　もっと勉強することが必要だ。
　　Bisogna che Marco studi di più.
　　　　　　　　　　　　　　マルコがもっと勉強することが必要だ。

Marco に続く動詞 studi は studiare の接続法現在3人称単数の活用形です。

　　Bisogna fare in modo che non ci si penta.
　　　　　　　　　　　　　　後悔しないようにする必要がある。
　　Occorre essere saggi.　　賢明であることが必要だ。
　　Conviene telefonargli prima di uscire.
　　　　　　　　　　　　　　出かける前に彼に電話するほうがいい。
　　Capita che alcuni studenti non capiscano la lezione.
　　　　　　　　　　　　　　何人かの生徒は授業がわからないということが起きる。

Mi sembra che il governo sia in mano a lui.
> 政府は彼の手中にあるように私には思える。

Mi pare che non sia il caso di scherzare.
> 冗談を言う場合ではないと私には思える。

Può darsi che lui prenda il treno delle sette.
> 彼は7時の列車に乗るかもしれない。

Si dice che passare sotto una scala porti male.
> 梯子の下を通るのは縁起が悪いと言われている。

非人称構文でよく使われる表現

accade che ~	~であることが起こる
basta che ~	~で十分だ
bisogna che ~	~することが必要だ
capita che ~	~ということがある
conviene che ~	~するほうがいい
occorre che ~	~が必要だ
pare che ~	~のように思われる
può darsi che ~	~かもしれない
sembra che ~	~のように思われる
si dice che ~	~と言われている
succede che ~	~ということが起こる

2）[è ＋ 形容詞＋不定詞]「～することは～だ」

英語の it ～ to ～ 構文に似ていますが、it に当たる語を持ちません。意味上の主語は不定詞の部分です。

<u>È difficile</u> risolvere questo problema.
この問題を解決することは難しい。

<u>È importante</u> aspettare il momento giusto.
時機を待つことが重要だ。

Non <u>è possibile</u> amare per sempre.
ずっと愛し続けるなんて不可能だ。

<u>È divertente</u> chiacchierare con gli amici.
友達と一緒にお喋りするのは楽しい。

3）[è ＋ 形容詞＋cheに導かれる節]「なになにが（誰々が）～ということが／～することが～だ」

英語の it ～ that ～ 構文に似ていますが、it に当たる語を持ちません。留意点は、cheに導かれる節中の動詞活用は接続法を用いることです。

è possibile che ～のようにcheを続けるパターンを覚えていきましょう。

<u>È giusto che</u> lui abbia scelto di vivere in Germania.
彼がドイツで生きることを選んだのは正しい。

<u>È opportuno che</u> il ministro partecipi al summit.
大臣がサミットに出席するのは時宜を得ている。

<u>È chiaro che</u> abbiamo sbagliato strada.
私たちが道を間違えたのは明らかだ。

[è + 形容詞 + che に導かれる節] でよく使われる表現

è chiaro che 〜	〜であることは明らかだ
è conveniente che 〜	〜することは都合がよい
è difficile che 〜	〜することは難しい／〜する可能性が低い
è divertente che 〜	〜であることは楽しい
è facile che 〜	〜することはたやすい／〜する可能性が高い
è giusto che 〜	〜することは正しい
è importante che 〜	〜することは重要だ
è interessante che 〜	〜であることは興味深い
è meglio che 〜	〜するほうがよい
è opportuno che 〜	〜することは好都合だ
è peggio che 〜	〜することはより悪い
è possibile che 〜	〜ということは可能だ
è probabile che 〜	〜であるかもしれない
è strano che 〜	〜することは奇妙だ
è utile che 〜	〜することは有益だ

このように疑念、可能性、個人の判断、主観を伴う判断などを示す場合は、che に導かれる節の動詞活用に接続法を用います。同様に次の構文も見ておきましょう。

È meglio che tutti rimangano qui.

　　　　　　　皆がここに残るほうがいい。

È peggio che non sappiano niente.

　　　　　　　彼らが何も知らないのはさらに悪いことだ。

È un peccato che non possa venire tuo fratello.

　　　　　　　きみの兄 (弟) が来ることができないのは残念だ。

4）天候を言うのに用いる非人称動詞

piovere「雨が降る」、nevicare「雪が降る」、tuonare「雷が鳴る」、grandinare「雹が降る」、balenare「稲光がする」、lampeggiare「稲光がする」などのように天候や自然現象を表す動詞も3人称単数の活用形です。

Oggi piove tanto. 今日はたくさん雨が降る。
Nevica spesso. よく雪が降る。
Tuona e lampeggia. 雷が鳴り稲光がする。
Ieri è piovuto tutto il giorno. 昨日は一日中雨が降った。
Ieri ha piovuto tutto il giorno. 昨日は一日中雨が降った。

これらの動詞を用いて近過去の文を作るとき、[essere + 過去分詞]、[avere + 過去分詞]のどちらの形でもかまいません。

5）そのほかの非人称の表現

dire、raccontareなどの語が3人称複数の活用形で用いられる場合も、非人称の用法です。

Dicono che gli azzurri vinceranno in finale.
　　　　イタリアチームが最終戦で勝利すると言われている。
Raccontano che toccare questa statua porta fortuna.
　　　　この彫像を触ると縁起がよいと言われている。

よく使われる非人称の表現
dicono che 〜　　　〜であると言われている
raccontano che 〜　　〜であると語られる

unoを主語にした文も非人称の用法です。

Se uno si sente male in aereo cosa deve fare?
　　　　もし人が機内で気分が悪くなったらどうしたらいいですか？

Se uno vuole essere felice, deve stare insieme a qualcuno che ama.　もし人が幸せでいたいのなら、愛する人と一緒にいるべきだ。

5-11 非人称のsiと受け身のsi
　　　（Si impersonale）　　（Si passivante）

5-11-1 非人称のsi

　実際に会話のやりとりをする中で、ときおり主語を明確に言わない場合があります。一般的にそうするのが当たり前なことや、常識的なこと、規則としてそう決まっているようなことがそうです。例えば、「入ることはできません」と表現するとき、「きみが」「あなたたちが」と明言するのではなく、誰もが（「人が」）今「入ることはできない」ことを伝えるのに便利なのが「非人称のsi」です。使い方を覚えましょう。

　　Non si può entrare.　　　　　　　入ることはできません。

作り方は簡単で[si＋動詞の3人称単数の活用形]です。siにpotere「〜できる」の3人称単数の活用形puòを続けています。

　　Si vive bene in questa città.　　この街では暮らしやすいです。

siにvivere「暮らす、生きる」の3人称単数の活用形viveを続けています。

　　Come si arriva a Camerino?
　　　　　　　　　　　　　　カメリーノへはどうやって行きますか？

　- Si arriva con il pullman.　　長距離バスで行きます。

siにarrivare「到着する」の3人称単数の活用形arrivaを続けています。
　いずれも、「一般的に／人は」という意味のフレーズです。

　　In estate si va spesso al mare.　　夏にはよく海へ行きます。

siにandareの3人称単数の活用形vaを続けています。

Oggi è festa.　<u>Si balla</u> fino a tardi.

　　　　　　　　今日は休日です。　遅くまで踊ります。

　si に ballare「踊る」の3人称単数の活用形 balla を続けています。このように、ある状況下で「みんなはそうする」という共通の概念を表すことができます。

　　Siamo pronti.　<u>Si parte</u>!　準備完了。出発だ！

　si に partire「出発する」の3人称単数の活用形 parte を続けています。場面に応じて「私たちは」の意味合いと考えるといいでしょう。「出発だ！／出発しよう！」のことです。

　potere、vivere、arrivare、andare、ballare、partire はいずれも自動詞です。**[si＋自動詞の3人称単数]**は非人称の si の表現です。「誰々が」と主語を明確に訳しません。

> **Un momento!**
>
> **ci＋si＋3人称単数の活用形**
>
> 再帰動詞を用いた非人称のsiの表現は[ci + si + 3人称単数の活用形]です。
>
> Ci si diverte un sacco! たくさん楽しめるよ！
>
> **divertirsi**「楽しむ」の場合、3人称単数の活用形は **si diverte** ですが、非人称の si の後ろに続けると、si si diverte となってしまいます。この si の音の重なりを避けるために最初の si を ci に置き換えて ci si diverte と書きます。
>
> Con quei ragazzi non ci si annoia mai.
> あの男の子たちと一緒だとまったく退屈しない。
>
> ci si annoia→非人称のsi + annoiarsi「退屈する」の3人称単数の活用形si annoiaです。
>
> In questo paese ci si alza molto presto.
> この村ではとても早起きだ。
>
> ci si alza→非人称のsi + alzarsi「起きる」の3人称単数の活用形si alzaです。
>
> **si＋è＋形容詞の男性複数形**
>
> 非人称のsiを用いた表現で「（人は）～である」のように形容詞を伴う文は[si + è + 形容詞の男性複数形]の形です。
>
> Quando si è soli, si è tristi. 1人でいると寂しい。
>
> 形容詞 **solo**「1人の」、**triste**「寂しい」がいずれも男性複数形になっています。
>
> Si è felici quando si ama. 人は愛しているとき幸せだ。
>
> 形容詞 **felice**「幸せな」が男性複数形になっています。

5-11-2 受け身の si

よく用いるフレーズ「この店はおいしい」の言い方を覚えましょう。

In questa trattoria si mangia bene .

　　　　　　このトラットリアではおいしく食べられます。

mangiare bene「おいしく食べる」を使って、si に mangiare の 3 人称単数の活用形 mangia を続けます。mangiare は他動詞ですが目的語を伴っていません。この場合も非人称の si の表現と考えます。では、よく似た次の例文を見てみましょう。「このトラットリアではカルボナーラがおいしい」は次のように言います。

In questa trattoria si mangia una buona carbonara.

　　　　　　このトラットリアではおいしいカルボナーラが食べられます。

このフレーズでは文中に una buona carbonara「おいしいカルボナーラ」があります。動詞の後ろにあるので mangiare の目的語に見えますが、文法上は主語の働きで、動詞 mangiare はその主語に合わせて 3 人称単数になっています。この si は文法的には受け身の si と呼ばれます。「おいしいカルボナーラが食べられる」という作りです。si の次に動詞の 3 人称単数の活用形が続くので見かけは非人称の si と似ていますが、文中に主語がある点が違っています。

Dalla finestra si vede il Duomo.

　　窓からドゥオモが見えます。(←ドゥオモが見られる)
　　vedere は 3 人称単数形　主語が単数

Dalla finestra si vedono tanti turisti.

　　窓からたくさんの観光客が見えます。(←たくさんの観光客が見られる)
　　vedere は 3 人称複数形　主語が複数

主語が単数のとき動詞はそれに合わせて 3 人称単数、主語が複数のとき動詞は 3 人称複数にします。このように主語に合わせて、動詞の活用形が 3 人称の単数か、複数になるのがポイントです。

Dove si compra questo tè verde?

　　　　　このグリーンティーはどこで買えますか？

Dove si comprano i francobolli?

　　　　　切手はどこで買えますか？

　tè verde「グリーンティー／緑茶」が単数なのでそれに合わせて動詞はcomprareの3人称単数、francobolli「切手」が複数形なのでそれに合わせて動詞は3人称複数の活用形です。

Come si usa questa lavatrice?

　　　　　この洗濯機はどう使うのですか？

Come si usano i pomodori secchi?

　　　　　乾燥トマトはどう使えばいいですか？

　主語に合わせて、動詞usareをそれぞれ3人称単数、3人称複数の活用形にします。

　これまで見てきましたが、非人称のsi、受け身のsiは、見かけが似ています。[si＋動詞の3人称単数]、[si＋動詞の3人称複数]の動詞が自動詞か他動詞か、また、主語にあたる名詞があるかどうか、など文法的な違いで区別します。日本語に訳した場合には、どちらも「誰々が」という主語を明示しない、一般的なことを言う訳文になります。

疑問詞 ＋ 受け身のsi
　疑問詞のdove、come、quandoと受け身のsiを組み合わせて、便利な表現を作ることができます。会話では頻繁に用いるので、使い方をマスターしておきましょう。

Come si fa?　　　どうすればいいの？

Come si dice "Buonanotte" in giapponese?

　　　　　"Buonanotte"は日本語ではどう言うのですか？

Come si mangia il fico d'india?

　　　　　うちわサボテンの実はどんなふうにして食べるのですか？

Quando si festeggia il tuo onomastico?

きみの聖名祝日はいつ祝うの？

Quando si preparano gli gnocchi?

ニョッキはいつ作るのですか？

5-11-3 受け身の表現

essere ＋過去分詞

「～される」という受け身の表現は[essere ＋過去分詞]の形で作ります。「～によって」という部分はda～で表します。

Pierino è amato da tutti.　ピエリーノはみんなに愛されています。

Marietta è amata da tutti.　マリエッタはみんなに愛されています。

過去分詞は主語の性・数に合わせて変化させます。マリエッタが主語のとき、その性・数に合わせてamare「愛する」の過去分詞amatoはamataにします。

Siamo invitati a cena dai signori Matteucci.

私たちはマッテウッチ夫妻に夕食に招待されています。

Questa pinacoteca è visitata da tanti turisti.

この絵画館は多くの観光客に訪問されます。

受け身表現の過去形

これらの文を「～された」と過去の表現にするとき、[essere ＋ stato ＋過去分詞]の形にします。statoの語尾を主語に合わせて変化させることに注意しましょう。

Siamo stati invitati a cena dai signori Matteucci.

私たちはマッテウッチ夫妻に夕食に招待されました。

Questa pinacoteca è stata visitata da tanti turisti.

この絵画館は多くの観光客に訪れられました。

Il suo libro è pubblicato a Milano.

彼／彼女の本はミラノで出版されています。（現在形）

Il suo libro è stato pubblicato a Milano.
　　　　　彼／彼女の本はミラノで出版されました。（過去形）

> **Un momento!**
>
> **受け身の時制いろいろ**
>
> 文法説明において、受け身の現在 [essere ＋過去分詞]、受け身の過去 [essere ＋ stato ＋過去分詞] の仕組みを学んできました。実際に、長い歴史を持つイタリアの物語を読むときには、さまざまな時制の受け身表現を目にします。この、「〜される」「〜された」の構文をベースに、受け身の表現を読みとる力をつけておきましょう。
>
> Roma non fu fatta in un sol giorno.
> 　　　　　　　　　　　　　ローマは１日にして成らず。
>
> I nemici erano stati battuti dai soldati del duca.
> 　　　　　　　　　　敵は公爵の軍勢に打ち負かされたのだった。
>
> A dicembre la montagna sarà coperta di neve.
> 　　　　　　　　　　12月には山は雪で覆われているだろう。

[venire ＋過去分詞] による受け身の表現

　これらの [essere ＋過去分詞] の受け身の文は、essere の代わりに venire を用いて [venire ＋過去分詞] で表現することができます。この venire に「来る」という意味はありません。essere ＋過去分詞の形が、essere ＋形容詞、また、近過去と紛らわしいときに多く使われます。ただし、[essere ＋ stato ＋過去分詞] の文の essere の代わりに venire を用いることはできません。

Il suo libro viene pubblicato a Milano.
　　　　　彼／彼女の本はミラノで出版されています。

Questa pinacoteca viene visitata da tanti turisti.
　　　　　この絵画館は多くの観光客に訪問されます。

> **Un momento!**
>
> **紛らわしい表現を回避するために**
> 動詞aprire「開く／開ける」を用いた次の文を見てみましょう。動詞aprireの過去分詞 (aperto) と形容詞 (aperto) は同じ形です。
>
> La porta è aperta.
>
> aperto を形容詞「開いている」と解釈すると「ドアは開いている」、aperto を過去分詞と解釈すると「ドアは開かれる」となり、意味は2とおり考えられます。この紛らわしい表現を避けて、受け身の文であることを明確にしたいときは essere の代わりに venire を用いて、La porta viene aperta. と表します。

[andare＋過去分詞] による受け身の表現

[andare＋過去分詞] の受け身の文は「〜されるべき」という義務を表します。掲示物や訓辞などによく用いられます。この andare に「行く」という意味はありません。

Le regole vanno rispettate.
　　　　　　　規則は守られるべきです。

L'antibiotico va preso seguendo le indicazioni del dottore.
　　　　　　　抗生物質は医師の指示にしたがって飲むべきです。
　　　　　　　(←飲まれるべきである)

Il centro storico va chiuso alle auto.
　　　　　　　歴史的中心部は車両通行止めにするべきです。
　　　　　　　(←車に対して閉鎖されなければならない)

Un momento!

[dovere＋essere＋過去分詞]

「〜されるべきだ」という表現は **[dovere＋essere＋過去分詞]** を使って表すこともできます。

[andare＋過去分詞] よりも、こちらのほうが口語表現として多く用いられます。

Le regole devono essere rispettate.
規則は守られるべきです。

Il centro storico deve essere chiuso alle auto.
歴史的中心部は車両通行止めにするべきです。

受け身の si を用いて次のように言うこともできます。意味は同じです。

Si devono rispettare le regole.
規則は守られるべきです。

Si deve chiudere il centro storico alle auto.
歴史的中心部は車両通行止めにするべきです。

5-12　動詞＋a＋不定詞、動詞＋di＋不定詞

Io comincio a parlare.　　私は話し始めます。
Io finisco di lavorare.　　私は仕事を終えます。

cominciare a 〜「〜し始める」、**finire di 〜**「〜し終える」のように、前置詞 a あるいは、di を置いて不定詞を続ける表現はたくさんあります。a を用いるか di を用いるかは、使いながら動詞ごとに覚えていきましょう。〜の部分に不定詞を続けます。

[動詞＋a＋不定詞] の表現

abituarsi a ~	~することに慣れる
accompagnare a ~	~しに (誰々に) 同伴する
aiutare a ~	~ (誰々が) するのを助ける
andare a ~	~しに行く
annoiarsi a ~	~に退屈する
continuare a ~	~し続ける
convincere a ~	~するように (誰々に) 説得する
correre a ~	急いで~する
divertirsi a ~	~するのを楽しむ
entrare a ~	~しに入る
imparare a ~	~することを習う
incoraggiare a ~	(誰々に) ~するのを励ます
iniziare a ~	~し始める
insegnare a ~	(誰々に) ~の仕方を教える
insistere a ~	執拗に~し続ける
invitare a ~	(誰々に) ~しに招く／するよう勧める
mandare a ~	(誰々に) ~しに送る
mettersi a ~	~し始める
portare a ~	(誰々に) ~に導く
prepararsi a ~	~の準備をする
provare a ~	~しようと試みる
restare a ~	~しにとどまる
rinunciare a ~	~を断念する
riuscire a ~	うまく~することができる
sbagliare a ~	~するのを間違える
spingere a ~	(誰々に) ~するように仕向ける
stare a ~	じっと~している
tornare a ~	~しに帰る
venire a ~	~しに来る

＊~の部分に不定詞が入ります。

[動詞＋di＋不定詞] の表現

accettare di 〜	自分が〜することを受け入れる
accusare di 〜	〜について非難する
affermare di 〜	〜と断言する
ammettere di 〜	〜と認める
aspettare di 〜	〜するのを待つ
assicurare di 〜	(誰々に) 〜であることを保証する
augurare di 〜	(誰々に) 〜するように願う
cercare di 〜	〜しようと努める
chiedere di 〜	(誰々に) 〜するように頼む／〜することを願い出る
comandare di 〜	(誰々に) 〜するように命じる
concedere di 〜	(誰々に) 〜するのを認める
confessare di 〜	(誰々に) 〜であることを告白する
consentire di 〜	(誰々に) 〜するのを許す／自分が〜するのを認める
consigliare di 〜	(誰々に) 〜するように勧める
credere di 〜	自分が〜であると思う
decidere di 〜	〜することを決心する
dichiarare di 〜	〜であることを表明する
dimenticare di 〜	〜し忘れる
dimenticarsi di 〜	〜し忘れる
dimostrare di 〜	〜するように証明する
dire di 〜	(誰々に) 〜するように言いつける／自分が〜すると言う
disperare di 〜	〜の望みを断つ
dubitare di 〜	自分が〜を疑う
evitare di 〜	自分が〜しないようにする
finire di 〜	〜し終える
giurare di 〜	(誰々に) 〜することを誓う
immaginare di 〜	自分が〜と想像する
impedire di 〜	(誰々が) 〜するのを妨げる
lamentarsi di 〜	〜について文句を言う
minacciare di 〜	(誰々に) 〜すると脅す／〜する恐れがある

12. 動詞＋a＋不定詞、動詞＋di＋不定詞

negare di ～	自分が～であることを否定する
ordinare di ～	（誰々に）～するように命じる
ottenere di ～	～する許可を得る
pensare di ～	～しようと思う
permettere di ～	（誰々に）～することを許す
pregare di ～	（誰々に）～してくれるよう頼む
proibire di ～	（誰々に）～することを禁止する
promettere di ～	（誰々に）～すると約束する
proporre di ～	（誰々に）～するよう提案する
raccomandare di ～	（誰々に）～するよう忠告する
richiedere di ～	（誰々に）～することを強く求める
ricordare di ～	（誰々に）～するのを思い出させる
ricordarsi di ～	～することを覚えている、思い出す
ritenere di ～	自分が～と思う
sapere di ～	（自分が）～であることを知っている
sforzarsi di ～	～しようと懸命に努める
smettere di ～	～することをやめる
sognare di ～	自分が～することを夢見る
sopportare di ～	～することに耐える
sperare di ～	自分が～であることを願う
suggerire di ～	（誰々に）～するよう勧める
supporre di ～	自分が～と想像する
temere di ～	自分が～することを恐れる
tentare di ～	～することを試みる
terminare di ～	～し終える
tollerare di ～	自分が～することを我慢する
trascurare di ～	～することを忘れる／～するのを怠る
vergognarsi di ～	～することを恥じる
vietare di ～	（誰々に）～することを禁じる

第6章 代名詞 （I pronomi）

代名詞は名詞の代わりをする語です。人称代名詞、所有代名詞 ☞ p.44 、指示代名詞 ☞ p.45 、不定代名詞 ☞ p.183 、疑問代名詞 ☞ p.49 、関係代名詞があります。ここでは人称代名詞と、関係代名詞を見ていきましょう。

6-1 主語人称代名詞 （Il pronome personale soggetto）

	単数	複数
1人称	**io** 私は	**noi** 私たちは
2人称	**tu** きみは	**voi** きみたちは、あなた方は
3人称	**lui** 彼は、それは **lei** 彼女は、それは **Lei** あなたは	**loro** 彼らは、彼女らは、それらは

　文の主語となる代名詞を**主語人称代名詞**と言います。人称は3つに分けられます。**1人称**は「私は」「私たちは」のような話し手自身，自分自身のこと。**2人称**は「きみは」「きみたちは」のような聞き手，相手側のこと。**3人称**は「彼は」「彼らは」のようなそれ以外の第三者と考えましょう。目上や初対面の人に対して用いる**敬称**がLei（あなたは）です。lei（彼女は）と同じ形・音で，区別するために文中でも大文字で書きはじめることがあります。 敬称のLei は20世紀になって主流となりましたが、以前はVoi（あなたは）を単数の敬称として用いることもありました。現在では、複数に対する敬称としてvoi （あなた方は）が用いられます。「あなた方」の意味としてLoroを使うことは、ほとんどなくなっています。

　主語人称代名詞の egli「彼は」、ella「彼女は」、esso「それは（男性単数）」、essa「それは（女性単数）」、essi「それらは（男性複数）」、esse「それらは（女性複数）」は、文書において見ることがあります。話し言葉として用いられることはありませんが、知っておくとよいでしょう。

6-2 直接補語人称代名詞 (I pronomi personali complemento diretto)

Io ti amo.「私はきみを愛している」のフレーズの **ti** は「きみを」という意味です。この **ti** のように動詞の直接目的語として「〜を」の働きを持つ直接補語人称代名詞について学びましょう。

直接補語人称代名詞

mi	私を
ti	きみを
lo	彼を、それを
la	彼女を、あなたを、それを
ci	私たちを
vi	きみたちを、あなた方を
li	彼らを、それらを
le	彼女らを、それらを

これらの代名詞の中で、**lo**、**la**、**li**、**le** は「それを、それらを」と指し示すもの、話者の間で了解されているものも表します。それが男性単数なら **lo**、女性単数なら **la**、男性複数なら **li**、女性複数なら **le** です。応答の文でよく用いられます。

- (Tu) leggi il giornale?　　きみは新聞を読むの？
- Sì, lo leggo ogni giorno.　　うん、毎日それを読むよ。

普通、答えの文では **il giornale**「新聞」をくり返さずに、**lo**「それを」を用います。置く位置は活用している動詞の直前です。日本語の会話表現では答えるときに「それを」「それらを」とあまり厳密に言いませんが、イタリア語で答えるときには **lo**、**la**、**li**、**le** が使えるように慣れましょう。

敬称の「あなたを」には **La** を用います。**la**「彼女を」「それを」と区別するために文中において大文字で書かれることがあります。

-(Tu) mangi <u>questa torta</u>?　　きみはこのケーキを食べる？
　Sì, <u>la</u> mangio volentieri.　　ええ、ぜひいただきます。

questa torta「このケーキ」は女性単数なので、答えの文では**la**「それを」を用います。

-(Tu) mangi <u>questa torta</u>?　　きみはこのケーキを食べる？
　No, non <u>la</u> mangio adesso.　<u>La</u> mangio dopo.
　　　　　　　いや、今それを食べないでおくよ。それを後で食べるから。

否定文の作り方

否定文は**la mangio**の手前に**non**を置いて**non la mangio**となります。この**lo**、**la**、**li**、**le**はもちろん、人を指し示すこともできます。

Io amo <u>Marco</u>.　<u>Lo</u> amo tanto.
　　　　　　　私はマルコを愛しているの。彼をとても愛しているわ。

Marco?　Non <u>lo</u> amo più!
　　　　　　　マルコ？　私はもう彼を愛していないわ！

直接補語人称代名詞を使った例文をいくつか見てみましょう。

Guardate <u>questo programma</u>?
　　　　　　　きみたちはこの番組を見てるの？

-Sì, <u>lo</u> guardiamo ogni settimana.　　ああ、毎週それを見てるよ。

<u>Mi</u> accompagni a casa?　　私を家まで送ってくれる？
-Certo!　<u>Ti</u> accompagno con la macchina.
　　　　　　　もちろん！　車できみを送っていくよ。

Signora, <u>La</u> accompagno a casa.
　　　　　　　奥様、あなたを家までお送りします。

Dottor Piccini, <u>La</u> aspettiamo a casa.
　　　　　　　ピッチーニさん、私たちはあなたを家でお待ちしています。

2. 直接補語人称代名詞

敬称の「あなたを」には**La**を用います。男性に対しても女性に対しても**La**です。la「彼女を」と区別するために文中において大文字で書かれることがあります。

補助動詞volere、dovere、potere、sapere ☞ p.101 などとともに用いるときには注意が必要です。①、②のどちらで答えても**OK**です。意味はまったく同じです。

Vuoi mangiare questo dolce?	きみはこのお菓子が食べたい？
①-Sì, lo vorrei mangiare.	うん、それを食べたいな。
②-Sì, vorrei mangiarlo.	うん、それを食べたいな。

①は**lo**を活用している動詞**vorrei**の直前に置いた場合、②は**不定詞の語末の-eを取って lo を結合させた場合**です。文中に不定詞があるときは、その語末にくっつけてしまうことができるわけです。［マンジャルロ］と何度も発音して慣れましょう。

Ho tanti compiti.　Devo finirli entro stasera!
　　　　　　たくさん宿題があるんだ。　今晩までに終わらせなくちゃ！

Li devo finire entro stasera! と表現しても同じ意味です。

Un momento!

直接補語人称代名詞の強勢形

「誰々を」を意味する直接補語人称代名詞が動詞の後ろに置かれるときは、me、te、lui、lei、noi、voi、loro となります。これらは強勢形と呼ばれ、意味を強める働きがあります。 ☞ p.154　人称代名詞一覧

Io amo solo lui.　　私は彼だけを愛しています。
Aspettiamo te.　　私たちはきみのことを待っています。

6-3 間接補語人称代名詞 (I pronomi personali complemento indiretto)

Ti mando un bacio.「きみにキスを送ります」の **ti** は「きみに」という意味です。

「〜に言う」「〜に贈る」「〜に与える」「〜に貸す」のように人に働きかける動作はたくさんあります。これらの動詞とともによく使う間接目的語「誰々に」の働きを持つ間接補語人称代名詞を学びましょう。

間接補語人称代名詞

mi	私に
ti	きみに
gli	彼に、それに
le	彼女に、あなたに、それに
ci	私たちに
vi	きみたちに、あなた方に
gli	彼らに、彼女らに、それらに

Piero, hai fame?　Ti preparo da mangiare.
　　ピエーロ、おなかがすいてる?　きみに食べるものを作ってあげるよ。

Ora ti dico una cosa.　これからきみに伝えたいことが1つあるんだ。

Paolo, ci fai una foto?　パオロ、私たちに写真を撮ってくれる?

Mi piace questo quadro.　私はこの絵が好きです。

Vi presento i miei amici.　きみたちに私の友だちを紹介します。

gli には「彼に」「彼らに」と「彼女らに」の3つの意味がありますが、これらの目的語は、話者の間ですでに了解されている状況で用いるので、前後の文脈からどれかを判断することができます。

敬称の「あなたに」には **Le** を用います。**le**「彼女に」と区別するために文中において大文字で書かれることがあります。

3. 間接補語人称代名詞

Marco è a Roma.　　<u>Gli</u> mando un messaggio.
マルコはローマにいます。　　彼にメッセージを送ります。

　間接目的語「誰々に」とともによく用いられる動詞を紹介しておきましょう。dare a ～「誰々に与える」のように何らかの行為を働きかける意味を持つ動詞が多いです。「a ～」のところに「a ＋ 人（誰々）」が入ると考えてください。この「a ＋ 人（誰々）」の部分を間接目的語に言い換えることができるわけです。

間接目的語「誰々に」とともによく使う動詞

affidare a ～	(誰々に) 託す
annunciare a ～ di ...	(誰々に) …すると知らせる
assegnare a ～	(誰々に) 任せる
augurare a ～ di ...	(誰々) が…するように願う
chiedere a ～ di ...	(誰々に) …するように頼む
comandare a ～ di ...	(誰々に) …するように命じる
comunicare a ～	(誰々に) 伝える
consegnare a ～	(誰々に) 渡す／預ける
consentire a ～ di ...	(誰々に) …するのを許す
consigliare a ～ di ...	(誰々に) …するように勧める
dare a ～	(誰々に) 与える
dedicare a ～	(誰々に) 捧げる
dimostrare a ～	(誰々に) 証明する
garantire a ～	(誰々に) 請け合う
giurare a ～ di ...	(誰々に) …すると誓う
impedire a ～ di ...	(誰々) が…するのを妨げる
imporre a ～ di ...	(誰々に) …することを強制する
inviare a ～	(誰々に) 送る
mostrare a ～	(誰々に) 見せる

offrire a～	(誰々に) 贈る／提供する／提案する
ordinare a～di ...	(誰々に) …するように命じる
parlare a～	(誰々に) 話しかける
permettere a～di...	(誰々に) …することを許す
portare a～	(誰々に) 持っていく／手渡す
presentare a～	(誰々に) 紹介する
prestare a～	(誰々に) 貸す
proibire a～di...	(誰々に) …することを禁止する
promettere a～di...	(誰々に) …することを約束する
raccomandare a～di...	(誰々に) …するよう忠告する
raccontare a～	(誰々に) 語る
regalare a～	(誰々に) 贈る／プレゼントする
resistere a～	(誰々に) 抵抗する
restituire a～	(誰々に) 返す
riferire a～	(誰々に) 伝える
rispondere a～di...	(誰々に) …すると答える
scrivere a～	(誰々に) 書く／手紙を書く
spiegare a～	(誰々に) 説明する
telefonare a～	(誰々に) 電話する

＊「a＋誰々」の部分は日本語では「～が」と訳すほうが自然な場合もあります。

Vi auguro di trascorrere un sereno Natale.
　あなたたちが穏やかなクリスマスを過ごされることをお祈りいたします。

Il commissario mi ha ordinato di arrestarlo.
　　　　　　　　署長は彼を逮捕するように私に命じた。

Mia madre mi ha chiesto di tornare subito.
　　　　　　　　私の母はすぐに戻るように私に求めた。

Ti presento i miei genitori.　きみに私の両親を紹介します。

Ti offro un caffè. きみにコーヒーをごちそうするよ。

Scrivimi qualche volta. ときどき私に手紙を書いてね。

Una mia amica mi ha consigliato di seguire la lezione del professor Benni.
　　私の友だちはベンニ先生の授業を受けるようにとアドバイスしてくれた。

Ogni tanto la realtà ci impedisce di sognare.
　　ときどき現実は私たちが夢を見るのを妨げる。

> **Un momento!**
>
> **mi、ti、ci、vi の注意点**
>
> 　mi、ti、ci、vi はそれぞれ直接目的語「～を」と間接目的語「～に」の両方の意味があります。
>
> 　① Mauro, mi aiuti, per favore?　　マウロ、私を手伝ってくれる？
> 　② Mauro, mi dai una mano, per favore?
> 　　　　　　　　　　　　　　マウロ、私に手を貸してくれる？
>
> 　aiutareは「助ける」という意味の他動詞で、①のmiは直接目的語「私を」です。②のdare「与える」の直接目的語はuna mano「手」で、miは間接目的語「私に」です。

敬称の Le

　敬称の「あなたに」には **Le** を用います。男性に対しても女性に対してもLeです。le「彼女に」と区別するために文中において大文字で書かれることがあります。

Signora, Le piacciono questi fiori?
　　　　　　　　　　　奥様、この花は好きですか？

-Sì, mi piacciono tanto. ええ、大好きです。

Le lascio il mio numero di telefono.
　　　　　　　　　　　あなたに私の電話番号を残します。

補助動詞を用いるときの注意

「6-2 直接補語人称代名詞」の項で述べたのと同様に、補助動詞 volere、dovere、potere、sapere などとともに用いるとき、間接補語人称代名詞は活用している動詞の直前に置くか、文中にある不定詞の語末に結合させるかのどちらかです。意味は同じです。

Ti posso telefonare domani?	明日きみに電話してもいい？
Posso telefonarti domani?	明日きみに電話してもいい？
Non ti voglio vedere.	私はきみに会いたくない。
Non voglio vederti.	私はきみに会いたくない。

Un momento!

間接補語人称代名詞の強勢形

「誰々に」を意味する間接補語人称代名詞が動詞の後ろに置かれるときは、a me、a te、a lui、a lei、a Lei、a noi、a voi、a loro（a loro の a はよく省略されます）となります。これらは強勢形と呼ばれ、意味を強める働きがあります（☞ p.154 人称代名詞一覧）。歌詞でよく見受けます。

Scrivo a te.	きみに手紙を書くよ。
A me piace tanto questo fiore!	私はこの花が大好きなんだ！

*a me piace は mi piace を強調した表現です。

さて、この直接目的語と間接目的語のどちらを用いるかについて、直接補語人称代名詞は「〜を」、間接補語人称代名詞は「〜に」と意味を覚えていると、日本語文を見たとき迷う場合があります。

日本語では「誰々に挨拶する」「誰々に感謝する」「誰々に願う」「誰々に電話する」「誰々に会う」「誰々と会う」と言いますが、これらの意味のイタリア語の動詞 salutare、ringraziare、pregare、chiamare、vedere、incontrare は間接目的語ではなく、直接目的語を伴います。間違いやすいので気をつけましょう。以下の例文の人称代名詞はすべて直接補語人称代名詞です。

Ti saluto. / La saluto.　　きみに挨拶する。／あなたに挨拶する。

Ti ringrazio. / La ringrazio.　　きみに感謝する。／あなたに感謝する。

Ti prego. / La prego.　　お願いだ。／お願いです。

Ti chiamo stasera. / La chiamo stasera.
　　　　　　　　　今晩きみに電話します。／今晩あなたに電話します。

Io e Angelo siamo amici.　　Lo conosco bene.
私とアンジェロは友だちです。　彼をよく知っています。
　　　　　　　　　　　　　　L'ho visto anche ieri.
　　　　　　　　　　　　　　昨日も彼と会いました。

6-4 補語人称代名詞の結合形
(I pronomi personali accoppiati)

「マルコにこのネクタイをプレゼントします」のように，1つのフレーズの中で「誰々になになにを」が含まれるとき，補語人称代名詞を組み合わせたコンパクトな形に言い換えることができます。「誰々に」を意味する間接目的語と，「なになにを」を意味する直接目的語が2つ並ぶとき，言いやすい形に変わったり、結合したりします。

間接 ＼ 直接	単数 それを lo	la	複数 それらを li	le
mi 私に	me lo	me la	me li	me le
ti きみに	te lo	te la	te li	te le
gli 彼に	glielo	gliela	glieli	gliele
le 彼女に、あなたに	glielo	gliela	glieli	gliele
ci 私たちに	ce lo	ce la	ce li	ce le
vi きみたちに、あなた方に	ve lo	ve la	ve li	ve le
gli 彼らに、彼女らに	glielo	gliela	glieli	gliele

これらの語は，開口一番に用いられる言葉ではありません。会話の中で，互いに指し示しているものが明らかで了解されているとき，この結合形が使われます。例を見てみましょう。

①Regalo una cravatta a Marco.　　私はマルコにネクタイを贈ります。
　　↓　　　　　　　　　= a lui　　　　　　↓
②Gli regalo una cravatta.　　　　　私は彼にネクタイを贈ります。

①Regalo una cravatta a Marco.　　私はマルコにネクタイを贈ります。
　　↓　 = la　　　　　　　　　　　　　↓
③La regalo a Marco.　　　　　　　　私はそれをマルコに贈ります。

①Regalo una cravatta a Marco.　　私はマルコに ネクタイを贈ります。
　　↓　　　　=la　　=gli　　　　　　　　↓
④Gliela regalo.　　　　　　　　　　　私は彼にそれを贈ります。
　=gli＋la

　会話の中で「マルコに」ということがわかっている場合，「彼に」という目的語を使って②のように言うことができます。
　「ネクタイを」ということがわかっている場合，「それを」という目的語を使って③のように言うことができます。
　「マルコにネクタイを」ということがわかっている場合，同じ言葉を繰り返さないために，「彼にそれを」を表すgliela を使って④のように言うことができます。
　同じ内容を示す文が①では5語，④では2語と短くなっています。

　注目するポイントは、常に結合形は**「間接目的語＋直接目的語」**の順であることです。目的語の結合体を使うと会話がテンポよく進みます。
　どの目的語を使えばよいかを考え込む前に，［メロ，メラ，メリ，メレ…］と言い慣れましょう。 mi＋lo［ミ＋ロ］が me lo［メ＋ロ］となっているのは、音の滑らかさを大切にしているからです。置かれる場所は活用している動詞の直前です。

4. 補語人称代名詞の結合形

Quando mi presti la tua macchina?
いつ私にきみの車を貸してくれるの？

- <u>Te la</u> presto domani.　明日（きみにそれを）貸してあげるよ。

Vorrei avere il tuo indirizzo email. <u>Me lo</u> mandi?
きみのメールアドレスがほしいんだけど。（私にそれを）送ってくれる？

Ecco le foto. <u>Gliele</u> faccio vedere.
ほら，その写真です。（あなたにそれらを）お見せしますね。

Se ti piace, <u>te lo</u> spedisco.
もしきみが気に入ったのなら，きみにそれを送るよ。

Questo è un dolce giapponese. <u>Ve lo</u> offro.
これは和菓子です。きみたちにそれをごちそうします。

Un momento!

glielo は文脈から理解しよう

　glieloには「彼に／彼女に／あなたに／彼らに／彼女らに、それを」の意味があります。loは人を指すこともできるので「彼を」とも考えられます。「あなたに～を」のときは文中においてGlieloと大文字で書きはじめることもありますが、これらの語は、互いに了解されている事柄について用いるわけですから、前後の文脈から理解することができます。

　　Signora, glielo presento.　奥さん、あなたに彼を紹介します。
　　　　　　　　　　　　　　　（le →あなたに、lo →彼を）
　　Questo è il DVD di Maria.　Glielo devo portare.
　　　　　　　　　　これはマリーアのDVD。彼女にそれを持って行かなくちゃ。
　　　　　　　　　　　　　　　（le →彼女に、lo → DVDを）

　これらの目的語は，補助動詞とともに用いるとき，活用している動詞の直前に置くか，不定詞の語末の -e を取って結合させます。①，②のどちらも意味は同じです。

　　Devo comprare <u>queste medicine a mia figlia</u>.
　　　↓　　　　　　　　　　　　　娘にこの薬を買わないといけない。
　　① <u>Gliele</u> devo comprare.　彼女にそれらを買わないといけない。
　　② Devo comprar<u>gliele</u>.　彼女にそれらを買わないといけない。

6-5 ne の用法

慣用表現の **Che ne dici?**［ケネディーチ］「どう思う？」のように、日常会話で **ne** は頻繁に使われます。

ne は **代名小詞**（Particella pronominale）と呼ばれます。直接補語人称代名詞 lo、la、li、le と似ていますが、働きが少し異なります。どのような意味を持つのかを見ていきましょう。

6-5-1 数量を表すことばの代わりをする ne

Quanti anni hai? 　　きみは年はいくつ？
- Ho 20 anni. 　　20歳です。

年齢を答えるとき「私は〜年を持っている」と表現します。このとき、**Ho 20 anni.** を次のように言うこともできます。

<u>Ne</u> ho 20. 　　20歳です。

このフレーズでは **anni** がありませんね。その代わりに **ne** が用いられています。**ne** の意味は **di anni**「年について／年のうちの」で、年数のうちの **20** を持っている、と表現するわけです。次の例を見てみましょう。

Quanti caffè bevi al giorno?
　　　　　　　　　　　きみは1日に何杯コーヒーを飲むの？
- Di solito <u>ne</u> bevo cinque tazzine. 　　普段は5杯飲みます。

この **ne** は **di caffè** を指しています。単語の **caffè** そのものではなく、「**caffè** について」を意味していて、そのうちの5杯を飲む、と表現しているのですね。**ne** を使わずに表現すると **Di solito bevo cinque tazzine <u>di caffè</u>.** となりますが、応答においてはこのように **ne** を使って簡便に言うのが普通です。

日常のやりとりの中で、日本語の「歳・杯・個・切れ・本・冊・枚・人」のような数量や単位を表す概念が含まれるとき、話題の中心にある名

詞を繰り返さずに ne を使って答えることがよくあります。市場で買い物をするときにもよく使われます。

  Quante mele vuole? りんごをいくつご入用ですか？

（あるいは店先でりんごを指して）

  Quante ne vuole? いくつご入り用ですか？
  - Ne voglio tre. 3個ください。
   = Voglio tre mele. りんご3個ください。

  Quanto zucchero mettiamo nella panna?
      生クリームにどのくらい砂糖を入れましょうか？

  - Ne mettiamo due cucchiaini. 小さじ2杯分入れましょう。
   = Mettiamo due cucchiaini di zucchero.
      小さじ2杯の砂糖を入れましょう。

　疑問形容詞 quanto「どれだけの／いくつの」は、次に数えられない名詞が続く場合は、そのままの形（例：quanto zucchero）。数えられる名詞が続く場合は、その語尾を複数形にします（例：quante mele）。りんごは mela ですから mele と女性複数形にします。そして、それぞれ ne は、di zucchero、di mele を指しています。ne を使って答えるときは、**[ne ＋動詞＋数量を表す語]** の順です。

6-5-2 部分冠詞（L'articolo partitivo）に対応する ne

　相手に対して飲み物や食べ物を勧めるとき、部分冠詞を使うことがよくあります。以下の例文は部分冠詞**「di＋定冠詞」**を用いた疑問文です。部分冠詞は「いくらかの」という若干量を表すので del pane、dei cioccolatini は「いくらかのパン」「いくらかのチョコレート」のことです。

　答えの文の ne は、それぞれ di pane、di cioccolatini を指します。「パンのうちの少し」「チョコレートのうちのたくさん」という考え方です。
　このように ne は基本的に**「di＋名詞・代名詞」**を意味します。

Vuoi ancora del pane?　　パンをもう少しどう？
- Grazie. <u>Ne</u> prendo un po'.　　ありがとう。少しいただきます。
　　　　＝　　Prendo un po' di pane.　　パンを少しいただきます。

Vuoi dei cioccolatini?　　チョコレートをどう？
- Grazie! <u>Ne</u> prendo uno!　　ありがとう！　1ついただくわ！
　　　　＝　　Prendo un cioccolatino!
　　　　　　　　　　　　　　チョコレートを1ついただくわ！

Un momento!

数量の一部分を表すne

　neは「そのうちの」と一部の数量を指すので、答えの文では数量のいろいろな表現に注意が必要です。特に否定のとき、**non ne conosco nessuno**［ノンネコノスコネッスーノ］の語順をしっかり覚えておきましょう。

　　Conosci gli invitati?　　　　　　招待客を知ってる？
　- Sì, <u>ne</u> conosco <u>uno</u>.　　　　　はい、1人知っています。
　- Sì, <u>ne</u> conosco <u>alcuni</u>.　　　　はい、何人か知っています。
　- Sì, <u>ne</u> conosco <u>tanti</u>.　　　　　はい、たくさん知っています。
　- No, <u>non</u> <u>ne</u> conosco <u>nessuno</u>.　いいえ、誰も知りません。

　ただし、全員を知っている場合は、**ne**ではなく**li**を用います。一部ではなく「すべての人たち」を**li**が指し示しているからです。

　- Sì, <u>li</u> conosco <u>tutti</u>.　　　　　はい、彼らを全員知っています。

6-5-3 「動詞＋di〜」に対応するne

Il professor Malatesta è bravissimo.
Tutti ne parlano bene. = Tutti parlano bene di lui.
> マラテスタ先生はとってもすばらしいんだ。
> みんな彼のことを良く言ってるよ。

「〜について話す」はparlare di〜ですから、di〜の部分をneで受けています。ne = di lui です。

Non c'è più il mio cagnolino.
Ne sento la mancanza. = Sento la mancanza di lui.
> 私の子犬がもういない。
> 寂しくてたまらないよ。

sentire la mancanza di〜で「〜がいなくて寂しい」です。ne = di lui と考えるとよいでしょう。

6-5-4 neを使った慣用表現

neを用いた慣用表現には次のようなものがあります。

Vorremmo andare in piscina.　Che ne dici?
> 私たちはプールに行こうと思うのだけど。　きみはどう思う？

"Che ne dici?"はneを使った慣用表現の1つで、会話でよく用いられます。ne = di ciò「そのことについて」と考えます。提示した事柄に対して「何と言う？（どう思う？）」と相手の意向をたずねているわけです。

Quei ragazzi fanno sempre tanto chiasso!
Non ne posso più!
> あの男の子たちはいつも大騒ぎするんだから！　もう我慢できない！

Sei già andato a quella mostra? Devi andare a vederla.
Ne vale la pena.

　　　　　　　きみはもうあの展覧会へ行ったの？　見に行くといいよ。
　　　　　　　その価値はある。

Quanti ne abbiamo oggi?　 –Ne abbiamo 21.

　　　　　　　今日は何日ですか？　　　21日です。

6-5-5 間接目的語とneの結合について

　補語人称代名詞の結合形　☞ p.146　のところで、間接目的語「誰々に」mi、ti、gli、le、ci、vi、gli＋直接目的語「なになにを」lo、la、li、leが結びつくことを学びました。間接目的語とneが結びつくと、次のようになります。

mi ne → me ne　メネ	私にそれらのうちの（それについて）
ti ne → te ne　テネ	きみにそれらのうちの（それについて）
gli ne → gliene　リエーネ	彼に／彼女に／あなたに／彼らに／彼女らにそれらのうちの（それについて）
ci ne → ce ne　チェネ	私たちにそれらのうちの（それについて）
vi ne → ve ne　ヴェネ	きみたちに／あなた方にそれらのうちの（それについて）

Ecco una bella torta! Te ne do una fetta.

　　　　　　　ほら、おいしそうなケーキよ！　きみにひと切れあげましょう。

Ho un problema di famiglia ma non gliene parlo mai.

　　　　　私は家族の問題を抱えているのだけど、彼にそれについて絶対話しません。

Stai tranquilla, te ne prego.　　落ち着いて、お願いだ。

5. ne の用法

人称代名詞一覧

人称	直接補語 非強勢形	直接補語 強勢形	間接補語 非強勢形	間接補語 強勢形	再帰代名詞
io	mi 私を	me	mi 私に	a me	mi
tu	ti きみを	te	ti きみに	a te	ti
lui	lo 彼を/それを	lui	gli 彼に/それに	a lui	si
lei	la 彼女を/それを	lei	le 彼女に/それに	a lei	si
Lei	La あなたを	Lei	Le あなたに	a Lei	si
noi	ci 私たちを	noi	ci 私たちに	a noi	ci
voi	vi きみたちを/あなた方を	voi	vi きみたちに/あなた方に	a voi	vi
loro	li 彼らを/それらを le 彼女らを/それらを	loro	gli(loro) 彼らに/それらに 彼女らに/それらに	a loro	si

Un momento!

ce n'è と ce ne sono

「～があります／います」の構文 [c'è + 単数名詞]、[ci sono + 複数名詞] とともに ne を使うと次のようになります。

Ci sono tanti studenti stranieri.
　　　　　　　　　　　外国人学生がたくさんいるね。
- Sì, ce ne sono tanti.　そうだね。たくさんいるよね。

Ci sono italiani?　イタリア人はいるの？
- Sì, ce n'è uno.　ええ，男子が１人います。

　間接目的語と ne の結合の場合と同様に，ci の次に ne が来ると ce の音に変わります。ci ne è → ce n'è、ci ne sono → ce ne sono と変化しています。[チェネ＋単数] [チェネソーノ＋複数] と覚えましょう。

6-6 ci、lo の用法

6-6-1 ci の用法

ci にはさまざまな働きがあります。これまでに<u>直接補語人称代名詞「私たちを」の ci</u>（＝強勢形の noi） ☞ p.138 、<u>間接補語人称代名詞「私たちに」の ci</u>（＝ a noi） ☞ p.141 を学びました。

I signori Mancini <u>ci</u> hanno invitato a cena.
マンチーニ夫妻が私たちを夕食に招待してくれました。

La guida <u>ci</u> ha accompagnato fino alla Fortezza Vecchia.
ガイドが私たちをヴェッキオ要塞まで案内してくれました。

Un signore <u>ci</u> ha indicato la strada.
男の人が私たちに道を教えてくれました。

I nonni <u>ci</u> hanno raccontato come vivevano durante la guerra.
祖父母は戦時中どのように暮らしていたかを私たちに語ってくれました。

<u>Ci</u> piacciono questi giochi online.
私たちはこのオンラインゲームが好きです。

再帰動詞を用いた文において主語が **noi** のとき、**再帰代名詞は ci** です。
☞ p.154 人称代名詞一覧

Durante la cerimonia <u>ci</u> siamo annoiati.
セレモニーの間私たちは退屈しました。

<u>Ci</u> sentiamo dopo!　　あとで電話で話し合おう！

Vogliamo riposar<u>ci</u> un po'?　少し休憩しようか？

「〜がある」「〜がない」の表現 **c'è 〜、non c'è 〜 / ci sono 〜、non ci sono 〜** にも ci が用いられています。☞ p.70

<u>C'è</u> un centro commerciale vicino all'autostazione.
ショッピングモールがバスターミナルの近くにあります。

Non c'è un tempo limite per completare questo lavoro.
> この仕事を完成させるのに制限時間はありません。

Qui ci sono il puma, il giaguaro, il tapiro e l'armadillo.
> ここにはピューマ、ジャガー、バク、それにアルマジロがいます。

In questa gabbia non ci sono animali pericolosi o velenosi.
> この檻には危険な、あるいは毒を持つ動物はいません。

6-6-2 代名小詞 ci

さらに、**ci** には以下に掲げるような特殊な働きをするものがあります。ci を使って、すでに互いの間で了解されている事柄を繰り返さずに言い換えることができます。

1）まず、場所を表す副詞の働きをする ci があります。「a ＋ 場所」で先述された場所を受けて、ci「そこへ」で表します。

Sei mai stata a Torino?
> きみは今までにトリノへ行ったことはありますか？

- Sì, ci sono stata diverse volte.
> はい、何度かそこへ行ったことがあります。

Per quanto tempo resterete a Venezia?
> あなたたちはどのくらいの期間ヴェネツィアに滞在するつもりですか？

- Ci resteremo un mese.　そこに1か月間滞在する予定です。

Mi è piaciuto vivere a Roma e vorrei tornarci anche subito.
> 私はローマ暮らしが気に入ったのですぐにでもそこへ戻りたいです。

La mattina vado dal fornaio.　Anche domani mattina ci vado.
> 朝はパン屋へ行きます。明日の朝もそこへ行きます。

指し示しているのは **al fornaio** ではなく、**dal fornaio** ですが、この場合も前述の場所を受けて「そこへ」を **ci** で表します。

2） 場所ではなく、物事に関して「前置詞＋名詞／代名詞」のように **a** や **in** で導かれる前置詞句を受けて、**ci**「そのことを」で表します。

  Tu credi a quello che ha detto Mario?
        きみはマリオの言ったことを信じるかい？

  - Certo, ci credo. ああ、信じるよ。
  Tu credi in Dio? きみは神を信じますか？
  - Sì, ci credo. はい、信じます。

credere a 〜、credere in 〜 の **a〜、in 〜** の部分を **ci** で受けています。

  Ho trovato lavoro. Ancora non ci credo!
        私は仕事を見つけた。まだ信じられない！

この **ci** は **a ciò**「そのことを」を指しています。

  Adriana pensa sempre al lavoro?
        アドリアーナはいつも仕事のことを考えているの？

  - Sì, ci pensa sempre. ええ、彼女はいつもそのことを考えています。

pensare a 〜 の **a 〜** の部分を **ci** で受けています。

  Che cosa prepariamo per 20 invitati?
        20人の招待客に何を用意しましょうか？

  - Ci penso io! 私に任せてください！

この **ci** は上と同様に **a ciò**「そのことを」を指しています。「私がそのことを考える」の意味で、日常よく使われる慣用表現です。

  Puoi contare su Angelica?
        きみはアンジェリカを当てにできるかい？

  - No, non ci posso contare.
        いいや、彼女を当てになんてできない。

6. ci、lo の用法

　このci は su 〜の部分を受けています。このように代名小詞のciは動詞　credere、pensare、contare、riuscire などとともによく使われます。

　　Devo dimagrire ma non ci riesco.
　　　　　　　　　　　　　　　私は痩せたいけれどうまくできません。

　riuscire a 〜「うまく〜できる」の a 〜を ci で受けています。内容はa dimagrireです。このように「a + 不定詞」の場合もあります。

3）慣用句としてciが用いられる場合があります。

　　Per andare a Padova con la mia macchina ci metto circa due ore.
　　　　　　　　　　　　パドヴァに私の車で行くには約2時間かかります。

　　Quanto tempo ci mette la nave da Genova a Olbia?
　　　　　　　ジェノヴァからオルビアまでの船はどのくらいの時間がかかりますか？

　metterci「時間をかける」を用いた文です。人称・時制に応じてmettereを活用させます。

　　Non c'entra per niente.　それはまったく関係ない。
　　Io non c'entro!　私は関係ありません！
　　Lui non c'entra in questa faccenda.
　　　　　　　　　　　　　　　彼はこの件には関係ありません。

　entrarci「関係がある」を用いた文です。人称・時制に応じてentrareを活用させます。

　　Mio nonno non ci vede bene.　私の祖父は目があまりよく見えない。
　　Con gli occhiali nuovi ci vedo bene.
　　　　　　　　　　　　　新しいめがねをかけると私はよく見えます。

　vederci「目が見える」を用いた文です。人称・時制に応じてvedereを活用させます。

Da ieri ci sento solo da un orecchio.
　　　　　　　　　　　　　昨日から片耳しか聞こえません。

Ultimamente non ci sento bene.　最近耳がよく聞こえない。

　sentirci「耳が聞こえる」を用いた文です。人称・時制に応じてsentireを活用させます。

Io non ci sto a questo modo di fare.　私はこのやり方には反対です。
Noi ci stiamo e tu?　私たちは賛成だがきみは？
Su questa sedia io non ci sto.　この椅子には私は入らない。

　starci「賛成である」「収容できる」を用いた文です。人称・時制に応じて stare を活用させます。前後のやりとりから意味を理解します。

> **Un momento!**
>
> **ci の代わりをする vi**
> 　特に文語においては、ci「そこに」の代わりに vi が用いられることがあります。
>
> 　Vi erano tanti libri antichi nella sala di lettura.
> 　　　　　　　　　　　　読書室にはたくさんの古い本があった。
> 　Entrai in casa e non vi trovai nessuno.
> 　　　　　　　　　　　　私は家に入ったがそこには誰もいなかった。

6-6-3 lo の用法

　lo にはさまざまな働きがあります。ここでまとめておきましょう。

1）定冠詞男性単数の lo　☞ p.29
　s + 子音、z、gn、pn、ps、x、y で始まる男性名詞の前につきます。

定冠詞 lo の使用例

lo gnomo　地の精	lo pneumatico　タイヤ
lo psicologo　心理学者	lo schermo　スクリーン、画面
lo scopo　目的	lo sdegno　憤り
lo spazio　空間	lo specchio　鏡
lo spirito　精神、心	lo stadio　スタジアム、競技場
lo stile　様式、スタイル	lo stipendio　給料
lo stivale　長靴	lo stomaco　胃
lo studio　勉強、書斎	lo xenofobo　外国人嫌いの人
lo yoga　ヨガ	lo yogurt　ヨーグルト
lo zaino　リュック	lo zio　おじ
lo zoo　動物園	lo zucchero　砂糖

2）直接補語人称代名詞の lo　p.138
「彼を」「それを」を意味します。

Leo non viene ancora e lo aspettiamo già da un'ora.
　　　　　　レオがまだ来ないし、私たちは彼をもう1時間も待っています。

Se vuoi sapere il numero di telefono di Elena, lo puoi chiedere a Lisa.
もしエレナの電話番号を知りたいなら、きみはそれをリサにたずねるといいですよ。

3）lo は前述の文や事柄を受けて「そのことを」を意味します。

Dov'è Gianpaolo?　　ジャンパオロはどこですか？
- Non lo so.　　　　知りません。

Sai a che ora passa l'autobus?
　　　　　　　　　　　　何時にバスが来るかわかりますか？

　　　- Mi dispiace, non <u>lo</u> so.　あいにくわかりません。

4）**che** に導かれる節の内容を **lo** で先に受けます。**Lo sai (sa) che 〜?** の形で「〜ということをきみは（あなたは）知っているだろう？」「〜ということをきみは（あなたは）わかっているだろう？」の意味です。

　　　<u>Lo</u> sai <u>che</u> Gabriele ha traslocato nella nuova casa?
　　　　　　　　　　　ガブリエーレが新しい家に移ったことは知ってるだろう？

5）前述の事柄を受けて **essere** とともに用いられて、「そうである」「そのようである」を意味します。

　　　Quell'esame sembra facile ma non <u>lo</u> è.
　　　　　　　　　　　　その試験はたやすく思えるがそうではない。

　　　Questi due sembrano uguali ma non <u>lo</u> sono.
　　　　　　　　　　　これら2つは同じように見えるがそうではありません。

　　　Loro sono sposati ma noi non <u>lo</u> siamo ancora.
　　　　　　　　　　　彼らは結婚しているが私たちはまだそうではありません。

　　3），4），5）の **lo** は中性の代名詞としての働きをしています。

6-7 関係代名詞　(I pronomi relativi)

　関係代名詞は文をつなぐ働きを持つ品詞で、最もよく使われるものに、**che** [ケ] と **cui** [クーイ] があります。文は長くなりますが、言いたいことをどんどんつないでいくことができます。関係代名詞を使って、フレーズを紡いでいきましょう。

6-7-1 関係代名詞 che

関係代名詞 che を使った次の文を見てみましょう。che を名詞・代名詞の次に置いて、そのあとに文を続けます。che は①主格の働きをする場合と、②目的格の働きをする場合があります。

① I due ragazzi che giocano a calcio sono amici di Francesco.
　　　サッカーをしている2人の少年はフランチェスコの友達です。

この文の主部は i due ragazzi che giocano a calcio「サッカーをしている2人の少年」ですね。先行詞 i due ragazzi は動詞 giocare の主語になっています。

che が主格の働きをする文を見てみましょう。

La ragazza che mi ha salutato prima lavora al bar "Spannocchi".
　　　さっき私に挨拶した女の子はバール《スパンノッキ》で働いています。

Vorrei vedere i guanti che sono in vetrina.
　　　ショーウィンドーにある手袋を見たいのですが。

Le faccio vedere la nuova collezione che è appena arrivata.　　届いたばかりの新しいコレクションをお見せしましょう。

Chi è quel signore che sta parlando con Roberto?
　　　いまロベルトと話している男の人は誰ですか？

② I due ragazzi che ho conosciuto ieri sono amici di Francesco.
　　　昨日私が知り合った2人の少年はフランチェスコの友達です。

この文の主部は i due ragazzi che ho conosciuto ieri「昨日私が知り合った2人の少年」ですね。先行詞 i due ragazzi は動詞 ho conosciuto の目的語になっています。

Questo è il bicchiere che ho comprato a Venezia.
  これは私がヴェネツィアで買ったグラスです。

先行詞 il bicchiere は che の後に続く部分 ho comprato の目的語になっています。

che が目的格の働きをする文を見てみましょう。

Il ragazzo che hai visto ieri sera si chiama Marco.
  きみが昨日の晩会った男の子の名前はマルコです。

Ho guardato il film che mi hai consigliato.
  私はきみが勧めてくれた映画を見ました。

Ho comprato la villa in montagna che desideravo da tanto.
  私は長い間欲しかった山の別荘を買いました。

Pino Daniele è il cantautore che amo di più.
  ピーノ・ダニエーレは私が一番好きなシンガーソングライターです。

6-7-2 関係代名詞 cui

[前置詞＋cui]の形で使う関係代名詞です。前置詞を前に置いて a cui、di cui、da cui、per cui、su cui、in cui ... になります。演説や報告の中で［アクーイ］［ディクーイ］［ダクーイ］［ペルクーイ］［スクーイ］［インクーイ］の音が印象に残ることがありますが、説明を加えるときに、この関係代名詞を使っているのですね。cui がその直前にある事柄を指しますから、a cui「そのことへ」、di cui「そのことについて」、da cui「そのことにより」、per cui「そのことのために」、su cui「そのことの上に」、in cui「そのことの中に」とつないで、さらにその説明を続けていくわけです。例文を見てみましょう。

I compagni di classe con cui studio l'italiano sono simpaticissimi.
  私が一緒にイタリア語を勉強しているクラスの仲間はとても感じがいいです。

この文の主部は i compagni di classe con cui studio l'italiano「私が一緒にイタリア語を勉強しているクラスの仲間」です。cui は

i compagni di classe を指しています。con cui で「その人たちと一緒に」。このように前置詞＋関係代名詞の形になるとき、che を使うことはできません。前置詞と cui の組み合わせに慣れましょう。studiare con 〜「〜と一緒に勉強している」の前置詞 con と cui を合わせて con + cui となります。

　文を読むと長い感じがしますが、実際に日常の場面で聞くと、「クラスの仲間」→「その人たちと一緒に」→「私がイタリア語を勉強している」→「とても感じがいい」と順に耳に入ってきます。関係代名詞は、実はとても便利なコミュニケーションツールです。

di cui：Ho conosciuto il professore di cui mi avevi parlato.
　　　　　　　　　　　きみが話していた先生と私は知り合いました。

　　parlare di 〜「〜のことを話す」の前置詞 di + cui。

con cui：La ragazza con cui vivo è attrice.
　　　　　　　　　　私が一緒に暮らしている女の子は女優なんだ。

　　vivere con 〜「〜と一緒に暮らす」の前置詞 con + cui。

su cui：Luca è l'unica persona su cui possiamo contare.
　　　　　　　　　ルカは私たちが頼りにできる唯一の人です。

　　contare su 〜「〜を頼りにする」の su + cui。

a cui：Il portiere a cui devi dare la chiave verrà fra poco.
　　　　　　　きみが鍵を渡さないといけない門衛はもうじき来ます。

　　dare a 〜「〜に与える」の a + cui。

　1つ注意点があります。 a cui の組み合わせのときの前置詞 a はしばしば省略されて cui になります。Il portiere cui devi dare la chiave verrà fra poco. と表現しても同じ意味です。

da cui：Il parrucchiere da cui va mia madre è molto bravo.
　　　　　　　　　私の母が行く美容師はとても腕がいい。

　　andare da 〜「〜のところへ行く」の da + cui。

per cui：Laura e Stefano sono gli ospiti per cui ho preparato una sorpresa.
ラウラとステーファノは私がサプライズを用意したお客様です。

preparare per〜「〜のために用意する」の**per** + **cui**。

in cui：Quello è il pensionato in cui vivono gli studenti stranieri.
あれは留学生が暮らしている学生寮です。

vivere in〜「〜に暮らす」の**in** + **cui**。

このように文中の名詞・代名詞に、さらに文を続けたいとき、「それと一緒に」「それのために」「それについて」などの内容によって、**con cui、per cui、di cui…** と言うわけです。後ろに続ける文中の動詞に伴う前置詞をよく考えることが大切です。

関係副詞の dove

[前置詞 + **cui**]の **in cui** は **dove** に言い換えることができます。働きはまったく同じです。

Quello è il pensionato dove vivono gli studenti stranieri.
あれは留学生が暮らしている学生寮です。

La città dove sono nato si trova vicino a Milano.
私が生まれた町はミラノの近くにあります。

Ecco i 10 paesi del mondo dove si vive meglio.
これが、世界で暮らしやすい国10か国です。

場所を表す語の後ろに **dove**「そこで／に」を続けます。日常会話では **in cui** よりも **dove** のほうをよく耳にします。この **dove** は文法的には関係副詞の働きです。

Un momento!

時を表す che

Ricordo bene il giorno che ci siamo incontrati.
私たちが出会った日のことを私はよく覚えています。

> Ogni volta che lo vedo, mi batte forte il cuore.
>
> 彼を見るたび私の胸は高鳴る。
>
> È un mese che non fumo.　　私は禁煙して1か月です。
>
> この che は[時を表す che]と呼ばれ日常会話でよく用いられます。ひとつの言い回しとして覚えておくとよいでしょう。

6-7-3 所有を表す cui

[定冠詞＋cui＋名詞]の形を覚えましょう。これも文全体は長くなりますが、文中で「そのなになに」「誰々のなになに」と言いたいときに使います。定冠詞は cui の次に続く名詞の性・数に合わせることがポイントです。

(Lei) È una famosa scrittrice del periodo Showa i cui libri hanno sempre avuto tanto successo.

　　彼女は昭和時代の有名な作家で、彼女の本はいつも大ヒットしました。
libri が男性複数なので **i cui libri** です。

Seguiamo da anni il corso del Maestro, il cui laboratorio ha sede a Urbino.

私たちは何年もマエストロの講座に通っていますが、彼の工房はウルビーノに本拠地があります。
laboratorio が男性単数なので **il cui laboratorio** です。

I bambini hanno visto uno spettacolo di burattini i cui protagonisti sono soldati romani.

　　子どもたちは、主人公がローマ兵士の操り人形劇を見ました。
protagonisti が男性複数なので **i cui protagonisti** です。

L'artista alla cui mostra a Napoli siamo andati il mese scorso è morto.
　　　　　　先月ナポリで私たちが展覧会に行ったアーティストが亡くなった。
mostra が女性単数なので la cui mostra（彼の展覧会）です。前置詞 a（〜へ）を加えて alla cui mostra となっています。

Un momento!

関係代名詞の quale

　関係代名詞の quale を見慣れておきましょう。必ず[定冠詞＋quale]の形で用います。先行詞の性・数に合わせて il quale、i quali、la quale、le quali の４つの形があり、主語や直接補語、前置詞を伴った間接補語の働きをします。

　quale を使って、関係代名詞 che、cui を言い換えることは文法的には可能です。しかし、これらを日常会話で用いることはまれで、読み物、書き言葉、文語で多く用いられます。

Ci sono molti paesi per i quali（あるいは per cui）non è richiesto il visto ai cittadini giapponesi.
　　　　　　　　日本国民にはビザが必要ない国がたくさんあります。
　先行詞の paesi が男性名詞複数なので i quali です。

Questa è la conclusione alla quale（あるいは a cui）siamo arrivati.　　これが私たちが達した結論です。
　先行詞の la conclusione が女性名詞単数なので la quale です。

Quelle studentesse, alcune delle quali parlano italiano, andranno in Italia.
あの女子学生たちはイタリアへ行く予定で、彼女たちの何人かはイタリア語を話します。
　le quali が指しているのは quelle studentesse です。

6-7-4 関係代名詞 chi

「〜する人」を意味します。単数扱いです。ことわざでよく見る語です。

Chi vuole andare al museo civico può partire prima.
市立博物館に行きたい人は先に出発していいです。

Alzi la mano chi non ha fatto i compiti!
宿題をしていない人は手を挙げなさい！

Chi cerca trova.　探す者は見つける。（成せば成る）

Chi dorme non piglia pesci.
寝ている者は魚をとれない。（早起きは三文の得）

Chi la dura la vince.　長く耐える者が勝つ。（石の上にも3年）

Chi va piano va sano e va lontano.
ゆっくり行く者は安全に遠くまで行く。（急がば回れ）

このchiと同じ働きをするものに la persona che 〜「〜する人」、le persone che 〜「〜する人たち」、la gente che 〜「〜する人」、quelli che 〜「〜する人たち」があります。意味は同じです。

La persona che segue le regole viene rispettata.
規則を守る人は尊敬される。

Le persone che vanno a Roma sicuramente visiteranno il Colosseo.　ローマへ行く人はきっとコロッセオを訪れることだろう。

La nonna mi dice che quelli che mangiano pesce vivono di più.　魚を食べる人は長生きすると祖母は私に言います。

> **Un momento!**
>
> 「〜するところのもの・ことすべて」の言い方
> 　よく使われるものに quanto 〜、quello che 〜、ciò che 〜、tutto quello(ciò) che 〜があります。そのまま覚えましょう。
>
> **Gli ho dato quanto mi ha chiesto.**
> 　　　　　　　　　　　彼が私に求めたものを私は彼に与えました。
> **Quello che dici tu non ha senso in questo caso.**
> 　　　　　　　　　　　きみが言っていることはこの場合は意味がない。
> **Mio padre segue ciò che gli dice il medico.**
> 　　　　　　　　　　　私の父は医者が言うことに従います。
> **Ammiro tutto quello che hai fatto per noi.**
> 　　　　　　　　　　　きみが私たちのためにやったことすべてに私は感心しています。

第7章 前置詞 (Le preposizioni)

前置詞とは、基本的に名詞や代名詞の前に置かれる語で、それらの語とつながって意味をなします。

Di dove sei? きみはどこの出身なの？
- Di Parma. Conosci Parma?
パルマだよ。 きみはパルマを知ってる？

Dove ha studiato il giapponese?
あなたはどこで日本語を勉強したのですか？
- A Tokyo. Ho abitato a Tokyo per due anni.
東京で。 東京に2年間住んでいました。

Perché sei qui in Italia? どうしてきみはここイタリアにいるの？
- In vacanza. Farò un giro in macchina in questa regione.
バカンスで。この州をドライブするつもりだ。

このように、会話においては「前置詞＋名詞」で簡便に返事をすることができます。まずは、それぞれの意味を覚えて、「前置詞＋名詞」で答える力をつけましょう。

7-1 代表的な前置詞

よく用いられる前置詞に **a、di、da、in、su、per、con、fra/tra** があります。順を追って例文を見てみましょう。

a「〜に、〜へ、〜で」
方向や場所、目的、時間、手段などを表します。
　　Riccardo è a casa. リッカルドは家にいます。

Ho mandato una mail <u>a</u> Eva.　　　私はエヴァにメールを送りました。

Vado a fare la spesa <u>al</u> supermercato.
　　　　　　　　　　　　私はスーパーマーケットへ買い物に行きます。

Mio nonno ha cominciato a lavorare <u>a</u> tredici anni.
　　　　　　　　　　　　　私の祖父は13歳で働き始めた。

Prato si trova <u>a</u> venti chilometri da Firenze.
　　　　　　　　　プラートはフィレンツェから20キロのところにあります。

<u>A</u> mio parere l'azienda aumenterà le vendite.
　　　　　　　　　　　　私の考えでは会社は売り上げを伸ばすだろう。

I locali chiudono <u>all'</u>una di notte.
　　　　　　　　　　　　　店は夜中の1時に閉まります。

Saliamo <u>a</u> piedi o prendiamo l'ascensore?
　　　　　　　歩いて上りましょうか、それともエレベーターに乗りましょうか？

a を使った頻出表現
　　（形容詞の語尾は修飾する名詞の性・数に合わせて変化します）

adatto a ~	～に適した
attento a ~	～に注意している
contrario a ~	～と反対の
favorevole a ~	～に賛成の
indifferente a ~	～に無関心な
inferiore a ~	～より劣った / ～より低い
necessario a ~	～に必要な
relativo a ~	～に関連した
simile a ~	～に似た
superiore a ~	～より優れた / ～より高い
uguale a ~	～と等しい
utile a ~	～に役に立つ
vicino a ~	～に近い

di「～の」

所有、出身、限定、原因などを表します。

Questa è la macchina di mia madre.
これは私の母の車です。

Giuliano è di Bologna. ジュリアーノはボローニャ出身です。

Questa statua è fatta di legno. この彫像は木製です。

Mi dà un chilo di fragole? イチゴ1kgいただけますか？

Ci sono tante ricette di pasta fredda.
冷製パスタのレシピはたくさんあります。

Siamo stanchi di cercare lavoro.
私たちは仕事を探すことに疲れている。

Teresa ha scritto la tesi di laurea in Storia della musica.
テレーザは音楽史の卒業論文を書きました。

Questo tessuto è di ottima qualità. この生地は最高の品質です。

di を使った頻出表現
（形容詞の語尾は修飾する名詞の性・数に合わせて変化します）

capace di ~	～する能力がある／～が収容できる
colpevole di ~	～の罪を犯した
contento di ~	～に満足している
debole di ~	～が弱い
degno di ~	～にふさわしい
esperto di ~	～に精通した
felice di ~	～できてうれしい
geloso di ~	～を妬んだ／に執着した
goloso di ~	～（食べ物）が大好きな
invidioso di ~	～が妬ましい
lieto di ~	～できてうれしい

pieno di ~	~でいっぱいの
privo di ~	~を欠いた
responsabile di ~	~の原因の／~に責任のある
ricco di ~	~に富んだ

da「~から、~のもとで／へ、~によって」
起点、場所、方向や値段、受け身の表現の動作主などを表します。

Aspetto l'autobus <u>da</u> mezz'ora.
　　　　　　　　　　　　私は30分前からバスを待っています。

Mamma, sono <u>da</u> Lucia.　お母さん, 私はルチーアのところにいるよ。

Loro sono venuti <u>dal</u> Brasile.
　　　　　　　　　　　　彼らはブラジルからやってきました。

Vorrei due francobolli <u>da</u> 1,50* euro.
　　　　　　　　　　　　1ユーロ50セントの切手を2枚欲しいのですが。

　　　　　　　　　　　　＊ un euro e cinquanta と読みます。

Non ho niente <u>da</u> fare.　私は何もすることがない。

Il ladro è scappato <u>dalla</u> finestra.　泥棒が窓から逃げた。

"Lo Sposalizio della Vergine" fu dipinto <u>da</u> Raffaello.
　　　　　　　　　　　『聖母の婚礼』はラファエロによって描かれました。

da を使った頻出表現
　　　　（形容詞の語尾は修飾する名詞の性・数に合わせて変化します）

diverso da ~	~と異なった
indipendente da ~	~から独立した
libero da ~	~を免れた
lontano da ~	~から遠い

daを使った慣用表現

da capo	最初から
d'altra parte	他方で
da parte	別に
d'ora in poi	今後

in「～の中に、～の中へ、～で」

場所、方向、時間、手段などを表します。

Noi andiamo ogni anno in Svizzera.
　　　　　　　　　　　　　私たちは毎年スイスに行きます。

In estate siamo al mare.　夏は私たちは海にいます。

Guglielmo Marconi ricevette il Premio Nobel per la fisica nel 1909.
　　グリエルモ・マルコーニは1909年にノーベル物理学賞を受賞しました。

Stasera vi racconterò la storia della Bella Addormentata nel Bosco.
　　今晩はあなたたちに『眠れる森の美女』の物語をお話ししてあげましょう。

Dovresti perdere tre chili in una settimana?
　　　　　　　　　　　　1週間で3kg痩せたいなんて思っているの？

Domani partiamo in aereo.　私たちは明日飛行機で出発します。

I miei genitori hanno preso in affitto una villetta.
　　　　　　　　　　　　私の両親は一軒家を借りました。

in を使った慣用表現

in apparenza	外見上は
in breve	短い間に、短く言うと
in conclusione	最後に
in coscienza	道義的に考えて
in definitiva	結局、要するに
in effetto / in effetti	そのとおり、実際
in fondo	結局は
in fretta	急いで
in genere	一般に
in media	平均して
in ogni modo / caso	ともかく、いずれにせよ
in particolare	特に
in privato	内密に
in pubblico	人前で
in realtà	実際には
in seguito	その後
in totale	合計で

su「〜の上に、〜について」

場所や話題、数量などを表します。

La chiave è su quel banco.	鍵はあのカウンターの上ですよ。
Questa camera dà sul mare.	この部屋は海に面しています。
Discutiamo su questo tema.	このテーマについて議論しましょう。

Una signora sui cinquanta anni mi si è avvicinata.
　　　　　　　　　　　　　　50歳くらいの女性が私に近づいた。

Solo dieci persone su cento sono favorevoli a questo progetto.　100人のうち10人だけがこのプロジェクトに賛成です。
Questa giacca è fatta su misura.　この上着はオーダーメードです。
Poi mettiamo la pentola su fuoco lento.
　　　　　　　　　　　　　それから鍋を弱火にかけましょう。

su を使った慣用表現

su due piedi	その場で
sul momento	その瞬間に
sul serio	本気で

per「〜のために、〜に向かって、〜を通って、〜の間」
目的、原因、方向、経由、時間などを表します。

Questo è per Lei.　これはあなたへのものです。
Partiamo per Milano.　私たちはミラノへ出発します。
Lui prende lo Shinkansen per Hiroshima.
　　　　　　　　　　　　　彼は広島行きの新幹線に乗ります。
Ho prenotato una camera doppia per lunedì.
　　　　　　　　　　　　　私は月曜日にツインルームを1部屋予約した。
Abbiamo rimandato la nostra gita in campagna per il brutto tempo.　悪天候のために私たちは田舎への散策を延期した。
Sono andato ad Assisi per visitare la Basilica di San Francesco.
　　　　　　私は聖フランチェスコ教会を訪れるためにアッシジへ行きました。
Sono rimasto chiuso in ascensore per mezz'ora.
　　　　　　　　　　　私は30分間エレベーターの中に閉じ込められました。
Siamo andati al Lago Trasimeno passando per Siena.
　　　　　　　　　　私たちはシエナを通ってトラジメーノ湖へ行きました。

A Lucca abbiamo fatto un giro per la città.

ルッカでは私たちは街を一回りしました。

Di solito mia nonna dorme per circa dieci ore.

私の祖母は普通は10時間ほど眠ります。

Ho mandato un pacco per posta. 　私は郵便で小包を送りました。

per を使った慣用表現

per altro	しかも／その上
per caso	たまたま
per di più	その上
per favore	どうか／お願いします
per fortuna	幸運にも
per il futuro	将来は
per il momento	今のところ
per lo meno	少なくとも
per lo più	たいてい
per oggi	今日のところは
per ora	今のところ
per sempre	ずっと
per sicurezza	念のため

per を使った格言

Occhio per occhio, dente per dente. 目には目を歯には歯を。
Chi fa da sé fa per tre. 　うまくやりたいのなら自分でやれ。
Ognuno per sé e Dio per tutti.

人はわが身を神は万人のことを思う。

1. 代表的な前置詞

con「〜とともに、〜を用いて」
同伴、手段、原因、性質などを表します。

Esco con gli amici. 私は友達と出かけます。

Viaggiamo con il treno. 私たちは電車で旅行します。

Con questo tempaccio sarebbe meglio rimandare il viaggio.
こんなにひどい天気だから旅を延期するほうがよいかもしれない。

Stasera cuciniamo il pollo arrosto con le patate.
今夜はローストチキンのポテト添えを作りましょう。

Lo mescoliamo bene con una frusta.
それを泡だて器でよく混ぜ合わせましょう。

Ascoltate con attenzione. 注意して聞いてください。

Roberto è quel ragazzo alto con i capelli castani e gli occhi chiari.
ロベルトは、栗色の髪で明るい色の目をしたあの背の高い青年です。

fra / tra「〜の間に、〜の後に」
場所や時間、関係などを表します。

Fra le due ragazze preferisco Daniela.
2人の女の子のうちでダニエーラのほうが好きだ。

Fra dieci minuti arriviamo alla stazione Termini.
10分後私たちはテルミニ駅に到着します。

È un segreto fra noi. それは私たちの間の秘密です。

Taormina si trova tra Messina e Catania.
タオルミーナはメッシーナとカターニャの間にあります。

(Lui) Avrà fra i cinquanta e i sessant'anni.
彼は50歳から60歳の間の年齢だろう。

fra / tra を使った慣用表現

fra l'altro / tra l'altro	とりわけ、その上
fra poco / tra poco	まもなく

tra を使ったことわざ

Tra moglie e marito non mettere il dito.
夫婦の間に指を突っ込むな。(夫婦げんかは犬も食わない)

Tra i due litiganti il terzo gode.
2人が争う間に第三者が益を得る。(漁夫の利)

Tra il dire e il fare c'è di mezzo il mare.
言うことと行うことの間には海がある。(言うは易し行うは難し)

Un momento!

fra と tra

　fra [フラ] と tra [トラ] は同じ意味で用いますが、例えば「3日後に」なら fra tre giorni、「兄弟の間で」なら tra fratelli のように、発音しやすいほうが選ばれます。たしかに tra tre giorni は言いにくいですね。

その他前置詞を用いた慣用表現 (後に名詞、代名詞が続きます)

a causa di ~	~が原因で
attorno a ~	~の周りに
davanti a ~	~の前に
di fianco a ~	~のわきに
di fronte a ~	~の正面に
fino a ~	~まで
fin(o) da ~	~からずっと
fuori di ~	~の外に

1. 代表的な前置詞

in base a ~	~に基づいて
in cambio di ~	~の代わりに
in collaborazione con ~ (人)	~と共同で
in compagnia di ~ (人)	~を同伴して
in mezzo a ~	~の真ん中に
in occasione di ~	~の機会に
in quanto a ~	~に関して
in ragione di ~	~の割合で、~の理由で
in relazione a ~	~に関して
in(con) riferimento a ~	~に関して
in(per) conseguenza di ~	~を理由として
intorno a ~	~の周りに
invece di ~	~の代わりに
oltre a ~	~に加えて
per causa di ~	~のために
per conto di ~	~の代わりに
per mezzo di ~	~によって
riguardo a ~	~に関して
sopra ~ / sopra di ~ / al di sopra di ~	~の上に
sotto a ~ / al di sotto di ~	~の下に

7-2 前置詞と定冠詞の結合形

	il	i	lo	gli	la	le	l'
a	al	ai	allo	agli	alla	alle	all'
di	del	dei	dello	degli	della	delle	dell'
da	dal	dai	dallo	dagli	dalla	dalle	dall'
in	nel	nei	nello	negli	nella	nelle	nell'
su	sul	sui	sullo	sugli	sulla	sulle	sull'

よく用いられる前置詞 a、di、da、in、su は，次に定冠詞が続くとき上の表のように結びついて，1つの形になります。

a [ア] + il [イル] = al [アル]
di [ディ] + la [ラ] = della [デッラ]
da [ダ] + gli [リ] = dagli [ダッリ]
in [イン] + lo [ロ] = nello [ネッロ]
su [ス] + le [レ] = sulle [スッレ]

のように発音します。滑らかな音の連続性を大切にするのがイタリア語の特徴です。

La chiave della macchina è sul tavolino accanto alla porta.
　　　　　　　　　　　車のキーはドアのそばの小机の上にあるよ。

Partiamo con il treno delle 17(diciassette).
　　　　　　　　　　　私たちは17時の電車で出発します。

Mando questa cartolina agli studenti della mia classe.
　　　　　　　　　　　私はこの絵ハガキを私のクラスの学生に送ります。

Prendo le orecchiette ai broccoli e il pesce alla griglia.
　　　　　　　　　　　私はブロッコリーのオレッキエッテパスタと魚のグリル焼きにします。

Restiamo a Napoli dal 5 al 17 giugno.
　　　　　　　　　　　私たちは6月5日から17日までナポリに滞在します。

2. 定冠詞と前置詞の結合形

Ci vediamo alle dieci davanti al bar della stazione.

10時に駅のバールの前で会いましょう。

Cosa mettiamo nello zaino? 　リュックの中に何を入れましょう？

Per fare il risotto, si cuoce il riso nel brodo.

リゾットを作るには、ブイヨンの中でお米を加熱調理します。

Un momento!

そのほか便利な前置詞

con「～とともに」と合わせて，senza「～なしで」をセットで覚えましょう。

senza soldi「お金なしで」、senza olio「油なしで」など使える場面が多くあります。次に人称代名詞が続くときは senza di ～ となることが多いです。

Come potrei vivere senza di te!

きみなしで私はどうやって生きていけばいいのだろう！

durante「～の間中」も使える前置詞です。durante la lezione「授業の間じゅう」、durante l'estate「夏の間中」のように durante のあとに名詞を続けましょう。

Durante la cena ci siamo divertiti un sacco.

夕食の間私たちはたくさん楽しみました。

entro「～以内に」は、時間の期限を示します。

Devo consegnare la relazione entro tre giorni.

3日以内にレポートを提出しなければなりません。

verso「～頃」「～に向かって」は、時間の表現や進む方向を表すときに用いられます。

Ci vediamo verso le tre, va bene?

3時頃に会いましょう。いいですか？

L'esercito si è mosso verso il confine.

軍隊は国境へ向けて進んだ。

第8章 不定形容詞、不定代名詞

「いくつかの」「何人かの」といった数量が限定できない形容詞のことを不定形容詞と言います。不定形容詞の中には不定代名詞として使われるものもあります。漠然と不特定な内容を指し示す代名詞を不定代名詞と言います。

8-1 不定形容詞・不定代名詞
（Gli aggettivi indefiniti / I pronomi indefiniti）

8-1-1 不定形容詞について

名詞の変化に慣れてきたら、次のような語とともに使うと、さらに表現のバリエーションが増えます。これらの語は次に単数名詞が続きます。

ogni「どの〜も」「あらゆる〜」「〜ごとに」

Ogni studente ha un numero di matricola.
　　　　　　　　　　それぞれの学生は学生番号を持っています。

L'autobus passa ogni 20 minuti.　バスは20分ごとに通過します。
　　　　　＊これは [ogni ＋ 基数形容詞 ＋ 複数名詞] の形です。

qualche「いくつかの〜」「なんらかの〜」

Vorrei passare qualche mese a Venezia.
　　　　　　　　　　私は何か月かヴェネツィアで過ごしてみたい。

C'è qualche ragione di preoccuparsi?
　　　　　　　　　　何か心配する理由はありますか？

qualsiasi / qualunque「いかなる〜でも」

Potete scaricare qualsiasi programma su questo smartphone.
　　　　　どんなプログラムもこのスマートフォンにダウンロードできます。

Qualunque rivista mi va bene.　　　どんな雑誌でも私はいいです。

8-1-2 不定代名詞について

chiunque「誰でも／どのような人でも」
単数扱いです。

Chiunque può fotografare in questo museo.
　　　　　　　　　この博物館では誰でも写真を撮ることができます。

niente/nulla「何も〜ない」
niente と nulla は同じ意味です。動詞の後ろに置かれるときは動詞の前に non をつけて否定形にします。

Niente ci può fermare.　　何ものも私たちを止めることはできません。
Non ci può fermare niente.
　　　　　　　　　何ものも私たちを止めることはできません。
Ieri non ho fatto niente/nulla.
　　　　　　　　　昨日私は何もしませんでした。

ognuno「各自／それぞれ」
単数扱いです。女性形は ognuna です。ciascuno と同じ意味です。

Ognuno porta un piatto alla cena.
　　　　　　　　　各自一品ずつ夕食会に持っていきます。

qualcosa「何か」
単数扱いです。qualche cosa と同じ意味です。

C'è qualcosa che non va?　　何かうまく行かないことがありますか？
Mi metterò qualcosa di caldo.　　何か暖かいものを着よう。

qualcuno「誰か」「どれか」
単数扱いです。qualche persona、qualche cosa と同じ意味です。

Tu conosci qualcuno dei miei amici?
　　　　　　　　　きみは私の友達の誰かを知ってる？

Sono bellissime queste cravatte! Ne compro <u>qualcuna</u>.
　　　　　このネクタイはとてもすばらしいね！　そのうちのどれかを買います。

uno「1人の人」

　非人称的に、特定しない「（一般的な）人」のことを指すほか、関係代名詞を従えた「～の人」という表現、「～のうちの1人」という表現に用いられます。**単数扱い**です。

　C'è <u>uno</u> che ti aspetta fuori.　外できみを待っている人がいます。
　Ho visto <u>uno</u> che gridava.　私は叫び声を上げている人を見ました。
　Se <u>uno</u> dice così, viene criticato.
　　　　　　　　　　　もしそんなことを言えば、批判されます。

8-1-3 不定形容詞、不定代名詞の両方の働きを持つもの

　次の語は形容詞と代名詞の両方の働きを持ちます。名詞が後ろに続くときは形容詞の働きです。

alcuno「いくつかの～」

　後ろに続く名詞の最初の文字（音）に応じて不定冠詞の語尾と同じように変化します。

　<u>Alcuni</u> consigli sono molto utili.
　　　　　　　　　　いくつかのアドバイスはとても役に立ちます。

alcuno「何人かの人／物」

　男性単数・複数、女性単数・複数の alcuno、alcuni、alcuna、alcune がありますが、現在は複数しか用いません。

　<u>Alcuni</u> di voi sanno già la verità.
　　　　　　　　　　きみたちのうちの何人かはすでに真実を知っている。

ciascuno「それぞれの～」

　次にくる名詞の最初の文字（音）に応じて不定冠詞の語尾と同じように変化します。ciascun、ciascuno、ciascuna、ciascun' があります。**単数形のみ**です。

> Ciascun partecipante deve pagare 5 euro.
>> 各参加者は5ユーロ支払わなければなりません。

ciascuno「各自／それぞれ」

男性、女性それぞれ単数のみ ciascuno、ciascuna があります。

> Ciascuno è libero di lavorare o di non lavorare.
>> 働く働かないは各人の自由だ。

nessuno「いかなる〜も…ない」

次にくる名詞の最初の文字（音）に応じて不定冠詞の語尾と同じように変化します。nessun、nessuno、nessuna、nessun' があります。<u>単数形のみ</u>です。

> Il sindaco non ha fatto nessun commento.
>> 市長は何のコメントもしなかった。

nessuno「誰も〜ない」

男性、女性それぞれ単数の nessuno、nessuna があります。動詞の前にくる場合は、動詞の前に non はいりません。動詞の後ろに置く場合は、動詞の前に non をつけて否定形にします。non を伴っていても二重否定にはなりません。

> Nessuno ha risposto. 　　誰も答えなかった。
> Non ha risposto nessuno. 　　誰も答えなかった。
> Non conosco nessuno in classe. 　　私はクラスの誰も知らない。
> Non c'è nessuno? 　　誰もいないの？

8-1-4 分量を表す不定形容詞と不定代名詞の働きを持つもの

ここでは「少しの」「少し」、「たくさんの」「たくさんの物」のような量を示す不定形容詞、不定代名詞を見ていきましょう。niente / nulla、nessuno、alcuno、qualche はすでに取り上げたので、それ以外の語を紹介します。

poco「ほとんど〜ない」「少しのこと」

Abbiamo pochi ospiti stasera.
私たちは今晩はわずかのお客様しかいません。[形容詞]

Mia sorella ha tanti vestiti, io ne ho pochi.
私の姉(妹)はたくさん服を持っているが、私は少ししか持っていない。[代名詞]

un po'「少しの」「少し〜する」

qualche、alcuni/e と同じ意味です。次に名詞が続くときは un po' di 〜「少しの〜」です。
「少し〜する」のように動詞を修飾する場合は、副詞の働きです。

Ho un po' di nausea.　　　少し吐き気がします。[形容詞]

Ho riposato un po', ma non abbastanza: ho ancora sonno.
私は少し休みましたが十分ではありません。まだ眠いです。[副詞]

vari、diversi「いくつかの」「(そのうちの)何人か」

次に名詞が続くとき、alcuni と同じように用いられます。女性形は varie、diverse です。

L'ho chiamato diverse volte ma la linea era sempre occupata.
幾度か彼に電話したけれどいつも話し中でした。[形容詞]

Vi faccio vedere vari modi di cucinare il coniglio.
あなたたちにウサギ肉の料理法をいくつかお見せしましょう。[形容詞]

Ci sono molti bravi studenti e diversi sono davvero bravissimi.
大変優秀な学生がたくさんいて、そのうち何人かは本当にとても優秀だ。[代名詞]

名詞を後ろから修飾する場合、vario「さまざまな」diverso「異なった」の意味があります。

Ecco il catalogo delle decorazioni varie per unghie.
これがさまざまなネイル・デコレーションのカタログです。

Stiamo pensando di creare un nuovo sito diverso da quello di prima.
以前のものとは違う新しいサイトを私たちは作ろうと考えています。

1. 不定形容詞・不定代名詞

abbastanza「十分に／かなり」「十分な」「かなり」

副詞の働きを持つほか、形容詞、代名詞として会話の中で頻繁に用いられます。副詞として用いられるとき piuttosto と意味は同じです。

Questo piatto di pesce è abbastanza leggero.
この魚料理はとても軽いです。[副詞]

Ciao, come stai? - Abbastanza bene, grazie.
やあ、元気かい？　結構元気にやってるよ。[副詞]

Hai mangiato abbastanza pasta?
十分にパスタを食べたかい？ [形容詞]

Hai degli amici giapponesi? - Sì, ne ho abbastanza.
きみは日本人の友だちはいるかい？　ああ。かなりいるよ。[代名詞]

parecchio「かなり多くの」「大勢」

abbastanza よりも多く、molto よりも少ない程度と考えてください。形容詞、代名詞の働きを持ちます。

Mi serviranno parecchi soldi.
私にはかなり多くのお金が必要となるだろう。[形容詞]

Quanti erano i principianti in classe? - Erano parecchi.
クラスに初心者はどのくらいいたの？　かなりたくさんいたよ。[代名詞]

molto「たくさんの／多くの」「大勢の人」「とても」

形容詞、代名詞、副詞の働きを持ちます。

Con il tempo molte cose sono cambiate.
時とともに多くのことが変わってしまった。[形容詞]

Molti dei miei amici vanno all'estero per cercare lavoro.
私の友人の多くが仕事を探して国外へ出ていく。[代名詞]

Sono molto felice di essere qui con voi stasera.
私は今夜あなたたちとここにいることができて幸せです。[副詞]

tanto「たくさんの／多くの」「大勢の人」「とても」

形容詞、代名詞、副詞の働きを持ちます。**molto**と同じ意味です。分量のニュアンスが強調されるときもあります。

Qui c'è tanto rumore. ここは騒々しい。[形容詞]

Tanti corrono ascoltando la musica.
　　　　　大勢の人が音楽を聞きながら走っている。[代名詞]

Ho speso tanto. 私はたくさんお金を使ってしまった。[副詞]

Ti voglio tanto bene. きみのことが大好きだ。[副詞]

troppo「あまりに多い」「あまりの多人数」「過度に」

形容詞、代名詞、副詞の働きを持ちます。

Mia nonna cucina sempre troppa pasta.
　　　　　私の祖母はいつもパスタを作りすぎてしまう。[形容詞]

Per comprare manga ci sono tanti siti, anzi ce ne sono troppi.
マンガを買うにはたくさんのサイトがあります。いや、ありすぎます。[代名詞]

Queste lasagne sono troppo buone!
　　　　　このラザーニャはおいしすぎる！[副詞]

Non riesco a muovermi perché ho mangiato troppo.
　　　　　私は食べすぎてしまって動くことができません。[副詞]

tutto「すべての」「すべて」「すべての人／全員」

形容詞、代名詞の働きを持ちます。

Quel fisico è famoso in tutto il mondo.
　　　　　あの物理学者は世界的に有名です。[形容詞]

Inviterò tutti i miei amici alla mia festa di laurea.
　　　　　私の卒業パーティーに私の友達全員を招待するつもりです。[形容詞]

Tutta la gente si ricorderà di te.
　　　　　すべての人がきみのことを記憶にとどめるだろう。[形容詞]

1. 不定形容詞・不定代名詞

<u>Tutto</u> va bene. すべて順調です。［代名詞］
<u>Tutti</u> applaudivano quando passava il conte.
　　　　　　　　　　　　　伯爵が通ると皆が拍手を送った。［代名詞］

tutto を数詞とともに用いるときの語順に注意しましょう。
[tutti/e ＋ e ＋ 数詞 ＋ 定冠詞 ＋ 名詞] の順です。

Apprezziamo la natura con <u>tutti e</u> cinque i sensi!
　　　　　　　　　　　　五感すべてを使って自然を楽しもう！

<u>Tutte e</u> due le studentesse vogliono studiare a Tokyo.
　　　　　　　　　　　女子学生2人とも東京で勉強することを望んでいます。

Un momento!

名詞・形容詞の語順について

　それではここで名詞・形容詞の語順について見ておきましょう。日本語と比較しながら各単語の位置を確認してください。

　quella mia collana nuova
　　あの　私の　ネックレス　新しい
　　　　　　　　　　　　　　あの私の新しいネックレス

　un buon ristorante poco conosciuto
　　よい　　レストラン　ほとんど知られていない
　　　　　　　　　　　　ほとんど知られていないよいレストラン

　un giovane cantautore italiano
　　　若い　　シンガーソングライター　イタリア人の
　　　　　　　　　若いイタリア人シンガーソングライター

　una bella modella americana non molto alta
　　　美人の　ファッションモデル　アメリカ人の　あまり背の高くない
　　　　　　　　あまり背の高くないアメリカ人の美人ファッションモデル

　queste due mie amiche molto simpatiche
　　この　2人の　私の女友だち　　とても　感じのよい
　　　　　　　　　　　このとても感じのよい2人の私の女友だち

第9章 比較

ここでは、まず形容詞の比較級について学びましょう。優等比較級「…より〜だ」、劣等比較級「…ほど〜ない」、同等比較級「…と同じくらい〜だ」、相対最上級「…の中で最も〜だ」、「…の中で最も〜でない」、絶対最上級「とても〜だ」があります。次に副詞の比較級・最上級を学びましょう。

9-1 比較級　(I comparativi)

物事を比べて「もっと〜なもの」「…よりずっと〜だ」と言いたい場面で使う比較の表現を学びます。まずは **più** [ピュ]「より多く／もっと」を使いこなせるようになりましょう。

　　Queste scarpe sono più comode.
　　　　　　　　　　　　この靴のほうが履き心地がいいです。

9-1-1 優等比較級　(I comparativi di maggioranza)

più ~ di ...、più ~ che ... を用いた文は、**優等比較級**と言います。

più 〜 di ...

「…より〜だ」と言うとき、形容詞の前に **più** を置きます。比較する対象（名詞／代名詞）は **di...**「…より」の後ろに続けます。

　　Queste scarpe sono più comode di quelle.
　　　　　　　　　　この靴のほうがあれよりも履き心地がいいです。
　　Marco è più magro di Franco.　マルコはフランコより痩せています。
　　Questa valigia è più pesante della* mia.
　　　　　　　　　　　このスーツケースは私のより重いです。
　　　　　　*diの次に定冠詞が続くとき、結びついて1つになることに注意しましょう。
　　　　　　　di+la mia (私のもの) → della mia
　　Mio fratello è più alto di te.　私の兄 (弟) はきみより背が高いです。

上の例文のように主語人称代名詞を用いて比較を表現するときは

di ... を用いて、**di te**「きみより」、**di me**「私より」となります。前置詞の後に主語の人称代名詞を置くときは、**io**、**tu**、**lei** …の強勢形になります。私は **me**、きみは **te**、彼は **lui**、彼女は **lei**、あなたは **Lei**、私たちは **noi**、きみたちは／あなた方は **voi**、彼ら／彼女らは **loro** です。

☞ p.154

più ~ che ...

比較する対象が名詞／代名詞以外の場合、**che ...**「…より」の後ろに続けます。形容詞・副詞・動詞・句などが続きます。

> Mi piace più abitare in città che abitare in campagna.
> 私は田舎に住むより都会に住むほうが好きです。

> Fare trekking è più divertente che faticoso.
> トレッキングは疲れるが楽しいほうが多い。

> Per me è più difficile parlare l'italiano che scriverlo.
> 私にはイタリア語を書くより話すほうが難しいです。

9-1-2 劣等比較級 （I comparativi di minoranza）

meno ~ di ...、**meno ~ che ...** は劣等比較級と呼ばれます。

meno ~ di .../meno ~ che ...

meno［メーノ］「より少なく」は **più** の反対の意味です。直訳は「…よりも~ない」ですが、「…ほど~ない」と訳すほうが自然な日本語になるでしょう。名詞・代名詞どうしを比較するときは **meno ~ di ...**、形容詞・動詞・副詞・前置詞＋名詞／代名詞どうしを比較するときは **meno ~ che ...** と覚えましょう。

> Queste scarpe sono meno comode di quelle.
> この靴はあれに比べて履き心地がよくありません。

> La mia valigia è meno pesante della tua.
> 私のスーツケースはきみのものほど重くないです。

> In Italia il baseball è meno popolare del calcio.
> イタリアでは野球はサッカーほど人気がありません。

Costa <u>meno di</u> quello che pensi.　それはきみが思うほど高くないよ。

Franco è <u>meno</u> gentile con me <u>che</u> con te.
　　　　　　　　　フランコはきみに対してほど私に親切ではありません。

Fa <u>meno</u> caldo oggi <u>che</u> ieri.
　　　　　　　　　今日は昨日ほど暑くないです。

> **Un momento!**
>
> **名詞の数・量を比較する場合**
>
> 名詞の数・量を比較する場合は **più / meno 〜 che ...** を用います。
>
> Di solito bevo <u>più</u> tè <u>che</u> caffè.
> 　　　　　　　　　ふだんは私はコーヒーより紅茶を飲みます。
>
> Mio figlio mangia <u>meno</u> pesce <u>che</u> carne.
> 　　　　　　　　　私の息子は肉ほど魚を食べません。
>
> In questo bar ci sono <u>più</u> tifosi interisti <u>che</u> milanisti.
> 　　　　　このバールにはミランよりインテルのファンのほうがたくさんいます。
>
> Ho letto <u>più</u> libri italiani <u>che</u> inglesi.
> 　　　　　　　　　私は英語よりもイタリア語の本を多く読みました。
>
> **più / meno di quello che ＋節、più / meno di quanto ＋節**
>
> 「〜である以上に（より少なく）」の意味です。節の部分の動詞の活用に接続法が使われることが多くあります。
>
> Luigi studia <u>più di quello che</u> pensi.
> 　　　　　　　　　ルイージはきみが思っている以上に勉強します。
>
> Abbiamo camminato <u>più di quanto</u> credessimo.
> 　　　　　　　　　私たちは思っていた以上に歩いた。

9-1-3 同等比較級　（I comparativi di uguaglianza）

così 〜 come ...、tanto 〜 quanto ...

「…と同じくらい〜だ」と言いたいときの表現です。同等比較級と呼ばれます。…部分に名詞・代名詞が続くときは，così 〜 come ...、tanto 〜 quanto ...のどちらを使ってもOKです。così 〜 come の

così、tanto ~ quanto の tanto は省略される傾向があります。

Per me l'autunno è (così) bello come la primavera.
> 私には秋は春と同じくらい美しい。

Riccardo è (così) alto come Antonio.
> リッカルドはアントニオと同じくらい背が高い。

Viaggiare è (così) stimolante come leggere.
> 旅することは読書と同じくらい刺激的です。

Eva parla (tanto) bene francese quanto Piero.
> エヴァはピエーロと同じくらいフランス語を上手に話します。

1つの名詞・代名詞について，形容詞どうしを比べて同程度と言いたいときは，tanto ~ quanto ... が用いられます。

Stefano era (tanto) vivace quanto spiritoso.
> ステーファノはユーモアがあるのと同じくらい活発な子でした。

Queste rose sono (tanto) belle quanto profumate.
> このバラの花は香りが良いし美しいです。

2つの名詞の数量を比べるときは tanto ~ quanto ... を用いますが、このとき tanto, quanto の語尾は次に続く名詞に合わせて変化させることに注意しましょう。

Mio padre beve tanta birra quanto vino.
> 私の父はワインと同じくらいビールを飲みます。

Maria ha comprato tanti cappelli quanti guanti.
> マリーアは手袋と同じくらい帽子を買いました。

9-2 相対最上級 (I superlativi relativi)

形容詞の最上級には相対最上級と絶対最上級 ☞ p.196 の2種類があります。相対最上級は、ほかと比較して「最も~な」「一番~な」を表す表現で、[定冠詞＋più＋形容詞]で作り、これは優等相対最上級と呼ばれます。一方、[定冠詞＋meno＋形容詞]で表わす劣等相対最

上級の「最も〜でない」があります。「〜の中で」と比較する対象の範囲を続けるときは di ... / fra ... を用います。

La nostra squadra è <u>la più forte</u> del campionato.
　　　　　　　私たちのチームはチャンピオンシップで一番強いです。

Pierino era <u>il più timido</u> fra tutti i fratelli.
　　　　　　　ピエリーノは兄弟の中で一番の恥ずかしがり屋でした。

Per me questo è <u>il più bello</u> fra tutti i film di Fellini.
　　　　　　　私にはこれがフェリーニのすべての映画の中で最もすばらしい。

[定冠詞＋名詞＋più / meno＋形容詞]で「最も／一番〜な〜」「最も／一番〜でない〜」と表現することができます。[定冠詞＋più / meno＋形容詞＋名詞]でも同じです。文中に定冠詞と più / meno を見つけたらまず、比較の文で最上級では？とピンとくることが必要です。

Il Po è <u>il</u> fiume <u>più lungo</u> d'Italia.
　　　　　　　ポー川はイタリアで一番長い川です。

Questa è <u>la</u> casa <u>meno cara</u> di questa zona.
　　　　　　　これはこのあたりで最も値段の安い家です。

Secondo te, qual è <u>la più bella</u> canzone d'amore?
　　　　　　　きみの考えでは、一番美しい愛の歌はどれですか？

最上級の複数形や「最も／一番〜なものの1つ」という表現もよく使われます。

Ti dico subito <u>i</u> 10 calciatori <u>più forti</u> d'Italia.
　　　　　　　イタリアで一番強いサッカー選手10人をきみにすぐ教えてあげる。

Bertolucci è <u>uno</u> <u>dei</u> registi italiani <u>più famosi</u> del mondo.
　　　　　　　ベルトルッチは世界で最も有名なイタリア人映画監督の1人です。

> **Un momento!**
>
> **「できるだけ〜」の言い方**
>
> 「できるだけ早く」は [il più + 副詞 + possibile] を用いて il più presto possibile と表現します。
>
> Dobbiamo consegnare il campione il più presto possibile.
> 私たちはサンプルをできるだけ早く納品しないといけない。
>
> Ha cercato di spiegarlo il più chiaramente possibile.
> 彼はそれをできるだけ明確に説明しようとした。
>
> **従属節に接続法が用いられることも**
>
> 最上級の表現で、比べる範囲の対象を続けるときに「今まで見た中で」のように節を伴うときは、しばしば接続法の動詞活用が用いられます。
>
> Per me questo è il film più bello che abbia mai visto.
> 私には、これが私が今まで見た中で最もすばらしい映画です。
>
> Questo è il dolce più buono che abbia mai assaggiato.
> これは私が今まで食べた中で最もおいしいお菓子です。

9-3 絶対最上級 (I superlativi assoluti)

ほかのものと比較することなく、「とても〜な」と言う場合は [-issimo] で表します。これは絶対最上級と呼ばれます。形容詞の語尾の母音をとって -issimo をつけます。意味は形容詞に molto をつけた場合と同じです。舞台に向けて観客が投げかける言葉の Bravissimo! や、音楽用語の fortissimo、pianissimo ですでになじみのあるパターンです。

Questo piatto è buonissimo.　　この料理はとてもおいしいです。

Queste lasagne sono buonissime!
　　　　　　　　　　　　　　　このラザーニャはとてもおいしい！

Questa torta è buonissima!　　このケーキはとてもおいしい！

それぞれ Questo piatto è molto buono. / Queste lasagne sono molto buone! と意味は同じですが、buonissimo, buonissime の形を用いると、気持ちがこもって表現力が増します。

Il viaggio in Italia è stato bell<u>issimo</u>!
イタリアの旅はとてもすばらしかったです！

Il padrone di questa trattoria è sempre gentil<u>issimo</u>.
このトラットリアの主人はいつもたいへん親切です。

E adesso iniziamo con un argomento important<u>issimo</u>.
では今からとても重要な案件から始めましょう。

9-4 特別な形を持つ比較級

食事の場面で Ottimo![オッティモ]とよく言います。これは Molto buono! Buonissimo!「とてもおいしい！」と同じ意味です。このように比較級に特別な形を持つものを見てみましょう。

特別な形を持つ形容詞

原級	比較級	相対最上級	絶対最上級
buono よい	**migliore** よりよい =più buono	**il migliore** 最もよい =il più buono	**ottimo** とてもよい =molto buono/buonissimo
cattivo 悪い	**peggiore** より悪い =più cattivo	**il peggiore** 最も悪い =il più cattivo	**pessimo** とても悪い =molto cattivo/cattivissimo
grande 大きい	**maggiore** より大きい =più grande	**il maggiore** 最も大きい =il più grande	**massimo** とても大きい =molto grande/grandissimo
piccolo 小さい	**minore** より小さい =più piccolo	**il minore** 最も小さい =il più piccolo	**minimo** とても小さい =molto piccolo/piccolissimo

4. 特別な形を持つ比較級

La situazione dell'economia giapponese è peggiore di quella di dieci anni fa.
>日本の経済状況は10年前に比べて悪化している。

Il mio fratello maggiore/minore* fa il ragioniere.
>私の兄／弟は会計士です。
>＊兄弟／姉妹を言うときはこの表現がよく用いられます。

Niccolò è il mio migliore* amico.　ニッコロは私の最高の友達です。
>＊migliore, peggiore, maggiore, minore に定冠詞がつくと最上級の意味になります。

次の副詞も比較級に特別な形を持ちます。

原級	比較級	絶対最上級
bene よく	**meglio** よりよく	**benissimo** とてもよく =ottimamente =molto bene
male 悪く	**peggio** より悪く	**malissimo** とても悪く =pessimamente =molto male
molto 多く	**più** より多く	**moltissimo** とても多く
poco 少なく	**meno** より少なく	**pochissimo** とても少なく

Ha fatto un'ottima scelta. Questa camicia Le sta benissimo.
>とても良い選択をなさいました。このシャツはとてもよくお似合いです。

Ho dormito tantissimo.　Ora sto meglio.
>私はとてもたくさん寝ました。　今は体調が良くなりました。

Mi sono riposato un po' ma sto peggio di prima.
>少し休んだけれど先ほどより体の具合が悪いです。

di più「もっと，さらに」、**di meno**「より少なく」はよく使われる成句です。

 Oggi non ho appetito. Mangio di meno.
今日は食欲がありません。少なめに食べます。

 Potevi fare di più.
きみはもっとできたはずなのに。

Un momento!

「〜すればするほど…だ」

 「〜すればするほど…だ」は比較級を用いて [(quanto) più 〜, (tanto) più ...] と表現します。[(quanto) meno 〜, (tanto) meno...] なら「〜しなければしないほど…でない」です。**quanto** と **tanto** は省略されることが多くあります。

 Quanto più si studia, tanto più si sa.
勉強すればするほどわかるようになる。

"Più la vedo, più mi piace."「彼女を見ればみるほど好きになってしまう」。これは歌劇《愛の妙薬　L'elisir d'amore》で主人公があこがれの人について語る場面のせりふです。

「〜するほうが良い」

 「〜するほうが良い」は **è meglio 〜** で表すことができます。〜の部分に不定詞を入れましょう。この **meglio**「より良い」は形容詞の働きです。

 È meglio partire adesso.　いま出発するほうがいい。
 Per andare all'aeroporto è meglio prendere il pullman.
空港へ行くには長距離バスに乗るほうがいいです。

第10章 副詞 (Gli avverbi)

動詞とともに用いて状態や状況、場所や時間について意味を補足する働きを持ちます。

10-1 副詞の働き

　副詞は、主な働きとして、文中において動詞を修飾します。例えば、「話す」に副詞を加えて「速く話す」「上手に話す」のように表現することができます。性や数、人称によって変化することはありません。

　　Anna parla velocemente.　　アンナは速く話します。

　　Lui parla bene l'italiano.　　彼はイタリア語を上手に話します。

　このほかに、形容詞、副詞を修飾します。大切なポイントは、名詞・形容詞に見られる性・数の変化がないことです。ただし、**molto**, **troppo** のように、1つの語で形容詞と副詞の2つの意味を持つものがあるので気をつけましょう。副詞として用いるときは不変化ですが、語尾が変化しているときは、その **molto, troppo** は形容詞の働きをしています。

　　Lei è molto arrabbiata.
　　　　　　　　　彼女はとても腹を立てています。（← 副詞のmolto）

　　Lei ha comprato molti libri.
　　　　　　　　　彼女はたくさん本を買いました。（← 形容詞のmolto）

　　Mi sono alzato troppo presto.
　　　　　　　　　私はあまりにも早くに起きてしまった。（← 副詞のtroppo）

　　Ho mangiato troppi dolci.
　　　　　　　　　私はお菓子を食べすぎてしまった。（←形容詞のtroppo）

10-2 -mente で終わる副詞

　それではまず、-mente で終わる形の副詞を見てみましょう。この形のものは形容詞が基になっています。作り方は、-oで終わる形容詞は、語末のoをaに替えて-menteをつけます。-eで終わる形容詞の場合は、そのまま後ろに-menteをつけます。-le, -re で終わるものは、eを取って-menteをつけます。

vero 本当の	➡	veramente 本当に
veloce 速い	➡	velocemente 速く
facile 容易な	➡	facilmente 容易に
regolare 規則的な	➡	regolarmente 規則的に

Questo cappotto è veramente caro.
　　　　　　　　　　このコートは本当に値段が高い。

Il suo concerto è riuscito perfettamente.
　　　　　　　　　　彼のコンサートは完璧にうまくいった。

Mettete la farina e mescolate il tutto velocemente.
　　　　　　　　　　小麦粉を入れて、全部を素早くかき混ぜてください。

I DVD si possono copiare facilmente.
　　　　　　　　　　DVDは簡単にコピーできます。

Non frequento regolarmente la chiesa ma vado alla messa.
　　　　　　　　　　私は定期的に教会に通っているわけではありませんが、ミサには行きます。

Non l'ho capito completamente.
　　　　　　　　　　私はそのことを完全にはわからなかった。

副詞の位置

　副詞は、動詞を修飾する場合は普通、動詞のすぐ後ろに置かれます。形容詞や他の副詞を修飾する場合はその直前に置かれます。文全体を修飾する場合は文頭、文末、動詞のすぐ後ろ、と比較的自由です。

Sicuramente andrò a Roma.
　　　　　　　　　　　私は必ずローマへ行くつもりです。(← 文頭)

Andrò sicuramente a Roma.
　　　　　　　　　　　私は必ずローマへ行くつもりです。(← 動詞のすぐ後ろ)

Andrò a Roma sicuramente.
　　　　　　　　　　　私は必ずローマへ行くつもりです。(← 文末)

bene と male

bene「よく」、male「悪く」は副詞です。会話においてよく用いられる Bene.「いいです」「OK」は、副詞の働きをしています。形容詞の buono「よい」と混同しないようにしましょう。bene と male はそれぞれ比較級の形を持つので覚えておきましょう。

| bene よく | meglio よりよく | benissimo (ottimamente) とてもよく |
| male 悪く | peggio より悪く | malissimo (pessimamente) とても悪く |

- Come ti senti? - Mi sento meglio.
　　　　　　　　　　　気分はどう？　よくなりました。

L'esame non è andato male. 試験は悪いものではなかった。

I bambini hanno cantato benissimo.
　　　　　　　　　　　子どもたちはとても上手に歌った。

Un momento!

会話のコツ　副詞を使って答えよう。

　-mente で終わる副詞には、その語1つで返答やつなぎ言葉のように用いられるものがたくさんあります。sì「はい」、no「いいえ」、bene「いいですね／OKです」以外にバリエーションを増やしましょう。[？]をつけて語尾を上げるとそれだけでたずねる表現になります。

| Certamente. | もちろん。 | Naturalmente. | 当然だ。 |
| Veramente. | 本当に。 | Veramente? | 本当に？ |

Assolutamente no.	絶対に、ない。／ 絶対そうじゃない。
Probabilmente.	たぶん。／そうかも。
Finalmente!	やっと！／とうとう！／ついに！
Possibilmente.	できれば。
Esattamente.	まったく。／ そのとおり。
Perfettamente.	そのとおり。

形容詞の副詞的用法

piano、forteのように形容詞の男性形が副詞としての働きをするものがあります。形容詞の副詞的用法と呼ばれます。

Parla piano! もっと小さい声で話してください！
Non andare forte in macchina! 車でスピード出さないでね！

さて、solo は日常的によく目にする語ですが、形容詞と副詞の意味があります。副詞のsolo は solamente、soltanto「ただ〜のみ」に言い換えることができます。

Sono rimasta sola in casa.
　　　　　　私は家に1人残った。（← 形容詞のsolo）
Volevo solo stare con te.
　　　　　　私はただきみと一緒にいたかっただけだ。（← 副詞のsolo）
Lui ha bevuto solo una birra.
　　　　　　彼はビールを1杯飲んだだけだった。（← 副詞のsolo）
Siamo soli nel deserto.
　　　　　　砂漠にいるのは私たちだけだ。（← 形容詞のsolo）

10-3 場所を表す副詞

　場所を表す働きを持つ副詞はたくさんあります。会話の中で頻繁に用いられます。
　accanto「そばに」、**attorno**「周りに」、**avanti**「前に」、**davanti**「前に」、**dentro**「中に」、**dietro**「後ろに」、**dovunque**「どこでも」、**fuori**「外に」、**giù**「下に」、**indietro**「後ろに」、**intorno**「周りに」、**lì**「そこに」、**lontano**「遠くに」、**qui**「ここに」、**sopra**「上に」、**sotto**「下に」、**su**「上に」、**vicino**「近くに」などがあります。

　　La mia casa ha davanti un bel giardino.
　　　　　　　　　　　　　　私の家は前にすてきな庭があります。

　　Vieni avanti!　　　　前へいらっしゃい！
　　Un cane mi veniva dietro.　　1匹の犬が私の後をついてきた。
　　Fa caldo e quindi mangiamo fuori.
　　　　　　　　　　　　　　暑いから外で食事しましょう。
　　Mio figlio abita lontano dal paese.
　　　　　　　　　　　　　　私の息子は村から遠く離れて住んでいます。
　　Va' sopra a vedere cosa c'è.　何があるのか上へ見に行ってちょうだい。
　　Lì ci sono delle erbette e qui ci sono dei fiori.
　　　　　　　　　　　　　　あそこにはハーブが、ここには花が咲いている。
　　Alzati!　Su!　　　　　起きて！　さあ！

10-4 時を表す副詞

　時を表す副詞に **oggi**「今日」、**stamattina**「今朝」、**stasera**「今晩」、**presto**「早く」、**tardi**「遅く」、**mai**「一度も」、**già**「すでに」、**ancora**「まだ」、**ieri**「昨日」、**domani**「明日」、**prima**「以前に」「まず」、**dopo**「後で」、**poi**「次に」、**sempre**「いつも」、**spesso**「たびたび」、**adesso**「今」、**ora**「今」、**ormai**「今はもう」などがあります。

Io non bevo <u>mai</u>. 　　　　　　　私はお酒はまったく飲みません。

<u>Oggi</u> vado da una mia amica. 　今日は私は女友達の家へ行きます。

<u>Ormai</u> sono passati cinque anni da quando abbiamo lasciato il nostro paese.
　　　　　　　私たちが生まれ故郷を離れてからもう5年が過ぎました。

Ne parliamo <u>dopo</u>. 　　　　　　そのことについては後で話そう。

Mio fratello studia <u>sempre</u> al laboratorio.
　　　　　　　私の兄 (弟) はいつも実験室で勉強している。

<u>Stamattina</u> sono andata alla posta.
　　　　　　　私は郵便局へ行きました。

10-5 量を表す副詞

molto「多く」、**poco**「ほとんど〜ない」、**tanto**「多く」、**troppo**「〜すぎる」、**abbastanza**「かなり」などは量を表す副詞です。

Io leggo <u>molto</u>. 　　　　　　　私はたくさん読書します。

Ho mangiato <u>troppo</u>. 　　　　　私は食べすぎました。

Questa villetta non è grande ma costa <u>abbastanza</u>.
　　　　　　　この一軒家は大きくはないが、結構な値段だ。

Un momento!

ecco は副詞

Ecco 〜. のフレーズで使う ecco は副詞です。[ecco ＋名詞] [ecco ＋代名詞] の形は「ほら、〜だ」「はい、〜です」「ここに〜がある」「ほら、〜がやってきた」「はい、到着した」の意味を持ちます。

Ecco il biglietto. 　　　　ほら、切符だよ。
Ecco Marco. 　　　　　　ほら、マルコが来た。
Ecco la chiave. 　　　　　はい、こちらが鍵です。
Eccolo!　È venuto Gino. 　ほら、彼だ！　ジーノが来たよ。

10-6 副詞句、その他よく使う副詞

慣用句としてよく用いられる副詞句に **di solito**「たいてい」、**di corsa**「走って」、**in fretta**「走って、急いで」、**di sicuro**「確実に」、**a lungo**「長々と」などがあります。

<u>Di solito</u> la sera mangio a casa.

私はたいてい晩は家で食事をします。

È sempre <u>di corsa</u>. 彼は忙しくていつも走りまわっている。

Dovevo prepararmi <u>in fretta</u>.

私は急いで身支度をしなくてはいけませんでした。

Abbiamo parlato <u>a lungo</u>. 私たちは長いあいだ話をしました。

日常よくみる **gratis**「ただで」、**insieme**「一緒に」、**forte**「強く」、**piano**「静かに」も副詞の働きをしています。

Domenica si può parcheggiare <u>gratis</u> in piazza.

日曜日は無料で広場に駐車することができます。

Marco e Antonio vanno <u>insieme</u> in palestra.

マルコとアントニオは一緒にジムへ行きます。

Va' <u>forte</u>!　Non rallentare!　スピード出して！　速度を落とさないで！

Parla più <u>piano</u>.　I bambini dormono.

もう少し静かに話してください。子どもたちが眠っています。

次の語は会話において返答としてよく用いられる副詞です。

Affatto.	全然。
Appunto.	まさに。
Davvero.	本当に。
Forse.	たぶん。そうかも。
Già.	そうです。
Mai.	全然。まったく。

第11章 接 続 詞 (Le congiunzioni)

接続詞とは e「そして」のように語と語、または節と節を結びつけたりする働きを持つ語のことです。この e「そして」のような等位接続詞と perché「〜なので」のような従位接続詞の2つに分けられます。

11-1 等位接続詞 (Le congiunzioni coordinative)

等位接続詞は2つの節どうし、また、同じ節の中にある2つの語を結びつける働きをします。

e「そして」「と」

　Ieri sera abbiamo guardato la partita di calcio e poi siamo andati in osteria.

　　　　昨晩私たちはサッカーの試合を見て、それから居酒屋へ行った。

o / oppure「または」「あるいは」

　Domani sera potremmo andare al cinema o visitare l'acquario.

　明晩私たちは映画を見に行ってもいいし、あるいは水族館を訪れてもいい。

　Vuole venire con noi oppure preferisce rimanere a casa?

　　　あなたは私たちと一緒に行きたいですか、それとも家にいたいですか?

altrimenti「さもなければ」

　Non mangio dolci, altrimenti ingrasso.

　　　　　私はお菓子を食べない。でないと太ってしまうから。

ma「だが」「しかし」

　Volevo venire al concerto insieme a te ma non mi piaceva quel cantautore.

　きみと一緒にコンサートへ行きたかったけれど、私はそのシンガーソングライターが好きではなかったんだ。

1. 等位接続詞

anche「〜もまた」
<u>Anche</u> mia cugina si diverte a guidare la macchina.

私の従姉妹も車の運転を楽しんでいます。

neanche「〜もまた〜ない」
Non so dove abita Anna. Non mi ricordo <u>neanche</u> il suo indirizzo email.

私はアンナがどこに住んでいるか知りません。 彼女のメールアドレスも覚えていません。

dunque「だから」「それゆえに」
Volevo studiare il portoghese e <u>dunque</u> ho frequentato un corso 5 volte alla settimana.

ポルトガル語を勉強したかったので、私は週に5回の講座に通った。

Penso, <u>dunque</u> sono.　　　　　　　　我思う、ゆえに我あり。

cioè「つまり」「すなわち」
Non ha capito quello che avevo detto prima, <u>cioè</u> che anche lui doveva impegnarsi.

彼は私が先に言ったことを理解しなかった。つまり、彼も努力しなければならなかったということだ。

sia 〜 sia 〜 / sia 〜 che 〜 「〜も〜も」
<u>Sia</u> Giorgio <u>sia</u> Franco giocano a pallanuoto.

ジョルジョもフランコも水球をしている。

né 〜 né 〜「〜も〜もない」
Mariuccia non voleva <u>né</u> mangiare <u>né</u> dormire.

マリウッチャは食べたくなかったし、眠りたくもなかった。

o 〜 o 〜「〜か〜か」
<u>O</u> la borsa <u>o</u> la vita.　　命が惜しければ金を出せ。(バッグか命か)

però / tuttavia「しかしながら」
È vero quello che hai detto, <u>però</u> dovresti pensare anche agli altri.

きみの言ったとおりだが、他の人のことも考えたほうがいい。

perciò / quindi「だから」「したがって」

Siamo stanchissimi, perciò ci fermiamo qui.
　　　　　　　　　　　　私たちは疲れ切っている。だからここに留まろう。

non solo ～ ma anche ～「～だけでなく～も」

Non solo mi sentivo male ma avevo anche un mal di schiena molto forte.　私は気分が悪いだけでなく、ひどく腰が痛んだ。
Questi prodotti vengono esportati non solo in Italia ma anche in altri paesi esteri.
　　　　　　　　これらの製品はイタリアだけでなく、諸外国にも輸出されています。

11-2 従位接続詞（Le congiunzioni subordinative）

従位接続詞は、従属節を主節に結びつける働きをします。

appena「～するとすぐに」/ **non appena**「～するとすぐに」

Appena è arrivato a casa, ha acceso la televisione.
　　　　　　　　　　　　　彼は家に着くとすぐにテレビのスイッチを入れた。

Non appena ci invieranno la fattura, procederemo a consegnare i prodotti.　私たちにインボイスを送付していただいたらすぐに、製品の納入にとりかかります。
　　　　　　　＊non appena の non は冗語で否定の意味はありません。

quando「～のとき」

Quando ero giovane, volevo diventare un regista cinematografico.　　　　私は若かった頃は映画監督になりたかった。
Quando mi fa male la testa, ho l'abitudine di prendere una tisana fatta in casa.
　　　　　　　私は頭痛がするときは、自家製のハーブティーを飲む習慣があります。

se 「もし〜なら」

<u>Se</u> volete ricevere notizie, lasciate il vostro indirizzo email qui sotto.

もしお知らせを受け取りたいのであれば、あなたたちのメールアドレスをこの下に残してください。

<u>Se</u> potessimo acquistare i biglietti della prima rappresentazione, saremmo felicissimi.

もし初演のチケットを手に入れることができたなら、私たちはとても幸せなのだが。

anche se 「たとえ〜でも」

<u>Anche se</u> eravamo stanchi, dovevamo continuare a lavorare.

私たちは疲れていたにもかかわらず、働き続けなければならなかった。

mentre 「〜する間」「〜しているとき」「〜であるのに」「ところが一方」

<u>Mentre</u> lavora a maglia, mia nonna ascolta sempre la radio.

私のおばあちゃんは編み物をする間はいつもラジオを聞いています。

Rinaldo si è fatto male al ginocchio <u>mentre</u> stava scendendo con lo snowboard.

リナルドはスノーボードで滑っているときに膝を怪我しました。

perché 「〜だから」「〜なので」

Sbrigati <u>perché</u> ti stanno aspettando tutti.

急ぎなさい、みんなが待っているから。

perchéに続く「理由」を表す節は、主節の後ろに置かれます。理由を表す場合は直説法を用います。

perché / affinché / in modo che 「～であるように」「～するために」

Te lo ripeto perché tu capisca meglio.
きみがよくわかるようにもう1度繰り返します。

perchéに続く「目的」を表す節には、接続法の活用を用います。

Per i fiori recisi aggiungete dello zucchero nel vaso in modo che durino di più.
切り花のためには長持ちするように花瓶に砂糖を少し入れてください。

poiché 「～だから」「～なので」

Poiché ho cambiato PC, devo installare qualche programma.
パソコンを替えたので私はいくつかプログラムをインストールしなくてはいけない。

perchéに導かれる節が主節の後ろに置かれるのに対して、poichéに導かれる節は主節よりも前に置かれるのが普通です。

dato che / visto che / dal momento che 「～なので」

Visto che il PC non accetta la mia password, come faccio a modificarla?
パソコンが私のパスワードを受けつけないので、それを変更するにはどうしたらいいだろう？

siccome 「～なので」

Siccome tirava un vento molto forte, non ho preso la bicicletta.
風がとても強かったので私は自転車に乗らなかった。

siccomeに導かれる節は主節より前に置かれるのが普通です。

benché/sebbene/nonostante/malgrado 「～にもかかわらず」

Nonostante avesse pochi soldi in tasca, li dette a un povero.
ポケットに少ししかお金がなかったのに、彼は貧しい人にそれを与えた。

purché / a patto che / a condizione che 「もし〜ならば」「〜の条件で」

Verrò al concerto purché non finisca troppo tardi.

終了時間があまり遅くなければ、私は演奏会に行くだろう。

come se 「まるで〜のように」

Abbiamo parlato a lungo come se fossimo vecchi amici.

私たちはまるで昔からの友人であるかのように長い間話をした。

così 〜 che 〜 「非常に〜なので〜である」

Questa notte i vicini facevano così tanto rumore che non riuscivo a dormire.

昨夜は近所の人たちがたいそう騒いでいたので私は眠ることができなかった。

finché / fino a quando 「〜するまで」「〜の時まで」

Finché noi non cambiamo non cambia niente.

私たちが変わらないかぎり何も変わらない。

以下の副詞句も接続詞と同様の働きをします。

prima che 「〜する前に」

Prima che arrivino gli ospiti, prepariamo un pensierino per tutti.

お客様が到着する前に、皆にちょっとした贈り物を用意しておきましょう。

dopo che 「〜した後」

Dopo che hanno presentato il catalogo, hanno cominciato a spiegare il software.

彼らはカタログをプレゼンした後、ソフトウェアについて説明し始めた。

senza che 「〜ではないのに」

Mia sorella capisce che cosa penso senza che glielo dica.

姉 (妹) は言わなくても私が何を考えているかをわかっている。

第12章 間投詞 (Le interiezioni)

間投詞は、驚きや喜び、怒りなどの感情を表す語のことです。擬態語や擬声語、また他の品詞に由来する語などがあります。

12-1 状況に応じたいろいろな間投詞

驚嘆・疑念・嫌悪・倦怠

Accidenti!	何てこと！
Ah!	ああ！
Ahi!	痛い！
Ahimè!	ああひどい！
Bah!	もういい！
Basta!	もうたくさんだ！
Boh!	さあ！
Caspita!	うわあ！／しまった！
Dio mio!	おやおや！
Eh!	えっ！
Ehm!	えーっと！
Macché!	とんでもない！
Mah!	さあ。どうだろう！
Maledizione!	いまいましい！
Mamma mia!	何てこと！
Mannaggia!	ちくしょう！
Oh!	おお！
Ohi!	おお！
Pazienza!	しかたがない！
Peccato!	残念だ！

1. 状況に応じたいろいろな間投詞

Perbacco!	何とまあ！
Puah!	ああいやだ！
Santo cielo!	なんたることか！
Uffa!	ああうんざり！
Urrà!	やったー！

注意・要求

Aiuto!	助けて！
Attenzione!	気をつけて！
Ferma!	止まれ！
Guai!	気をつけろ！／ただじゃおかないぞ！
Pss!	しーっ！
Silenzio!	静粛に！
Sst!	しーっ！
Via!	しっしっ！／あっちへ行け！
Zitto!	シッ！／静かに！

称賛・合意・激励

Animo!	しっかり！
Bene!	よし！／いいよ！
Bis!	アンコール！
Cin cin!	乾杯！
Coraggio!	勇気を出して！
Dai!	さあ！／行け！
Evviva!	万歳！
Forza!	頑張って！
Salute!	乾杯！

| Su! | さあ！ |
| Viva! | 万歳！ |

12-2 擬態語・擬声語、その他

擬態語・擬声語

Bang!	バン！／ドカン！
Brr!	ブルブル！
Bum!	ドーン！
Ciac!	カチンコの音／ピチャ！
Clic!	カシャ！
Din din!	リンリン！／カンカン！（鐘や鈴の音）
Din don!	ゴーンゴーン！　カーンカーン！（鐘の音）
Drin drin!	リンリン！（ベルの音）
Eccì!	ハクション！
Paf!	ザブン！
Tic tac	チクタク

（動物の鳴き声）

Bau bau!	ワンワン
Chicchirichì!	コケコッコー
Dee!	メー
Gra gra	ケロケロ／ゲロゲロ
Miao!	ニャーオ
Pio pio	ピヨピヨ

挨拶で単独に用いるもの

Addio!	さようなら！／さらば！
Arrivederci!	さようなら！
Ciao!	やあ！／こんにちは！／さようなら！／バイバイ！
Salve!	やあ！／どうも！

間投表現（慣用句）

Al fuoco!	火事だ！
Al ladro!	泥棒！
In bocca al lupo!	しっかり頑張って！
Crepi il lupo!	（その返事として）オオカミなんかくたばってしまえ！
In nome di Dio!	お願いだから！
Per carità!	お願いだから。／とんでもない。
Per l'amor di Dio!	お願いだから！
Perfetto!	そのとおり！／最高！

第13章 法と時制 （Modi e tempi）

文中の動詞を正しく活用させるには、それに対応した人称、数、法（叙法）、時制を理解しなければなりません。ここでは法と時制について学びましょう。

13-1 法について

　法とは話者が話す、あるいは表現するときの気持ち・態度の状態のことです。イタリア語には大きく分けると、**定法**と**不定法**があります。そのうち定法は4種類あります。

①直説法、②条件法、③接続法、④命令法の4つです。
①直説法は、事実を述べるときに用います。普通にしゃべっている内容だと考えてください。
②条件法は、ある条件下において起きるかもしれないことを述べるときに用います。現実にはありえないことを想定している、と考えると良いでしょう。
③接続法は、事実か事実に反するかは別として、頭の中でイメージされたことを述べるとき、つまり主観的なことを不確実なこととして提示するときに用います。想像・願望・疑念などがそうです。
④命令法は、命令や依頼するとき、誘うときに用います。命令文、命令形のことだと考えてください。

13-2 時制について

　動詞が示す動作や状態は、過去—現在—未来の時間関係によって示されます。この時間関係のことを**時制**と言います。

①直説法には、**現在、近過去、半過去、大過去、遠過去、前過去、単純未来、前未来**の8つの時制があります。
②条件法は、**現在、過去**の2つの時制があります。

2. 時制について

③接続法は、現在、過去、半過去、大過去の4つの時制があります。
④命令法は、時制の区別はありません。

法と時制の関係をまとめると、以下のようになります。

	単純時制	複合時制
①直説法	現在 半過去 遠過去 単純未来	近過去 大過去 前過去（先立過去） 前未来（先立未来）
②条件法	現在	過去
③接続法	現在 半過去	過去 大過去
④命令法		

13-3 直説法 (Il modo indicativo)

13-3-1 現在 (La forma presente)

直説法現在は、話者が話している時点の事柄だけでなく、その前とその後のことも含まれます。**現在の状態、過去に始まって現在進行している状況、現在の習慣的行動のほか、近い未来の予定の行動、恒常的な事実・真理**を表します。

La banca è ancora aperta.　　　　　　　　　銀行はまだ開いています。
Nevica tanto e allora rimaniamo a casa.
　　　　　　　　　雪がひどく降っているから、私たちは家に残ります。
Quasi ogni fine settimana mio padre va a giocare a golf.
　　　　　　　　　ほぼ毎週末、私の父はゴルフに行きます。
Mio cugino vive a Pisa da venti anni.
　　　　　　　　　私の従兄弟は20年前からピサに暮らしています。

In giugno mia sorella <u>sposa</u> un ragazzo italiano.
6月に私の姉 (妹) はイタリア人の男性と結婚します。

La prossima estate <u>vado</u> in vacanza alle Isole Eolie.
今度の夏はエオリア諸島へバカンスに行きます。

Fra tre giorni Pierino <u>compie</u> cinque anni.
3日後ピエリーノは5歳になります。

Il Monte Bianco <u>è</u> la montagna più alta d'Europa.
モンブランはヨーロッパの最高峰だ。

歴史的現在

文学作品などにおいて、過去の叙述に対して現在形を用いる「歴史的現在」があります。過去の出来事が目の前で起きているような臨場感を読者に持たせる働きがあります。

Leonardo da Vinci <u>dipinge</u> «L'Ultima Cena» tra il 1495 e il 1498.

レオナルド・ダ・ヴィンチは1495年から1498年の間に《最後の晩餐》を描きます。

Il 18 marzo del 1848 i milanesi <u>insorgono</u> e <u>liberano</u> la città dall'occupante austriaco.

1848年3月18日、ミラノの人々は蜂起し、街をオーストリアの支配下から解放する。

13-3-2 近過去 (Il passato prossimo)

「私はピッツァ・マルゲリータを食べました」「私はナポリに行きました」のように完了したことや経験を述べるときに用いるのが近過去です。sì「はい」かno「いいえ」、つまりイエスかノーかのはっきりした結果が出ている過去の事柄を言うときには、近過去を使うと覚えておきましょう。

<u>Ho</u> <u>mangiato</u> una pizza margherita.
私はピッツァ・マルゲリータを食べました。

Sono andato/a a Napoli. 　　　　私はナポリに行きました。

13-3-3 近過去の作り方

　作り方を見てみましょう。「私は食べた」はho mangiato、「私は行った」はsono andato/a です。このように近過去は「助動詞avere / essere ＋過去分詞」の２語ででき上がっています。

１）助動詞avere+過去分詞 （過去分詞は ☞ p.291 ）

　[助動詞 avere+過去分詞]の近過去のパターンになる動詞は、すべての他動詞（直接目的語「〜を」を伴う動詞）です。

　加えてparlare「話す」、mangiare「食べる」、lavorare「働く」、telefonare「電話する」、camminare「歩く」、passeggiare「散歩する」、viaggiare「旅行する」、dormire「眠る」など、一定期間〜し続けることが可能な動作を表す一部の自動詞に、avereを助動詞とするものがあります。

　ho mangiato のパターンから学びましょう。

io	**ho mangiato**	私は食べました
tu	**hai mangiato**	きみは食べました
lui/lei/Lei	**ha mangiato**	彼／彼女／あなたは食べました
noi	**abbiamo mangiato**	私たちは食べました
voi	**avete mangiato**	きみたち／あなた方は食べました
loro	**hanno mangiato**	彼ら／彼女らは食べました

　このように主語に応じて助動詞avereを変化させて、その後ろに過去分詞を続けます。[オマンジャート][アイマンジャート]とひと息に発音します。このavereは助動詞の役割を果たしていて、「持つ」という意味はありません。

過去分詞の作り方

　mangiato は過去分詞と呼ばれるもので、過去分詞は-are動詞、-ere動詞、-ire動詞の活用語尾の部分をそれぞれ -are → -ato、-ere

→ **-uto**、-ire → **-ito** に変えて作ります。
　例えば、cantare「歌う」は can**tato**、ricevere「受け取る」は rice**vuto**、dormire「眠る」は dor**mito** になります。このように「助動詞＋過去分詞」からなる時制を **複合時制** と言います。

それでは近過去を作ってみましょう。

私は歌いました	→	ho cantato
きみは受け取りました	→	hai ricevuto
私たちは眠りました	→	abbiamo dormito

否定文は **non** をそれぞれの前につけるだけです。

私は歌いませんでした	→	**non** ho cantato
きみは受け取りませんでした	→	**non** hai ricevuto
私たちは眠りませんでした	→	**non** abbiamo dormito

　このとき [ノノカンタート][ノナイリチェヴート][ノナッビアーモドルミート] とひと息に発音するようにしましょう。**non** の次に **ho**、**hai**、**ha**、**abbiamo**、**avete**、**hanno** と続くときは [ノノ][ノナーイ][ノナ][ノナッビアーモ][ノナヴェーテ][ノナンノ] と発音します。

　疑問文は「？」を文末につけて上げ調子に発音します。

Hai mangiato la pizza margherita a Napoli? ↗
　　　　　きみはナポリでピッツァ・マルゲリータを食べたの？

Avete ricevuto un messaggio da Maurizio? ↗
　　　　　きみたちはマウリツィオからのメッセージを受け取りましたか？

Abbiamo cantato insieme questa canzone.
　　　　　　　　　私たちは一緒にこの歌を歌いました。

Abbiamo dormito bene.　私たちはよく眠れました。

Hanno viaggiato in treno fino a Milano.
　　　　　彼らはミラノまで列車で旅をしました。

Mio zio ha avuto un incidente d'auto.

私の叔父は自動車事故に遭った。

Ti ho aspettato fino alle due.　　私はきみを2時まで待ちました。

　近過去は、完了した行為の結果が現在と連続性を持っている、影響を与えている事柄を表します。心理的に「近い」過去の事柄であるわけです。最初に見たように経験の有無を伝えるほか、一定の期間継続した事柄を言うことができます。

Due anni fa ho visitato Firenze.

2年前私はフィレンツェを訪れた。

Hanno ballato tutta la notte.　　彼らは一晩中踊った。

Il padrone di casa è sempre stato gentile.

家主はいつも親切だった。

Un momento!

直接目的語と近過去

　[助動詞 avere+過去分詞]のパターンの近過去のフレーズで、直接目的語の lo、la、li、le を用いるとき、それに合わせて過去分詞の語末の -o を、-o、-a、-i、-e と変化させます。lo、la は次に avere が続くときそれぞれ l' と書きます。

Hai comprato quel DVD?　　きみはあの DVD を買ったの？
 – Sì, l'ho comprato. (l' → lo)　　うん、それを買ったよ。
 – No, non l'ho comprato.　　いいや、それを買わなかったよ。

Avete visto la partita di calcio?

きみたちはサッカーの試合を見たの？

 – Sì, l'abbiamo vista. (l' → la)

はい、私たちはそれを見ました。

 – No, non l'abbiamo vista.

いいえ、私たちはそれを見ませんでした。

> Sara e Michele, li ho conosciuti a Roma.
> サラとミケーレ、私は彼らとローマで知り合いました。
>
> Roberta e Carla, le ho conosciute a Napoli.
> ロベルタとカルラ、私は彼女らとナポリで知り合いました。

Piccolo 単語帳
不規則な過去分詞①
よく使う動詞の過去分詞には不規則なものがたくさんあります。

aprire 開ける、開く → aperto　　bere 飲む → bevuto
chiedere 頼む → chiesto
chiudere 閉める、閉まる → chiuso
decidere 決める → deciso　　dire 言う → detto
fare する → fatto　　leggere 読む → letto
mettere 置く → messo　　muovere 動かす → mosso
offrire 提供する → offerto　　perdere 失う、負ける → perso
prendere とる、飲む → preso
rispondere 答える → risposto
scrivere 書く → scritto　　vedere 見る → visto(veduto)
vincere 勝つ → vinto

2）助動詞essere+過去分詞
　[助動詞 essere+過去分詞]の近過去のパターンになる動詞は、原則として自動詞（avere+過去分詞のページで紹介した動詞を除く）です。以下のような動詞の種類に分けられます。
①andareに代表される発着往来を表す動詞（andare、venire、tornare、arrivare、partire、entrare、uscire、salire「上る」、scendere「降りる」、morire「死ぬ」、nascere「生まれる」、cadere「落ちる」など）

② essere に代表される「〜の状態である」を表す動詞（essere「〜である」、stare「〜の状態である」、rimanere「残る」、restare「残る」など）
③ diventare に代表される「状態の変化」を表す動詞（diventare「〜になる」、divenire「〜になる」、accadere「起こる」、capitare「起こる」、dimagrire「痩せる」、ingrassare「太る」など）
④ 再帰動詞（svegliarsi、mettersi、divertirsi など）
⑤ 3人称で用いる動詞（piacere「〜が好きである」、costare「値段が〜である」、bisognare「必要である」、occorrere「必要である」、sembrare「〜のように見える」など）

主語に応じて助動詞 essere を変化させます。さらに [助動詞 essere + 過去分詞] の近過去では、**過去分詞の語末の -o を主語の性・数に合わせて変化させること**が重要ポイントです。

io	**sono andato**	私(男性)は行きました
	sono andata	私(女性)は行きました
tu	**sei andato**	きみ(男性)は行きました
	sei andata	きみ(女性)は行きました
lui	**è andato**	彼は行きました
lei	**è andata**	彼女は行きました
Lei	**è andato**	あなた(男性)は行きました
Lei	**è andata**	あなた(女性)は行きました
noi	**siamo andati**	私たち(男性複数、男女混合)は行きました
	siamo andate	私たち(女性複数)は行きました
voi	**siete andati**	きみたち/あなた方(男性複数、男女混合)は行きました
	siete andate	きみたち/あなた方(女性複数)は行きました
loro	**sono andati**	彼ら(男性複数、男女混合)は行きました
	sono andate	彼女らは行きました

Mauro è andato a Napoli. 　　マウロはナポリに行きました。
Le mie amiche sono arrivate a Torino.
　　　　　　　　　　　　　私の女友達がトリノに到着しました。

Siamo usciti insieme. 　私たちは一緒に出かけました。
Non siamo entrati nel museo.
　　　　　　　　　　　　　私たちは博物館に入りませんでした。
Siamo stati sempre insieme. 　私たちはいつも一緒にいました。
Sei dimagrita un po'? 　きみは少し痩せた？
E poi cosa è successo? 　それで何が起きたの？

> **Un momento!**
>
> **再帰動詞の近過去の作り方**
>
> 　再帰動詞の近過去は3語で作ります。[再帰代名詞＋助動詞 essere＋過去分詞]の順です。divertirsi「楽しむ」を例に見てみましょう。
>
> | | | | |
> |---|---|---|---|
> | io | mi sono divertito/a | noi | ci siamo divertiti/e |
> | tu | ti sei divertito/a | voi | vi siete divertiti/e |
> | lui/lei/Lei | si è divertito/a | loro | si sono divertiti/e |
>
> 　　Mi sono divertito molto! 　私はとても楽しかった！
> 　　Non ci siamo divertiti. 　私たちは楽しくなかった。

補助動詞を用いるときの近過去表現の注意

　近過去の文でvolere「〜したい」、potere「〜できる」、dovere「〜しなければならない」などの補助動詞を用いるときは次のことに注意しましょう。

　　Ho voluto visitare la pinacoteca.
　　　　　　　　　　　　　　　私は絵画館を訪れることにしました。

　　Sono voluto/a uscire. 　私は出かけることにしました。

　普通、補助動詞に続く動詞が、近過去のときに[助動詞 avere＋過去分詞]のパターンか、[助動詞 essere＋過去分詞]のパターンかに従います。visitareは他動詞だから[助動詞 avere＋過去分詞]のパターン、

uscireは発着往来を示す自動詞だから［助動詞 essere ＋過去分詞］です。

また、補助動詞とともに再帰動詞を用いるときは、再帰代名詞の位置によって次の2とおりがあります。意味はどちらも同じです。

  Ho dovuto alzar<u>mi</u> presto. 私は早く起きなければならなかった。
  <u>Mi</u> sono dovuto/a alzare presto.
            私は早く起きなければならなかった。

ho dovuto〜のときは再帰代名詞 mi を再帰動詞の語末につけます。再帰代名詞を前置するときは sono dovuto/a〜の形になります。

副詞 già、non〜ancora、appena、non〜mai の使い方

これらの語は近過去とともによく用いられます。già、ancora、appena、mai は avere と過去分詞の間、essere と過去分詞の間に置きます。

già「すでに」

  Il treno è <u>già</u> partito. 電車はすでに出発しました。

non〜ancora「まだ〜ない」

  <u>Non</u> ho <u>ancora</u> visitato Venezia.
        私はまだヴェネツィアを訪れたことがありません。

appena「〜したばかり」

  Siamo <u>appena</u> arrivati. 私たちは到着したばかりです。

non〜mai「決して〜ない」

  <u>Non</u> ho <u>mai</u> assaggiato questa verdura.
        この野菜は1度も食べたことがありません。

「行ったことがある」の言い方

「どこどこに行ったことがある／行ったことがない」は動詞 essere の過去分詞 stato を使って次のように言います。

  <u>Sono stato/a</u> a Padova due volte.
        私はパドヴァに2度行ったことがあります。

「今までに〜へ行ったことがありますか？」と問いかけるフレーズには mai「今までに／これまでに」を使います。mai の置かれる位置は essere と過去分詞の間です。

Sei mai stato/a a Roma?
きみは今までにローマに行ったことがあるの？

「今までに1度もそこに行ったことがない」は ci「そこに／へ」を使って次のように言います。行ったことがあるかどうか経験をたずねられたときの定番の返答です。

Non ci sono mai stato/a.
私はそこに1度も行ったことがありません。

Piccolo 単語帳
不規則な過去分詞②
よく使う動詞の過去分詞には不規則なものがたくさんあります。

correre 走る → corso
essere いる、ある → stato
nascere 生まれる → nato
nascondere 隠す → nascosto
piacere 気に入る → piaciuto
rompere 壊す → rotto
succedere 起こる → successo
uccidere 殺す → ucciso
vivere 暮らす、生きる → vissuto

cuocere 焼く、煮る → cotto
morire 死ぬ → morto
rimanere 残る → rimasto
venire 来る → venuto

Un momento!

他動詞と自動詞の両方の意味を持つ動詞

1つの動詞に他動詞と自動詞の両方の意味があるとき、近過去は[助動詞 avere+動詞]と[助動詞 essere+動詞]の2とおりあります。例えば、passare「～を過ごす」「～が過ぎる」は次のようになります。

Ho passato le vacanze al mare.
　　　　　　　　　　　　　　　　私はバカンスを海で過ごしました。

Le vacanze sono passate in fretta.
　　　　　　　　　　　　　　　　バカンスがあっという間に過ぎてしまった。

cominciare「～を始める」「～が始まる」、finire「～を終える」「～が終わる」、suonare「～を鳴らす」「～が鳴る」、aumentare「～を増やす」「～が増える」なども同様です。

Ho cominciato a studiare l'italiano due anni fa.
　　　　　　　　　　　　　　　私は2年前にイタリア語を勉強し始めました。

La lezione d'italiano è già cominciata.
　　　　　　　　　　　　　　　イタリア語のレッスンがもう始まっている。

Ho finito il pane.	私はパンをたいらげてしまった。
L'estate è finita.	夏が終わった。
Lei ha suonato il pianoforte.	彼女はピアノを演奏した。
È suonato il telefono.	電話が鳴った。
La temperatura è aumentata.	気温が上がった。
Abbiamo aumentato le tasse.	私たちは税金を上げました。

「～した」「～しませんでした」にもっとバリエーションを

近過去の文では次の語がよく使われます。「食べた」という文に次の語を加えることによって「今までに食べたことある？」「1度も食べたことがない」「まだ食べていない」「もう食べた」のように、さまざまな場面で使えるフレーズになります。

mai	今までに／かつて
non ~ mai	決して～ない
non ~ ancora	まだ～ない
già	すでに／もう

[助動詞 avere + 過去分詞] [助動詞 essere + 過去分詞]のパターンを見てみましょう。mai、ancora、già は avere と過去分詞の間、essere と過去分詞の間に置かれることに気をつけてください。言い慣れて覚えるようにしましょう。

Hai mai mangiato questo pesce?
　　　　　　　　きみは今までにこの魚を食べたことがありますか？
Non ho mai mangiato questo pesce.
　　　　　　　　私は１度もこの魚を食べたことがありません。
Non ho ancora mangiato questo pesce.
　　　　　　　　私はまだこの魚を食べていません。
Ho già mangiato questo pesce.
　　　　　私はすでにこの魚を食べてしまいました／食べたことがあります。
Sei mai andato in Sicilia?
　　　　　　　　きみは今までにシチリア島へ行きましたか？
Non sono mai andato in Sicilia.
　　　　　　　　私はシチリア島へ１度も行きませんでした。
Non sono ancora andato in Sicilia.
　　　　　　　　私はシチリア島へはまだ行っていません。
Sono già andato in Sicilia una volta.
　　　　　　　　私はすでにシチリア島へ１度行きました。

Piccolo 単語帳
不規則な過去分詞③

accendere 火をつける／スイッチを入れる → acceso
condurre 導く → condotto
correggere 訂正する → corretto
dividere 分ける → diviso 　　piangere 泣く → pianto
porre 置く → posto 　　　　　ridere 笑う → riso
risolvere 解決する → risolto
scegliere 選ぶ → scelto 　　sciogliere 解く → sciolto
spegnere 火を消す／スイッチを切る → spento
spendere 費やす → speso 　　togliere 取り除く → tolto
tradurre 翻訳する → tradotto

Un momento!

複合時制とは

　近過去が[助動詞 avere + 過去分詞]か、[助動詞 essere + 過去分詞]のパターンから出来上がっていることはすでに学びました。それぞれ、avere、essere の部分が助動詞の役割を果たしています。このように[助動詞 + 過去分詞]の2語からなる時制を**複合時制**と呼びます。
　一方、動詞の語尾変化だけで表現する時制を**単純時制**と呼びます。1語の動詞活用で表現されます。活用のパターンをしっかり覚えましょう。半過去や単純未来は単純時制です。

13-3-4 半過去 (Indicativo imperfetto)

　今朝7時頃、みなさんは何をしていらっしゃいましたか？「朝ごはんを食べていました」「電車の中でした」「まだ寝ていました」「散歩していました」のように、リアルに頭の中にそのときのご自身の姿を思い浮かべられたことと思います。その状況を表すときに用いるのが**半過去**です。

半過去の活用

　半過去の動詞の活用を見てみましょう。

	andare 行く	**prendere** 取る	**sentire** 感じる
io	**andavo** アンダーヴォ	**prendevo** プレンデーヴォ	**sentivo** センティーヴォ
tu	**andavi** アンダーヴィ	**prendevi** プレンデーヴィ	**sentivi** センティーヴィ
lui/lei/Lei	**andava** アンダーヴァ	**prendeva** プレンデーヴァ	**sentiva** センティーヴァ
noi	**andavamo** アンダヴァーモ	**prendevamo** プレンデヴァーモ	**sentivamo** センティヴァーモ
voi	**andavate** アンダヴァーテ	**prendevate** プレンデヴァーテ	**sentivate** センティヴァーテ
loro	**andavano** アンダーヴァノ	**prendevano** プレンデーヴァノ	**sentivano** センティーヴァノ

　活用形の最後の音は -are 動詞、-ere 動詞、-ire 動詞に共通で、**-vo**、**-vi**、**-va**、**-vamo**、**-vate**、**-vano** となります。［ヴォ、ヴィ、ヴァ、ヴァーモ、ヴァーテ、ヴァノ］と覚えましょう。それが覚えられたら、**andare**、**prendere**、**sentire** を半過去に活用させながら繰り返し発音してください。

*3人称複数の活用形のアクセントの位置に気をつけましょう。

そのほかの動詞の活用

動詞 essere の活用形は不規則な変化です。規則的な avere の活用形も言い慣れましょう。よく使われる fare「する」、dire「言う」、bere「飲む」の活用形も覚えておきましょう。

essere	avere	fare	dire	bere
ero エーロ	avevo アヴェーヴォ	facevo ファチェーヴォ	dicevo ディチェーヴォ	bevevo ベヴェーヴォ
eri エーリ	avevi アヴェーヴィ	facevi ファチェーヴィ	dicevi ディチェーヴィ	bevevi ベヴェーヴィ
era エーラ	aveva アヴェーヴァ	faceva ファチェーヴァ	diceva ディチェーヴァ	beveva ベヴェーヴァ
eravamo エラヴァーモ	avevamo アヴェヴァーモ	facevamo ファチェヴァーモ	dicevamo ディチェヴァーモ	bevevamo ベヴェヴァーモ
eravate エラヴァーテ	avevate アヴェヴァーテ	facevate ファチェヴァーテ	dicevate ディチェヴァーテ	bevevate ベヴェヴァーテ
erano エーラノ	avevano アヴェーヴァノ	facevano ファチェーヴァノ	dicevano ディチェーヴァノ	bevevano ベヴェーヴァノ

*3人称複数の活用形のアクセントの位置に気をつけましょう。
*fare、dire、bere は不規則に見えますが、それぞれ古語の facere、dicere、bevere の形をそのまま活用形に残しています。

半過去の用法
「そのとき〜していた」

過去のある時点の進行する動作を表します。

I bambini giocavano in giardino con i cani.
子どもたちは庭で犬と遊んでいた。

Aspettavo l'autobus.　私はバスを待っていた。

「そのとき〜だった」

過去のある時点の状態を表します。

Ero molto stanco e avevo fame.
私はとても疲れていて、おなかが空いていた。

Pioveva forte e non c'era nessuno per la strada.
雨が強く降っていて、通りには誰もいなかった。

Lui era giovane, alto e magro e portava gli occhiali.
彼は若くて背が高くやせていて、眼鏡をかけていました。

「その頃は〜した」

過去の習慣や繰り返されたことを表します。

Mia nonna andava in chiesa ogni domenica.
私の祖母は毎週日曜日に教会へ行っていました。

La mattina mi alzavo e prendevo una spremuta d'arancia.
私は朝は起きるとオレンジ生ジュースを飲んでいました。

それでは先の応答を考えてみましょう。進行中、継続中の動作です。

Stamattina che cosa facevi verso le sette?
今朝7時頃きみは何をしていたの？

– Facevo colazione.　　朝食をとっていました。
– Ero sul treno.　　　電車の中でした。
– Dormivo ancora.　　まだ寝ていました。
– Facevo una passeggiata.　散歩をしていました。

Un momento!

Che cosa hai fatto?

che cosa「何を」fare「する」を使った近過去のフレーズ Che cosa hai fatto?「きみは何をしましたか？／きみは何をしたの？」は、「し終えたことを尋ねる」表現です。完了した動作を答えることになります。

Che cosa hai fatto stamattina?　　今朝きみは何をしたの？
– Non ho fatto niente di speciale.　特に何もしなかったよ。
– Ho fatto una passeggiata in centro.　中心街を散歩しました。
– Ho messo in ordine la mia camera.　自分の部屋を片付けました。

半過去は過去の習慣や繰り返されたことを表すので、**quando ero piccolo/a**「子どもだった頃」、**da bambino/a**「子どもの頃」、**da giovane**「若かった頃」、**quando avevo ... anni**「私が〜歳だった頃」などの表現とともによく用いられます。

Quando ero piccolo, giocavo sempre con i miei fratelli.
子どもの頃、私はいつも兄弟と遊んでいました。

Da bambino, mi piaceva disegnare vestiti. Sognavo di diventare stilista.
子どもの頃、私は洋服のデザインを描くのが好きでした。デザイナーになるのが夢でした。

また、**a quest'ora**「この時間は」、**da due anni**「2年前から」などの表現も半過去とセットでよく使われます。

Ieri a quest'ora ero in macchina con Sergio.
昨日のこの時間はセルジョと一緒に車に乗っていました。

Quando mio padre è morto, lavoravo a Verona da due anni.
父が亡くなったとき、私はヴェローナで仕事をして2年が過ぎていました。

過去に起きた複数の行為を説明するとき
「〜の頃、〜していた」「〜している間、〜していた」

[半過去] と [半過去]

接続詞 quando 〜「〜のとき」「〜の頃」のほかに、mentre「〜している間」もよく使われます。並行して同時進行する事柄を言うとき、どちらも半過去を用います。

Quando abitavo a Roma, lavoravo in un negozio del centro.　ローマに住んでいた頃、私は中心街の店で働いていました。
Mentre preparavo da mangiare, Franco lavava la macchina.
私が食事の用意をしている間、フランコは車を洗っていました。

Mentre prendevamo il sole, i bambini facevano il bagno in piscina.
> 私たちが日光浴をしている間、子どもたちはプールで泳いでいました。

「～しているとき、～が生じた」　　　　　　［半過去］と［近過去］

ある事柄が継続している最中に別の出来事が起きたとき、継続している事柄は半過去、その途中で生じた事柄は近過去で表します。

Mentre cenavamo, è arrivato il nostro caro zio da New York.
> 私たちが食事している最中に、私たちの大好きな叔父がニューヨークから到着した。

Quando studiavo a Bologna, ho conosciuto Mario.
> ボローニャで勉強していたとき、私はマリオと知り合った。

「～だったので、～した」　　　　　　　　　［半過去］と［近過去］

ある理由が継続していて、その結果「～した」とき、理由の部分は半過去、結果は近過去で表します。

Non stavo bene e perciò sono tornato a casa con il taxi.
> 体の具合がよくなかったので、タクシーで家に帰りました。

Ci siamo alzati molto presto perché dovevamo partire alle 6.
> 6時に出発しないといけなかったので、私たちはとても早く起きました。

Non siamo entrati nel museo perché c'era una lunga fila.
> 長い行列だったので、私たちは博物館に入りませんでした。

13-3-5 大過去 （Il trapassato prossimo）

「**過去の過去**」が大過去です。過去のある時点よりも前に完了している事柄を表します。「（そのときすでに）〜してしまっていた」という意味です。「そのとき」を示す語や、「近過去」「半過去」とセットで用いられることが多いです。

大過去の作り方

大過去は[**助動詞 essere/avere の半過去＋過去分詞**]で表します。

	essereの半過去		**avereの半過去**	
io	ero		avevo	
tu	eri		avevi	
lui/lei/Lei	era	＋過去分詞	aveva	＋過去分詞
noi	eravamo		avevamo	
voi	eravate		avevate	
loro	erano		avevano	

A quell'ora eravamo già usciti.
　　　　　　　　　　その時間は私たちはもう出かけていました。

Quando siamo arrivati alla stazione, il treno era già partito.　私たちが駅に着いたとき、列車はすでに出てしまっていました。

Non sono andato al cinema, perché avevo già visto quel film.
　　　　その映画をもう見てしまっていたので、私は映画館へ行きませんでした。

Oggi è arrivata la nuova macchina che avevo ordinato sei mesi fa.　　　　半年前に注文していた新しい車が今日届きました。

Un momento!

実現できなかったことを表す

　口語では、接続法と条件法を使った仮定文において、条件節「〜なら」と帰結節「〜なのに」の部分の動詞活用を半過去で代用することが多くあります。

　　Se c'era lui, ci divertivamo di più.
　　　　　　　　もし彼がいたら、私たちはもっと楽しかったのに。

　volevo〜「〜したかったのに（できなかった）」potevo〜「〜できたのに（そうしなかった）」dovevo〜「〜しなければならなかったのに（できなかった）」のように、補助動詞を使って実現できなかった事柄を表すことができます。主語に合わせてvolere、potere、dovereを活用させましょう。

　　Volevo mandarti una mail.
　　　　　　　　きみにメールを送りたかったのだけれど（できなかった）。
　　Me lo potevi dire.
　　　　　　　　きみは私にそれを言うことができたのに（そうしなかった）。
　　Dovevo finire i compiti.
　　　　　　　　宿題を終えなくちゃいけなかったのだが（できなかった）。

13-3-6 未来形 (Il futuro)

　未来の予定を言うときに用いる時制が未来形です。未来形には、「〜だろう」といった未来の動作や状態、推量を表す単純未来と、未来の完了形・過去の推量や条件を表現する前未来（先立未来）があります。

単純未来 (Il futuro semplice) の活用

　動詞活用の語尾はすべて -rò、-rai、-rà、-remo、-rete、-ranno［ロ、ラーイ、ラ、レーモ、レーテ、ランノ］と決まっているので、まずはこの部分だけ何度も声に出して覚えてしまいましょう。代表的な用法としては、話者が話している時点より未来の事柄をいう用法ですが、ほかにも、推量やときに命令もあります。それぞれ見ていきましょう。

　まずは、essere と avere、次に -are、-ere、-ire 動詞の活用を覚えましょう。

essere 〜である	avere 〜を持つ	arrivare 到着する	prendere 取る	finire 終わる/終える
sarò サロ	**avrò** アヴロ	**arriverò** アッリヴェロ	**prenderò** プレンデロ	**finirò** フィニロ
sarai サライ	**avrai** アヴライ	**arriverai** アッリヴェラーイ	**prenderai** プレンデラーイ	**finirai** フィニラーイ
sarà サラ	**avrà** アヴラ	**arriverà** アッリヴェラ	**prenderà** プレンデラ	**finirà** フィニラ
saremo サレーモ	**avremo** アヴレーモ	**arriveremo** アッリヴェレーモ	**prenderemo** プレンデレーモ	**finiremo** フィニレーモ
sarete サレーテ	**avrete** アヴレーテ	**arriverete** アッリヴェレーテ	**prenderete** プレンデレーテ	**finirete** フィニレーテ
saranno サランノ	**avranno** アヴランノ	**arriveranno** アッリヴェランノ	**prenderanno** プレンデランノ	**finiranno** フィニランノ

　1人称単数と、3人称単数の動詞活用の語末には、右下がりのアクセント記号がつきます。意識して、その部分を強く発音するようにしましょう。

-are動詞の活用語尾が -arò、-arai、-arà、-aremo、-arete、-aranno ではなく、-erò、-erai、-erà、-eremo、-erete、-eranno［エロ、エラーイ、エラ、エレーモ、エレーテ、エランノ］となっていることに気をつけましょう。

-ere動詞の活用語尾は -erò、-erai、-erà、-eremo、-erete、-eranno［エロ、エラーイ、エラ、エレーモ、エレーテ、エランノ］です。

-ire動詞の活用語尾は -irò、-irai、-irà、-iremo、-irete、-iranno［イロ、イラーイ、イラ、イレーモ、イレーテ、イランノ］です。

-are動詞のうち、-care、-gare で終わる動詞の未来形は、音に従いながらつづりを書きましょう。つづりに h が入ります。

	cercare 探す	**pagare** 支払う
io	**cercherò** チェルケロ	**pagherò** パゲロ
tu	**cercherai** チェルケラーイ	**pagherai** パゲラーイ
lui/lei/Lei	**cercherà** チェルケラ	**pagherà** パゲラ
noi	**cercheremo** チェルケレーモ	**pagheremo** パゲレーモ
voi	**cercherete** チェルケレーテ	**pagherete** パゲレーテ
loro	**cercheranno** チェルケランノ	**pagheranno** パゲランノ

日常会話でよく使う mangiare、conoscere もつづりは次のようになります。ge の音は［ジェ］、sce の音は［シェ］となります。

	mangiare 食べる	**conoscere** 知る
io	**mangerò** マンジェロ	**conoscerò** コノッシェロ
tu	**mangerai** マンジェラーイ	**conoscerai** コノッシェラーイ
lui/lei/Lei	**mangerà** マンジェラ	**conoscerà** コノッシェラ
noi	**mangeremo** マンジェレーモ	**conosceremo** コノッシェレーモ
voi	**mangerete** マンジェレーテ	**conoscerete** コノッシェレーテ
loro	**mangeranno** マンジェランノ	**conosceranno** コノッシェランノ

次に、よく使う不規則動詞の活用を見てみましょう。

andare 行く	**potere** できる	**dovere** 〜しないといけない
andrò アンドロ	**potrò** ポトロ	**dovrò** ドヴロ
andrai アンドラーイ	**potrai** ポトラーイ	**dovrai** ドヴラーイ
andrà アンドラ	**potrà** ポトラ	**dovrà** ドヴラ
andremo アンドレーモ	**potremo** ポトレーモ	**dovremo** ドヴレーモ
andrete アンドレーテ	**potrete** ポトレーテ	**dovrete** ドヴレーテ
andranno アンドランノ	**potranno** ポトランノ	**dovranno** ドヴランノ

andare の活用は and**e**rò、and**e**rai、and**e**rà... ではなく、andrò [アンドロ]、andrai [アンドライ]、andrà [アンドラ] ……となって、母音の e が省略されています。potere、dovere もそうです。このパターンの動詞には、vedere「見る」、sapere「知っている」、vivere「生きる」、cadere「落ちる」があります。

vedere 見る	**sapere** 知っている	**vivere** 生きる	**cadere** 落ちる
vedrò ヴェドロ	**saprò** サプロ	**vivrò** ヴィヴロ	**cadrò** カドロ
vedrai ヴェドラーイ	**saprai** サプラーイ	**vivrai** ヴィヴラーイ	**cadrai** カドラーイ
vedrà ヴェドラ	**saprà** サプラ	**vivrà** ヴィヴラ	**cadrà** カドラ
vedremo ヴェドレーモ	**sapremo** サプレーモ	**vivremo** ヴィヴレーモ	**cadremo** カドレーモ
vedrete ヴェドレーテ	**saprete** サプレーテ	**vivrete** ヴィヴレーテ	**cadrete** カドレーテ
vedranno ヴェドランノ	**sapranno** サプランノ	**vivranno** ヴィヴランノ	**cadranno** カドランノ

よく用いる次の4つの動詞はこのようになります。

fare する	**dire** 言う	**dare** 与える	**stare** いる、〜の状態である
farò ファロ	**dirò** ディロ	**darò** ダロ	**starò** スタロ
farai ファラーイ	**dirai** ディラーイ	**darai** ダラーイ	**starai** スタラーイ
farà ファラ	**dirà** ディラ	**darà** ダラ	**starà** スタラ
faremo ファレーモ	**diremo** ディレーモ	**daremo** ダレーモ	**staremo** スタレーモ
farete ファレーテ	**direte** ディレーテ	**darete** ダレーテ	**starete** スタレーテ
faranno ファランノ	**diranno** ディランノ	**daranno** ダランノ	**staranno** スタランノ

3. 直説法

次の動詞は、活用が -rrò、-rrai、-rrà、-rremo、-rrete、-rranno [ッロ、ッラーイ、ッラ、ッレーモ、ッレーテ、ッランノ] になります。

venire 来る	volere 欲する	bere 飲む
verrò ヴェッロ	vorrò ヴォッロ	berrò ベッロ
verrai ヴェッラーイ	vorrai ヴォッラーイ	berrai ベッラーイ
verrà ヴェッラ	vorrà ヴォッラ	berrà ベッラ
verremo ヴェッレーモ	vorremo ヴォッレーモ	berremo ベッレーモ
verrete ヴェッレーテ	vorrete ヴォッレーテ	berrete ベッレーテ
verranno ヴェッランノ	vorranno ヴォッランノ	berranno ベッランノ

このパターンの活用をする動詞には、tenere「保つ」、rimanere「残る」、tradurre「訳す」、porre「置く」があります。

tenere 保つ	rimanere 残る	tradurre 訳す	porre 置く
terrò テッロ	rimarrò リマッロ	tradurrò トラドゥッロ	porrò ポッロ
terrai テッラーイ	rimarrai リマッラーイ	tradurrai トラドゥッラーイ	porrai ポッラーイ
terrà テッラ	rimarrà リマッラ	tradurrà トラドゥッラ	porrà ポッラ
terremo テッレーモ	rimarremo リマッレーモ	tradurremo トラドゥッレーモ	porremo ポッレーモ
terrete テッレーテ	rimarrete リマッレーテ	tradurrete トラドゥッレーテ	porrete ポッレーテ
terranno テッランノ	rimarranno リマッランノ	tradurranno トラドゥッランノ	porranno ポッランノ

単純未来の用法

1）話者が話している時点よりも未来に生じることや、予定を表します。

Secondo le previsioni del tempo, stasera pioverà ancora più forte.　　天気予報によると、今晩、雨はさらに激しくなるだろう。

Se domani farà bel tempo, andremo a fare un picnic.
　　　　　　　　　もし明日天気がよければ、ピクニックに出かけます。

Francesca partirà per Bologna alle nove.
　　　　　　　　　フランチェスカは9時にボローニャへ出発するでしょう。

Il nostro staff sarà pronto ad accogliervi.
　　　　　　　私たちのスタッフが皆さまのお越しくださるのをお待ちしております。

Dopo cena verrò da te.　　夕食の後、きみのところへ行くつもりだ。

Oggi pomeriggio cercherò qualcosa in centro. Domani è il compleanno di mio fratello.
今日の午後、中心街に何かを探しに行くつもりだ。明日は私の兄（弟）の誕生日なんだ。

Quando avrò abbastanza soldi, comprerò quella bicicletta.　　十分なお金が手に入ったら、その自転車を買うつもりだ。

2）mai più「もう決して〜ない」とともに用いると、「もう絶対に〜ない」という強い意志を示すことができます。

Mi sento proprio male. Non berrò mai più questo liquore.
　　　　　　　　本当に気分が悪い。もうこのリキュールは絶対に飲みません。

Mamma, non dirò mai più bugie.
　　　　　　　　　　　　お母さん、もう絶対うそは言わないよ。

3）現在の推量や不確かな事柄を表します。また、疑念を表すこともできます。

Vedrai che tutto andrà bene.　　　　きっとすべてうまくいくよ。

Che ora è? - Non so, ma saranno più o meno le quattro.
　　何時かな？　　　　　わからないけど、大体4時頃でしょう。

Da Rimini a questo paese <u>saranno</u> venti chilometri.

リミニからこの村までは20kmでしょう。

Marietta, apriamo questa scatola. Che cosa <u>sarà</u>?

マリエッタ、この箱を開けましょうね。　何かな？

Adesso Paolo <u>starà</u> meglio?

パオロは今は具合がよくなっているのかな？

<u>Sarà</u> un programma originale, ma è troppo costoso.

独創的なプログラムかもしれないが、コストがかかりすぎる。

Squilla il telefonino. <u>Sarà</u> Caterina.

携帯電話が鳴っている。　カテリーナだろう。

Il sushi e il sashimi <u>saranno</u> buonissimi, ma prima di tutto dovreste cercare un ristorante di buona qualità.

すし、刺身はとてもおいしいかもしれないけれど、まずは、質の高いレストランを探す必要があるでしょう。

ただし、未来の予定として決まっているときは、直説法現在で代用することも多くあります。

Domani <u>comincia</u> il corso d'italiano.

明日イタリア語の講座が始まります。

Fra dieci giorni i miei clienti <u>vengono</u> in ufficio.

10日後に私の顧客がオフィスに来ます。

13-3-7 前未来（先立未来）（Il futuro anteriore）

前未来の用法

　未来のある時点より以前に完了している事柄を表します。単純未来とセットで用いるのが普通です。作り方は、[助動詞 essere / avere の単純未来の活用形＋過去分詞] です。どの動詞がessere + 過去分詞の形になるか、avere + 過去分詞になるかは、近過去と同じ考え方です。

	essereの単純未来		avereの単純未来	
io	sarò		avrò	
tu	sarai		avrai	
lui/lei/Lei	sarà	＋過去分詞	avrà	＋過去分詞
noi	saremo		avremo	
voi	sarete		avrete	
loro	saranno		avranno	

　Dopo che avrà finito gli esami, Lucia andrà in vacanza.
　　　　　　試験を終えたら、ルチーアはヴァカンスに出かけるだろう。

　Ti presterò il libro appena l'avrò letto.
　　　　　　その本を読み終えたら、きみに貸してあげるよ。

　Quando sarò arrivata all'aeroporto, ti chiamerò.
　　　　　　空港に着いたら、きみに電話するよ。

　このように前未来は、未来のある時点を設定して、それよりも以前に完了している事柄を表すときに用います。dopo che〜、appena〜、quando〜 とともによく使われます。「（その時点では）〜してしまっているだろう」を意味します。

　ただし、口語では、単純未来で代用されることも多くあります。決まっている予定であるなら、現在形で言うこともよくあります。

　Quando arriverò a casa, ti chiamerò.
　　　　　　家に着いたら、きみに電話するよ。

　Quando arrivo a casa, ti chiamo.
　　　　　　家に着いたら、きみに電話するよ。

Appena <u>arrivo</u> a casa, ti <u>chiamo</u>.

家に着いたらすぐに、きみに電話するよ。

　また、前未来は、過去の推量や、過去の不確かな事柄、過去の疑念を表すこともできます。「〜したのだろう」「〜したのかもしれない」「〜したらしい」です。**essere, avere**の未来形を用いますが、表される内容は「過去の事柄」であることに注意しましょう。

A quest'ora i bambini <u>saranno</u> già <u>tornati</u> a casa.

この時間なら子どもたちはもう家に帰っているだろう。

Non c'è la sua macchina in garage.　Marcello <u>sarà uscito</u>.

ガレージに車がない。マルチェッロは外出したんだろう。

Non trovo più il mio rossetto.　<u>L'avrò dimenticato</u> al bagno.　私の口紅が見当たらない。　バスルームに忘れたのかもしれない。

Carlo e Maria non abitano più insieme.　<u>Si saranno lasciati</u>.

カルロとマリーアはもう一緒に住んでいない。　別れたのだろう。

Stamattina <u>saranno partiti</u> molto presto.　Ora saranno in treno.

彼らは今朝とても早く出発したのだろう。　今ごろは列車の中だろう。

Non <u>avranno capito</u> quello che ho detto.

彼らは私が言ったことがわからなかったのだろう。

13-3-8 遠過去 （Il passato remoto）

「〜した」「〜したことがある」という**過去における完了、経験を表す**働きは近過去と同じですが、**主に文章語で**用いられます。歴史的叙述や文学作品のほか、新聞などでもよく見受けます。動詞活用をしっかり覚えて文中で遠過去の動詞を見つけられる力をつけておきましょう。

遠過去の動詞活用（essere と avere）

	essere	avere
io	**fui** フイ	**ebbi** エッビ
tu	**fosti** フォスティ	**avesti** アヴェスティ
lui/lei/Lei	**fu** フ	**ebbe** エッベ
noi	**fummo** フンモ	**avemmo** アヴェンモ
voi	**foste** フォステ	**aveste** アヴェステ
loro	**furono** フーロノ	**ebbero** エッベロ

In quell'incidente sulla pista ci furono sei feriti.
　　　　　　　　　　レース場のその事故では6人の負傷者があった。

Quel giorno ebbi un'idea che mi cambiò la vita.
　　　　　　　　　　あの日、私の人生を変えてくれたアイデアが浮かんだ。

Nel 1925 mia nonna ebbe una figlia, ma la bambina morì a cinque anni.
　　　　　　　　　　1925年に私の祖母は女の子を授かったが、その子は5歳で亡くなった。

遠過去を用いたこれらの表現の特徴は、**遠い過去の事柄**、つまり、現在との関係性が薄い事柄を指している点です。過去に起きたできごとを現在と切り離して、心理的なつながりが感じられない場合に使われます。日常的に会話で使うことは少ないですが、イタリア南部では

近過去のかわりに用いられることもあります。

　それでは遠過去の動詞活用をそれぞれ -are 動詞、-ere 動詞、-ire 動詞の順に見てみましょう。
　発音しながらアクセントの位置を確認しましょう。-are 動詞の活用語尾は、-ai、-asti、-ò、-ammo、-aste、-arono です。

規則動詞の活用

	amare 愛する	temere 恐れる	finire 終える／終わる
io	amai アマーイ	temei(etti) テメーイ・テメッティ	finii フィニィ
tu	amasti アマスティ	temesti テメスティ	finisti フィニスティ
lui/lei/Lei	amò アモ	temé(ette) テメ　テメッテ	finì フィニ
noi	amammo アマンモ	tememmo テメンモ	finimmo フィニンモ
voi	amaste アマステ	temeste テメステ	finiste フィニステ
loro	amarono アマーロノ	temerono(ettero) テメーロノ・テメッテロ	finirono フィニーロノ

遠過去の用法

　Entrai nella camera e chiusi la porta a chiave.
　　　　　　　　　　　　　　　私は部屋へ入って扉のカギをかけた。

　A causa di quel terremoto molte chiese subirono gravi danni.　その地震によって多くの教会が重大な損害を被った。

　Questo palazzo fu costruito all'inizio del Trecento.
　　　　　　　　　　　　　　　この建物は14世紀初めに建てられました。

歴史的叙述や昔話に遠過去が用いられます。

　Il duca di Mantova mandò le truppe verso Ferrara.
　　　　　　　　　　　　　　　マントヴァ公はフェッラーラ方面へ兵を送った。

La seconda guerra mondiale finì nel 1945.

第二次世界大戦は1945年に終わった。

Quando vissero i dinosauri? Perché sparirono dalla terra?

恐竜はいつ生きていたの？　　　なぜ地球上から消えたの？

La principessa vide una piccola casetta nel bosco.

お姫様は森の中で小さなかわいいお家を見ました。

Vedemmo un cavallo bianco che correva verso il fiume.

私たちは一頭の白い馬が川へ向かって走っていくのを見ました。

不規則動詞の活用

	prendere 取る	scrivere 書く	vincere 勝つ
io	presi プレーズィ	scrissi スクリッスィ	vinsi ヴィンスィ
tu	prendesti プレンデスティ	scrivesti スクリヴェスティ	vincesti ヴィンチェスティ
lui/lei/Lei	prese プレーゼ	scrisse スクリッセ	vinse ヴィンセ
noi	prendemmo プレンデンモ	scrivemmo スクリヴェンモ	vincemmo ヴィンチェンモ
voi	prendeste プレンデステ	scriveste スクリヴェステ	vinceste ヴィンチェステ
loro	presero プレーゼロ	scrissero スクリッセロ	vinsero ヴィンセロ

よく使われる不規則動詞の活用

bere 飲む	dare 与える	dire 言う	fare する
bevvi ベッヴィ	**diedi/detti** ディエーディ・デッティ	**dissi** ディッスィ	**feci** フェーチ
bevesti ベヴェスティ	**desti** デスティ	**dicesti** ディチェスティ	**facesti** ファチェスティ
bevve ベッヴェ	**diede/dette** ディエーデ・デッテ	**disse** ディッセ	**fece** フェーチェ
bevemmo ベヴェンモ	**demmo** デンモ	**dicemmo** ディチェンモ	**facemmo** ファチェンモ
beveste ベヴェステ	**deste** デステ	**diceste** ディチェステ	**faceste** ファチェステ
bevvero ベッヴェロ	**diedero/dettero** ディエーデロ・デッテロ	**dissero** ディッセロ	**fecero** フェーチェロ

porre 置く	sapere 知る	stare いる	tenere 保つ
posi ポーズィ	**seppi** セッピ	**stetti** ステッティ	**tenni** テンニ
ponesti ポネスティ	**sapesti** サペスティ	**stesti** ステスティ	**tenesti** テネスティ
pose ポーゼ	**seppe** セッペ	**stette** ステッテ	**tenne** テンネ
ponemmo ポネンモ	**sapemmo** サペンモ	**stemmo** ステンモ	**tenemmo** テネンモ
poneste ポネステ	**sapeste** サペステ	**steste** ステステ	**teneste** テネステ
posero ポーゼロ	**seppero** セッペロ	**stettero** ステッテロ	**tennero** テンネロ

　これらの動詞の活用形は、一見複雑に見えますが、1人称単数の形を覚えてしまえば意外と簡単です。

　3人称単数、3人称複数は1人称単数の活用語尾の -i を取って、それぞれ -e、-ero をつけるだけです。

　2人称単数、1人称複数、2人称複数は規則形と同じで、不定詞の語尾のereを取って、-esti、-emmo、-este をつけます。まずは、主語がioのときの動詞活用をしっかり覚えましょう。

遠過去の１人称単数形

cadere 落ちる → caddi
chiedere たずねる → chiesi
correre 走る → corsi
giungere 着く → giunsi
mettere 置く → misi
nascere 生まれる → nacqui
piacere 気に入る → piacqui
ridere 笑う → risi
rispondere 答える → risposi
scegliere 選ぶ → scelsi
spegnere 消す → spensi
tradurre 訳す → tradussi
vedere 見る → vidi
vincere 勝つ → vinsi
volere 欲する → volli

chiudere 閉める／閉まる → chiusi
conoscere 知る → conobbi
decidere 決める → decisi
leggere 読む → lessi
muovere 動かす → mossi
perdere 失う → persi
piangere 泣く → piansi
rimanere 残る → rimasi
rompere 壊す → ruppi
scendere 下る → scesi
togliere 取り除く → tolsi
uccidere 殺す → uccisi
venire 来る → venni
vivere 生きる → vissi

13-3-9 前過去（先立過去） （Il trapassato remoto）

前過去の作り方

遠過去の直前に完了した出来事、状況を表します。そのため、遠過去とセットで用いられるのが普通です。口語で耳にすることはまずありません。

前過去は、[助動詞 essere の遠過去形＋過去分詞]あるいは、[助動詞 avere の遠過去形＋過去分詞]の形で作ります。動詞によってessere か、avere か、どちらを使うのかは、近過去のときと同じです。

	essere の遠過去		**avere の遠過去**	
io	fui		ebbi	
tu	fosti		avesti	
lui/lei/Lei	fu	＋過去分詞	ebbe	＋過去分詞
noi	fummo		avemmo	
voi	foste		aveste	
loro	furono		ebbero	

前過去の用法

dopo che ～、quando ～、(non) appena ～とともに多く使われますが、いずれも「～の事柄が起きてから」のニュアンスです。

Dopo che ebbe pregato per il popolo, il nostro capitano si avventurò nel campo nemico.
　　我々の隊長は民衆のために祈りを捧げたあと、敵陣へ乗り込んでいった。

Quando ebbero distrutto il castello, i soldati conquistarono la città.　　城を破壊すると、兵士たちは街を征服した。

Non appena fu giunto al castello, il principe si recò in udienza dal re.　　王子は城へ着くとすぐに王へ拝謁を賜った。

13-4 条件法 (Il condizionale)

　バールで用いるフレーズの **Vorrei un caffè.**「コーヒーをいただきたいのですが」の vorrei は、動詞 volere の条件法現在1人称単数の活用形です。条件法は、「ある条件下で起こりうる動作、状況など」を言うときに用います。「その条件がゆるせば…」という意味合いが、文中に、あるいは、言外に含まれています。そこから転じて **Vorrei ～** は「ていねい表現」として使われるわけです。直説法現在を用いた **Voglio un caffè.** は「私はコーヒーが欲しい」と決意表明のように直接的な言い方になるので、オーダーする場面では不適切です。

　条件法は、いわば大人の表現です。条件法を使って、さらに表現の幅を広げていきましょう。まずは、活用形を覚えましょう。

13-4-1 条件法現在の活用と用法

-are 動詞・-ere 動詞の活用語尾は
-erei、-eresti、-erebbe、-eremmo、-ereste、-erebbero
エレイ　エレスティ　エレッベ　エレンモ　エレステ　エレッベロ

-ire 動詞の活用語尾は
-irei、-iresti、-irebbe、-iremmo、-ireste、-irebbero
イレイ　イレスティ　イレッベ　イレンモ　イレステ　イレッベロ

活用語尾の -rei、-resti、-rebbe、-remmo、-reste、-rebbero
　　　　　　レイ　レスティ　レッベ　レンモ　レステ　レッベロ
の部分はすべての動詞に共通です。
essere と **avere** は不規則な活用をします。

4. 条件法

規則動詞の活用

	lavorare 働く	prendere 取る	partire 出発する
io	lavorerei	prenderei	partirei
tu	lavoreresti	prenderesti	partiresti
lui/lei/Lei	lavorerebbe	prenderebbe	partirebbe
noi	lavoreremmo	prenderemmo	partiremmo
voi	lavorereste	prendereste	partireste
loro	lavorerebbero	prenderebbero	partirebbero

動詞 essere と動詞 avere の活用

	essere	avere
io	sarei	avrei
tu	saresti	avresti
lui/lei/Lei	sarebbe	avrebbe
noi	saremmo	avremmo
voi	sareste	avreste
loro	sarebbero	avrebbero

よく使う次の不規則動詞の活用形は、それぞれ1人称単数の形を覚えてください。あとは -rei の部分を -resti、-rebbe、-remmo、-reste、-rebbero と替えるだけです。

条件法の1人称単数形

andare 行く　　　　→ andrei
bere 飲む　　　　　→ berrei

dare 与える	→ d<u>arei</u>
dire 言う	→ d<u>irei</u>
dovere 〜しくてはいけない	→ dov<u>rei</u>
fare する	→ f<u>arei</u>
potere できる	→ pot<u>rei</u>
sapere 知っている、〜できる	→ sap<u>rei</u>
stare いる、〜の状態である	→ st<u>arei</u>
vedere 見る	→ ved<u>rei</u>
venire 来る	→ ver<u>rei</u>
volere 〜を望む、〜したい	→ vor<u>rei</u>

条件法現在の用法

1）<u>願望</u>を言うときに語調を和らげます。<u>相手へ物を頼むとき</u>に用いると<u>丁寧な表現</u>になります。「できれば…」「状況が許せば…」のニュアンスが加わっています。

Ho sete. <u>Vorrei</u> fare una pausa.

私は喉が乾いた。休憩したいのだが。

Questa domenica c'è una festa. Quasi quasi mi <u>comprerei</u> un vestito nuovo.

この日曜日にパーティーがあるの。できれば私に新しい服を買いたいなあ。

Mi <u>potresti</u> dare un consiglio?

私にアドバイスしてもらえるかしら？

<u>Vorrei</u> chiederti un favore. きみに頼みがあるのだけれど。

Mi <u>piacerebbe</u> visitare le terme di Salsomaggiore.

サルソマッジョーレの温泉を訪れてみたいなあ。

mi piacerebbe=vorrei です。直説法の mi piace 〜 は「私は〜が好きである」という意味ですが、条件法を用いた mi piacerebbe 〜 は「私は〜したいのですが」です。

2）実現が困難なこと、不可能なことを言うときにも用います。「条件によっては〜できない」ことを表します。

> Domani c'è una cerimonia del tè. Ci <u>andrei</u> volentieri ma sono veramente occupato.
> 明日お茶会があるんだ。ぜひ行きたいのだが、本当に忙しくて。
> （←たぶん行けない）

> <u>Sarebbe</u> bello avere una villa in Sardegna!
> サルデーニャ島に別荘を持てたらすばらしいだろうなあ！
> （←持つことは不可能だ）

3）意見を述べるとき、助言するときなどにも**語調を和らげるために**用います。

> Secondo me, <u>dovresti</u> prendere subito questa medicina.
> 私の考えでは、きみはこの薬をすぐに飲んだほうがいいだろう。

> Al posto tuo non lo <u>farei</u>.
> きみの立場なら、私はそうはしないだろう。

4）確実でない事柄、情報を述べるときにも用いられます。

> Non so se Alessandro <u>verrebbe</u> da noi stasera.
> （もし誘ったとしても）アレッサンドロが今晩私たちのところに来るかどうかわかりません。

> Secondo i giornali, il presidente <u>visiterebbe</u> i paesi africani.
> 新聞によると大統領はアフリカ諸国を訪問するということだ。

13-4-2 条件法過去（Il condizionale passato）の活用と用法

条件法過去は、[**助動詞 avere の条件法現在＋過去分詞**]、[**助動詞 essere の条件法現在＋過去分詞**]の形で作ります。

	essereの条件法現在		avereの条件法現在	
io	sarei		avrei	
tu	saresti		avresti	
lui/lei/Lei	sarebbe	＋過去分詞	avrebbe	＋過去分詞
noi	saremmo		avremmo	
voi	sareste		avreste	
loro	sarebbero		avrebbero	

条件法過去の用法

1）実現できない事柄、実現できなかった事柄を言うときに用います。過去の事柄・現在の事柄の両方に用いることができます。「～だったのに…」という意味です。その結果、「～できない／～できなかった」ことを示す文が続いたり、あるいは、できなかった事柄を察することができます。（　）の中は、各フレーズの背景の説明です。

Avrei dormito ancora un po' ma non ho potuto. Sono dovuto partire presto.
私はもう少し眠りたかったのだけど、できなかった。早く出発しなくてはならなかったんだ。

Saremmo andati al mare domenica scorsa, ma purtroppo pioveva.
私たちは先週の日曜日に海へ行きたかったのだけれど、あいにく雨でした。（→行けなかった）

È già tornata a casa la tua amica?　L'avrei conosciuta volentieri.
きみの友だちはもう家に帰ってしまったの？　彼女と知り合いたかったなあ。（→知り合えなかった）

Stasera sarei uscita volentieri con te ma ho la febbre.
今晩あなたとぜひいっしょに出かけたかったのだけれど、熱があるの。（→出かけられない）

L'avrei pagato con la carta di credito ma loro non l'hanno accettata.
クレジットカードでそれを支払いたかったのだが、取り扱ってくれなかったんだ。（→カードを使って支払えなかった）

Mia madre avrebbe cucinato volentieri il pesce ma oggi non l'ha trovato fresco.

私の母は魚をぜひ料理したかったのだけれど、今日は新鮮な魚がなかった。（→魚を料理できなかった）

「～したかったのに」という日本語を表現するには条件法過去を用いる、と覚えておくとよいでしょう。

> **Un momento!**
>
> **条件法過去を半過去で代用できる表現**
>
> 「～したかったのに」、「～することができたのに」、「～しないといけなかったのに／～すればよかったのに」は、それぞれ volere、potere、dovere の条件法過去を用いて表現できますが、日常会話では半過去を用いて言うことが多いです。
>
> Avrei voluto visitare anche Lucca.
> → Volevo visitare anche Lucca.
> ルッカも訪れたかったなあ。
>
> Avreste potuto comprarlo in offerta.
> → Potevate comprarlo in offerta.
> あなたたちはそれを特価で買うことができたのに。
>
> Avresti dovuto mettere un po' di sale.
> → Dovevi mettere un po' di sale.
> 塩を少し入れないといけなかったのに／入れるとよかったのに。

2）確実でない過去の事柄を述べるときにも用いることができます。

Secondo il telegiornale, il maltempo avrebbe provocato tante vittime.

テレビニュースによると悪天候が多くの犠牲者をもたらしたらしい。

Ho sentito dire che un bambino <u>avrebbe trovato</u> un pezzo di meteorite.

　　　　　　　　　聞くところによると子どもが隕石のかけらを見つけたらしい。

3）条件法過去の重要な用法に「過去未来」があります。過去のある時点から見た未来の事柄を言うのに、従属節の中で条件法過去を用います。そのとき「～だろう」と思っていた、という表現です。

　今から見れば、すでに終わっている事柄なので、「過去における未来」と呼ばれます。

Credevo che Silvio <u>sarebbe andato</u> dal medico.

　　　　　　　　　シルヴィオは医者に行くだろうと私は思っていました。

Anna diceva che <u>avrebbe preparato</u> una bella torta per tutti.

　　　　　　　　　みんなのためにおいしいケーキを作るつもりだとアンナは言っていました。

Credevo che la nostra squadra <u>avrebbe vinto</u> la finale.

　　　　　　　　　私たちのチームが決勝で勝つだろうと私は思っていました。

Un momento!

「過去における未来」と「現時点での未来」の表現の違い

　「～だろうと思っていた」という表現で、「～だろう」の部分の内容が、現時点よりもさらに未来である場合、従属節中は直説法単純未来でかまいません。

Una settimana fa mi ha detto che <u>sarebbe arrivato</u> a Milano ieri.
彼は昨日ミラノ到着するだろうと1週間前に私に言いました。
（←彼が到着することは、1週間前の時点では未来だが、今日の時点から見ると過去）

Una settimana fa mi ha detto che <u>arriverà</u> a Milano domani.
彼は明日ミラノに到着するだろうと1週間前に私に言いました。
（←彼が到着することは、1週間前の時点でも未来で、今日の時点から見ても未来だが、明日到着することはほぼ確実）

4. 条件法

13 法と時制

259

13-5 接続法 (Il congiuntivo)

Lui parla bene l'italiano.「彼はイタリア語が上手だ」。動詞 parlareの直説法現在の活用形parlaを用いたこのフレーズは、客観的に事柄を述べています。では、次の文はどうでしょうか。

<u>Penso che</u> lui <u>parli</u> bene l'italiano.

彼はイタリア語が上手だと思う。

この場合、cheに続くフレーズの動詞parliは接続法現在の活用形です。「〜と思う」と話し手の「主観」をまじえて意見を述べているので、接続法が使われています。

このように、主節の動詞が主観（意見・想像・期待など）を表すとき、従属節の中では接続法の動詞活用を用います。

接続法には現在、過去、半過去、大過去の4つの時制があります。それではまず、接続法現在と接続法過去の活用形を見てみましょう。

13-5-1 接続法現在 (Il congiuntivo presente) の活用

essere、avereと規則動詞の活用

essere	avere	tornare	scrivere	partire	capire
sia	abbia	torni	scriva	parta	capisca
sia	abbia	torni	scriva	parta	capisca
sia	abbia	torni	scriva	parta	capisca
siamo	abbiamo	torniamo	scriviamo	partiamo	capiamo
siate	abbiate	torniate	scriviate	partiate	capiate
siano	abbiano	tornino	scrivano	partano	capiscano

接続法現在の活用形をそれぞれ声に出して発音してみましょう。1人称、2人称、3人称の活用形は同じです。

　たとえば、essereの接続法現在の活用形はsia、sia、sia、siamo、siate、siano［スィーア、スィーア、スィーア、スィアーモ、スィアーテ、スィーアノ］となります。3人称複数の活用形のアクセントの位置に気をつけましょう。［スィーアノ］です。

　1人称、2人称、3人称単数の活用形は同じなので、主語が明確になるように文中ではio、tu、lui、lei、Leiをつけることが多くあります。

　気がついたと思いますが、1人称複数の活用形は直説法現在と同じです。2人称複数は必ず-iate［-イアーテ］となること、3人称複数は1、2、3人称単数の活用形に-no［ノ］をつけるだけ、これがポイントです。

よく使われる不規則動詞の活用

andare	venire	fare	dare	dire	stare	sapere
vada	venga	faccia	dia	dica	stia	sappia
vada	venga	faccia	dia	dica	stia	sappia
vada	venga	faccia	dia	dica	stia	sappia
andiamo	veniamo	facciamo	diamo	diciamo	stiamo	sappiamo
andiate	veniate	facciate	diate	diciate	stiate	sappiate
vadano	vengano	facciano	diano	dicano	stiano	sappiano

　これらの活用形を見て、命令法　p.275　と似ていると思われた方がいらっしゃるかもしれません。実は、命令法のLei（あなた）、Loro（あなた方）の活用形は、この接続法からの借用です。

　Lei、Loro（「あなた方」の意味としてLoroを使うことは、近年ではほとんどなくなっています）に対する命令法を使った言い方、丁寧な依頼表現の「あなたは／あなた方は～してください」は、「あなたが／あなた方が～することを望んでいる」という意味合いだからです。

13-5-2 接続法現在の用法

1）**願望、希望、意見、想像、恐れ、懸念**など**不確かな心の動きを表す動詞**に続く節の中で、接続法が用いられます。

che 以下に動詞の接続法を導く表現

aspettare che ~	~であるのを待つ
avere paura che ~	~であることを恐れる
credere che ~	~だと思う
desiderare che ~	~であることを願う
dispiacere che ~	~であることを残念に思う
dubitare che ~	~かどうか疑問に思う
essere contento che ~	~であるのがうれしい
immaginare che ~	~だと思う
non vedere l'ora che ~	~が待ち遠しくてたまらない
pensare che ~	~だと思う
ritenere che ~	~であると考える
sperare che ~	~であるよう望む
supporre che ~	~であると想像する
temere che ~	~ではないかと心配する
volere che ~	~であることを求める

se「~かどうか」のあとにも接続法が用いられます。

chiedere se ~	~かどうかをたずねる
domandare se ~	~かどうかをたずねる

実際の場面で自分の意見として述べるときには、それぞれcredo che～、penso che～のようにフレーズを始めて、cheの後ろに接続法の動詞活用を続けます。

<u>Credo che</u> lei <u>venga</u> questo pomeriggio.
　　　　　　　　　　　　　　　　彼女は今日の午後来ると思う。

<u>Penso che</u> lui <u>sappia</u> tutto.　　彼はすべてを知っていると思います。

<u>Pensate che</u> mio zio <u>venda</u> la macchina?
　　　　　　　　　　　私のおじが車を売ると、きみたちは思うかい？

<u>Spero che</u> tu <u>stia</u> bene.　　きみが元気でいることを願っています。

<u>Voglio che</u> mio figlio <u>smetta</u> di fumare.
　　　　　　　　　　　　　私の息子がたばこを吸うのをやめてほしい。

<u>Immagino che</u> Michela <u>voglia</u> cambiare lavoro.
　　　　　　　　　　　　　　　　ミケーラは転職したいのだと思う。

<u>Ho paura che</u> <u>perdiate</u> il treno.
　　　　　　　　　　　きみたちが電車に乗り遅れるのではと心配です。

<u>Temo che</u> <u>piova</u> domani.　　明日雨が降るのではと心配だ。

<u>Mi dispiace che</u> Lei non <u>stia</u> bene.
　　　　　　　　　あなたの体の具合がよくないのを気の毒に思います。

2）さらに、次のような**非人称表現のフレーズ**でも、それに続く節中で接続法の動詞活用を用います。

basta che ~	～で十分だ
bisogna che ~	～が必要だ
è meglio che ~	～のほうがよい
è possibile che ~	～はありうる
è un peccato che ~	～が残念だ
occorre che ~	～が必要だ
può darsi che ~	～かもしれない

sembra che ~ 　　　　　　　～のように思われる
si dice che ~ 　　　　　　　～と言われている

　動詞はそのまま3人称単数の活用形で用います。そしてcheの後ろに接続法の動詞活用を続けます。

È meglio che voi torniate a casa.
　　　　　　　　　　　　　　　あなたたちは家に帰るほうがいい。

Sembra che ci sia un problema con questa carta di credito.
　　　　　　　　　　　　　このクレジットカードに問題があるようです。

Bisogna che tu faccia presto.　　　きみは急ぐことが必要だ。
È un peccato che siamo lontani.
　　　　　　　　　　　　　私たちが遠く離れていることが残念です。

3）以下に示すような**目的、条件、譲歩、制限、様式、時**などを表す接続詞に続く文中に、接続法の動詞活用を用います。たくさんありますが、比較的よく見かけるものを挙げておきます。

目的
　affinché~、perché~、in modo che~　～であるように、～するように

条件
　a condizione che~、a patto che~、purché~　～という条件で

譲歩
　benché~、sebbene~、nonostante (che) ~、quantunque ~、malgrado (che) ~　～であるにもかかわらず

制限
　tranne che~　　～以外は　　　nel caso che~　　～である場合は
　eccetto che ~　　～を除いて　　a meno che ~　　～しないかぎり
　anziché ~　　～ではなく

様式

　senza che ~　~することなく　　come se ~　まるで~のように

時

　prima che~　~する前に　　finché~　~するまで

　qualsiasi　どんな~でも

Parla più piano <u>perché</u> lei ti <u>capisca</u>.

　　彼女があなたの言うことをわかるようにもっとゆっくり話してください。

Ti presterò la mia nuova macchina <u>a condizione che</u> me la <u>restituisca</u> entro dopodomani.

明後日までに返してくれるという条件できみに私の新しい車を貸してあげよう。

<u>Benché</u> io <u>sia</u> molto stanco, passerò da te al più presto.

　　　私はとても疲れているけれど、できるだけ早くきみの家に寄ります。

Decidetelo <u>prima che</u> io <u>parta</u>.

　　　　私が出発する前にあなたたちはそれを決めてください。

13-5-3 接続法過去（Il congiuntivo passato）の活用

	essereの接続法現在		avereの接続法現在	
io	sia		abbia	
tu	sia		abbia	
lui/lei/Lei	sia	＋過去分詞	abbia	＋過去分詞
noi	siamo		abbiamo	
voi	siate		abbiate	
loro	siano		abbiano	

　接続法過去は［助動詞 essereの接続法現在＋過去分詞］、［助動詞 avereの接続法現在＋過去分詞］で作ります。それぞれの動詞が、essere+過去分詞とavere+過去分詞のどちらの組み合わせになるかについては、直説法近過去の場合と同じです。

13-5-4　接続法過去の用法

　従属節中で接続法現在の活用形を用いる代表的なフレーズ「〜だと思う」を見てきましたが、「〜だったと思う」と言いたいとき、「〜だった」の部分に用いるのが**接続法過去**です。接続法過去を使った次の文を見てみましょう。

　che の後ろに続く文中の事柄は、話者が credo、penso、si dice、è possibile と表現しているときから見ると、すでに終わってしまった過去のことです。このようなとき、接続法過去の活用形になります。

Credo che lui sia già partito.　　彼はもう出発したと思う。

Penso che lui abbia già saputo tutto.
　　　　　　　　　　彼はすでにすべてを知ってしまったと思う。

Si dice che abbiano portato questa abitudine dai paesi nordici.
　　　　　この習慣を彼らは北欧の国々から取り入れたのだと言われています。

È possibile che lui abbia sbagliato strada.
　　　　　　　　　　彼は道を間違えてしまったのかもしれない。

Non è possibile che i bambini abbiano mangiato tutta questa pasta!
　　　　　　　　子どもたちがこのパスタを全部食べたなんてありえない！

Un momento!

最上級を表す語に続けて用いる場合

[il più ＋形容詞]、[la più ＋形容詞]「最も～な」のように最上級を表す語が出てきた場合は、従属節の動詞は接続法の活用形です。

Lei è la persona più bella che abbia mai conosciuto nella vita.　彼女はこれまでの人生で私が知り合った中で最もすてきな人だ。
Questo è il film più triste che io abbia mai visto.
これは私が今までに見た中で最も悲しい映画です。

想定される事柄・状況を表す場合

qualcuno「誰か」、nessuno「誰も～ない」のような不定代名詞や、dovunque「どこに～しようとも」、chiunque「誰が～しようとも」、qualunque「いかなる～があろうとも」のような接続詞を用いるときも、それに続けて後ろに接続法の活用形を用います。

C'è qualcuno che capisca l'italiano?
イタリア語がわかる人は誰かいますか？
Dovunque tu sia ti penso sempre.
きみがどこにいようといつもきみのことを思っている。

non so se～「～かどうかわからない／知らない」に続く文中にも接続法の活用形を用います。

Non so se lui sia italiano o francese.
彼がイタリア人かフランス人かわからない。
Non so se questa macchinetta sia utile o no.
この小さな機械が役に立つかどうかわかりません。

13-5-5 接続法半過去（Il congiuntivo imperfetto）の活用

essere、avereと規則動詞の活用

essere	avere	tornare	scrivere	partire	capire
fossi	avessi	tornassi	scrivessi	partissi	capissi
fossi	avessi	tornassi	scrivessi	partissi	capissi
fosse	avesse	tornasse	scrivesse	partisse	capisse
fossimo	avessimo	tornassimo	scrivessimo	partissimo	capissimo
foste	aveste	tornaste	scriveste	partiste	capiste
fossero	avessero	tornassero	scrivessero	partissero	capissero

　接続法半過去の活用形は、語尾の -ssi、-ssi、-sse、-ssimo、-ste、-ssero の部分がすべての動詞に共通です。
　たとえば、tornare の場合は、tornassi、tornassi、tornasse、tornassimo、tornaste、tornassero［トルナッスィ、トルナッスィ、トルナッセ、トルナッスィモ、トルナステ、トルナッセロ］となります。発音しながら覚えましょう。
　次の不規則動詞の活用形も見ておきましょう。

よく使われる不規則動詞の活用

andare	venire	fare	dire	stare	sapere
andassi	venissi	facessi	dicessi	stessi	sapessi
andassi	venissi	facessi	dicessi	stessi	sapessi
andasse	venisse	facesse	dicesse	stesse	sapesse
andassimo	venissimo	facessimo	dicessimo	stessimo	sapessimo
andaste	veniste	faceste	diceste	steste	sapeste
andassero	venissero	facessero	dicessero	stessero	sapessero

13-5-6 接続法半過去の用法

以下の例文を見てみましょう。

<u>Credevo</u> che lui <u>partisse</u> subito.

彼がすぐに出発すると思っていました。

まず、credevo che 〜「〜と思っていた」のcredevoはcredereの半過去、partisseはpartireの接続法半過去です。

「私が思っていた」時点と、思っていた内容の「彼が出発する」時点が同時のとき、cheの後ろに続く文中には接続法半過去を用います。

<u>Pensavo</u> che lui <u>sapesse</u> tutto.

私は彼がすべてを知っていると思っていました。

<u>Sembrava</u> che lei <u>tornasse</u> in Italia, invece era rimasta ancora a Tokyo.

彼女はイタリアへ帰ると思われたが、まだ東京にとどまっていた。

<u>Bisognava</u> che lei <u>studiasse</u> il tedesco.

彼女はドイツ語を勉強することが必要だった。

Non <u>immaginavo</u> che Roma <u>fosse</u> così fantastica!

ローマがこれほど魅力にあふれているとは思わなかった！

13-5-7 接続法大過去 (Il congiuntivo trapassato) の活用

	essereの接続法半過去		avereの接続法半過去	
io	fossi		avessi	
tu	fossi		avessi	
lui/lei/Lei	fosse	＋過去分詞	avesse	＋過去分詞
noi	fossimo		avessimo	
voi	foste		aveste	
loro	fossero		avessero	

接続法大過去は［助動詞 essere の接続法半過去＋過去分詞］、［助動詞 avere の接続法半過去＋過去分詞］で作ります。それぞれの動詞が、essere＋過去分詞と avere＋過去分詞のどちらの組み合わせになるかついては、直説法近過去の場合と同じです。

13-5-8 接続法大過去の用法

以下の例文を見てみましょう。

 Credevo che lei fosse già arrivata a Milano.
彼女はすでにミラノに着いたと思っていました。

credevo は credere の直説法半過去です。che に続く文中の fosse arrivata は接続法大過去です。「私が思っていた」時点より、「彼女が到着した」時点は過去です。このような場合には、che の後ろに続く文に接続法大過去を用います。

重要なのは、伝えている内容・事柄の時点が、話者が話している時点と時系列に並べてみて、同時か、それともすでに終わってしまったことか、によって、接続法半過去か、大過去かを使い分ける点です。

それではここで時制について整理しましょう。

 Lui parte per Roma. 彼はローマへ出発します。

この直説法現在の文は、客観的事実として「彼がローマへ出発する」ことを示しています。

では、「彼がローマへ出発する」と「私は思います」と表現するにはどう言えばよいでしょうか。話者は「私」、私が思っている内容・事柄は「彼が出発する」です。

「～と私は思います」と表現するとき、「彼は出発する」の部分の動詞活用は次のようになります。「彼が出発する」時点が、「私が思う」時点より、「未来」か「同時」か「過去」かによって、3とおりに書き分けます。

5. 接続法

Credo che
- lui <u>partirà</u> per Roma.
  直説法未来　　彼はローマへ出発するだろうと思います。
- lui <u>parta</u> per Roma.
  接続法現在　　　　彼はローマへ出発すると思います。
- lui <u>sia</u> <u>partito</u> per Roma.
  接続法過去　　彼はローマへ出発したと思います。

　まず、彼が出発することが、私が思っている時点よりも未来であれば、**直説法未来**を用います。cheの後ろに続く文中の内容が、話者の思っている時点と同時の場合は、**接続法現在**、話者の思っている時点よりも過去であれば、**接続法過去**です。

　では次に、それから日数が過ぎて、「私は思っていました」と表現する場合はどうでしょうか。主節は直説法半過去のcredevoとなります。

Credevo che
- lui <u>sarebbe</u> <u>partito</u> per Roma.
  条件法過去　　彼はローマへ出発するだろうと思っていました。
- lui <u>partisse</u> per Roma.
  接続法半過去　　彼はローマへ出発すると思っていました。
- lui <u>fosse</u> <u>partito</u> per Roma.
  接続法大過去　　彼はローマへ出発したと思っていました。

　彼が出発することが、話者が思っていた時点と**同時の場合は接続法半過去**、話者の思っていた時点よりも**過去であれば接続法大過去**です。
　注意する点は、話者が思っていた時点よりも**未来だけれども、現在よりは過去**の場合は、**条件法過去**を用いることです。
　sarebbe partitoは条件法過去の活用形です。今から見るとすでに終わっていることだけれど、過去のある時点から見れば未来である事柄は、条件法過去で表します。**過去から見た未来**なので、略して**過去未来**と呼ばれることがあります。「〜と思う」のような主観・意見を表す動詞に続くcheの文中に条件法過去を見つけたら、過去未来の可能性を考えましょう。

ここでもう一度、接続法半過去、接続法大過去を使った文を見てみましょう。

Non credevo che facesse così freddo a Milano.
ミラノがこれほど寒いとは思いませんでした。

Speravo che oggi facesse bel tempo, invece sta per piovere.
今日お天気がよいことを願っていたけれど雨が降り出しそうだ。

Sono andato a trovarla prima che i suoi genitori tornassero.
彼女の両親が帰ってくる前に私は彼女に会いに行きました。

Non immaginavo che ci fossero tante opere d'arte nella sala.
広間にたくさんの美術作品があるとは思いませんでした。

Te l'ho detto a patto che tu non lo raccontassi a nessuno.
きみが誰にも言わないという条件で私はそれを話しました。

Credevo che i bambini avessero già fatto i compiti.
子どもたちはもう宿題をすませたと思っていました。

Un momento!

主節が条件法の場合

　主節に条件法を用いるとき、cheに続く文中の動詞活用は接続法です。従属節中の事柄が主節と同時またはそれ以降のとき、接続法半過去にします。

Vorrei che tu tornassi a casa non appena possibile.
可能になりしだいきみに家に帰ってきてほしいのだけれど。

Mi piacerebbe che voi accettaste il loro invito.
あなたたちが彼らの招待を受けてくれるといいのだが。

Avrei voluto che andassero a studiare all'estero.
彼らが国外で勉強してくれることを望んでいたのだが。

Sarebbe stato meglio che fossi venuto anche tu ieri pomeriggio.
昨日の午後、きみも来てくれたらよかったのに。

従属節中の事柄が主節より以前のときは接続法大過去にします。

「思っていたより〜だった」

「思っていたより〜だった」という表現は接続法を使って言うことができます。

Napoli è più bella di quanto immaginassi.
　　　　　　　　　　　　　ナポリは私が想像していたよりすばらしいです。

Camerino è più lontana di quanto pensassimo.
　　　　　　　　　　　　　カメリーノは私たちが考えていたより遠いです。

Questo film è più interessante di quanto pensassi.
　　　　　　　　　　　　　この映画は私が思っていたより面白いです。

credere di 〜

これまで credo che 〜「〜と私は思う」、credevo che 〜「〜と私は思っていた」の例文を中心に見てきましたが、主節と従属節（che に導かれる節）の主語とが一致する場合は、credere di 〜 の構文です。pensare di 〜「〜と思う」、sperare di 〜「〜と願う」、temere di 〜「〜を恐れる」と合わせて覚えておきましょう。

Crediamo di vincere la partita.
　　　　　　　　　　　　　私たちは試合に勝てると思います。

Teme di perdere il lavoro.
　　　　　　　　　　　　　彼は仕事を失うのではないかと心配しています。

Penso di tornare in Italia.
　　　　　　　　　　　　　私はイタリアへ帰ろうと考えています。

13-5-9 接続法の独立用法

接続法は次のように、従属節中ではなく単独の文において用いられることがあります。

　　Che Dio lo protegga in questa difficilissima situazione!
　　　　　　　　　　　　神がこのような困難にある彼をお守りくださいますように！

　　Che venga presto!　　　　　　彼(彼女)が早く来てくれたらなあ！

祈願文に用いられます。命令法と区別するために文頭にcheを置くことが多くあります。

　　Magari piovesse!　　　　　せめて雨が降ってくれたらいいのだが！
　　Almeno facesse bel tempo!　　せめて天気さえよければなあ！
　　Se mi ascoltasse!　　(彼／彼女が) 私の話を聞いてくれればいいのに！

このように現在の事実に反する祈願文には接続法半過去が用いられます。magari「もし～ならばよいのだが」almeno「せめて」se「～したらなあ」「～だったらなあ」を文頭に伴うことが多くあります。

過去の事実に反する祈願文には接続法大過去が用いられます。

　　Almeno ci fosse stata lei!　　せめて彼女がいてくれていたらなあ！
　　Avessi seguito i suoi consigli!
　　　　　　　　　　　　彼のアドバイスに従っていればよかったなあ！

　　Se me lo avesse detto prima!
　　　　　　　　(彼／彼女が) 前もって私に言ってくれていたらよかったのに！

また、疑念を表す場合もあります。文頭にche, seが置かれます。

　　Non risponde nessuno. Che sia successo qualcosa?
　　　　　　　　　　　　誰も応えない。何か起きたのだろうか？

　　Stasera in casa non c'è nessuno. E se entrasse un ladro?
　　　　　　　　　　今晩家には誰もいません。もし泥棒でも入ったら？

13-6 命令法 (L'imperativo)

命令法は、「～してください！」「～しないで！」「～しよう！」などのフレーズに用いる動詞活用です。**命令**のほかに、**依頼**や**勧誘**にも使います。たとえば、レストランやバールでウエイターを呼ぶときに言う Scusi!「すみません！」や Senta!「ちょっと！」は命令法です。

13-6-1 命令法の規則動詞の活用

-are動詞、-ere動詞、-ire動詞の命令法の動詞活用を見てみましょう。

	parlare 話す	prendere 取る	sentire 感じる	finire 終わる／終える
tu	parla	prendi	senti	finisci
Lei	parli	prenda	senta	finisca
noi	parliamo	prendiamo	sentiamo	finiamo
voi	parlate	prendete	sentite	finite
Loro	parlino	prendano	sentano	finiscano

13-6-2 命令法の活用の特徴

io「私」に対する命令法の活用形はありません。noi、voiの活用形は直説法現在と同じです。直説法と文法的に区別するために文末に「！」をつけるとわかりやすいでしょう。noiの活用形「～iamo!」は「～しましょう！」「～しよう！」と誘いかける表現です。

　　Parliamo.　　私たちは話す。［直説法現在］
　　Parliamo!　　話しましょう！［命令法］

大文字のLoro「あなた方」はあらたまった言い方で会話で用いられることはほとんどありません。

日本語に訳す場合、2人称のtuは「～して！」、敬称のLeiは「～してください！」、noi「私たち」は「～しよう！」、voi「きみたち」は「～してください！」、Loro「あなた方」はさらに丁重な「～してください」です。

たとえば、mangiareを使った表現で、Mangia. は直説法の「彼は／彼女は／あなたは食べる」ですが、目の前の相手に対してMangia! と言うと、「食べて！」となります。Mangi. は直説法の「きみは食べる」ですが、Leiに対してMangi! と言うと「食べてください！」です。

実際に、Leiに対して命令法を用いるときにはper favoreをつけるとよいでしょう。直説法との違いに気をつけて、場面に応じて使いましょう。大切なのはイントネーションを聞き分けて平叙文か命令文かを判断することです。

Scusi! はscusare「許す」、Senta!はsentire「聞く」のLeiに対する命令法の活用形です。tuに対してなら、それぞれScusa!「ごめんね！」Senti!「ねえ！」のニュアンスです。このように命令法は日常頻繁に用いられます。

Leggi questo libro! この本を読みなさい！

Signora, entri pure. Prego!
奥様、こちらにお入りください。どうぞ！

Dino, pulisci subito la tua stanza!
ディーノ、すぐに自分の部屋を掃除しなさい！

Telefoniamo a Giovanna! ジョヴァンナに電話しよう！

Chiudete la finestra, per favore. 窓をお閉めください。

13-6-3 命令法の不規則動詞の活用

よく使われるessere、avere、不規則動詞andare「行く」、fare「する」、dare「与える」、dire「言う」、stare「いる／～の状態にある」は次のようになります。

	essere	avere	andare	fare	dare	dire	stare
tu	sii	abbi	va'(vai)	fa'(fai)	da'(dai)	di'	sta'(stai)
Lei	sia	abbia	vada	faccia	dia	dica	stia
noi	siamo	abbiamo	andiamo	facciamo	diamo	diciamo	stiamo
voi	siate	abbiate	andate	fate	date	dite	state
Loro	siano	abbiano	vadano	facciano	diano	dicano	stiano

essere, avereの命令法は暗記しておきましょう。

andare、fare、dare、stare にはそれぞれtuに対する命令形va'、fa'、da'、sta'と直説法と同じ形（vai、fai、dai、stai）の2とおりあります。どちらを用いてもOKです。

Abbi pazienza! 　　　　　　我慢しなさい！
Sii puntuale! 　　　　　　　時間を守りなさい！
Va'(Vai) a casa! 　　　　　　家に帰りなさい！
Fa'(Fai) qualche sport! 　　　何かスポーツをしなさい！
Da'(Dai) una mano a Pierino! 　ピエリーノを手伝ってあげて！
Sta'(Stai) calmo! 　　　　　　落ち着いて！
Di' qualcosa! 　　　　　　　何か言って！

	venire 来る	sapere 知る
tu	vieni	sappi
Lei	venga	sappia
noi	veniamo	sappiamo
voi	venite	sappiate
Loro	vengano	sappiano

Se ha un po' di tempo, <u>venga</u> a trovarmi.

　　　　　　　もし少し時間がおありでしたら私に会いに来てください。

<u>Sappi</u> che ti penso sempre.

　　　　　　　いつもきみのことを考えていることをわかってくれ。

13-6-4 否定命令

　否定命令「～してはいけません！」「～しないで！」は動詞の活用形の前に **non** をつけます。**Tu** に対する否定命令のときだけ **[non ＋不定詞]** です。

<u>Non</u> fumare!　　　　　　　　　　　　　　たばこを吸わないで！

<u>Non</u> parli così forte, per favore!

　　　　　　　そんなに大きい声で話さないでください！

Ragazzi, <u>non</u> mangiate troppi dolci!

　　　　　　　みんな、お菓子を食べすぎないでね！

<u>Non</u> usciamo stasera!　　　　　　　今晩出かけるのはやめよう！

	mangiare の否定命令	andare の否定命令	fare の否定命令
tu	non mangiare	non andare	non fare
Lei	**non mangi**	non vada	non faccia
noi	non mangiamo	non andiamo	non facciamo
voi	**non mangiate**	non andate	non fate
Loro	**non mangino**	non vadano	non facciano

13-6-5 補語人称代名詞との結合

　実際に日常の数多くの場面では、直接補語人称代名詞「なになにを」や間接補語人称代名詞「誰々に」とセットで用いることが多くなります。代名詞の位置を覚えましょう。

	「それを取ってください！」 「lo（それを）、prendere（取る）」	「彼女にこれをプレゼントしてください！」 「le（彼女に）、regalare（プレゼントする）」
tu	**Prendilo!** プレンディロ	**Regalale questo!** レガーラレ　クエスト
Lei	**Lo prenda!** ロ　プレンダ	**Le regali questo!** レ　レガーリ　クエスト
noi	**Prendiamolo!** プレンディアーモロ	**Regaliamole questo!** レガリアーモレ　　クエスト
voi	**Prendetelo!** プレンデーテロ	**Regalatele questo!** レガラーテレ　　クエスト
Loro	**Lo prendano!** ロ　プレンダノ	**Le regalino questo!** レ　レガーリノ　クエスト

　tu、noi、voiに対するときは活用形の後ろに代名詞を結合させます。一方、**Lei**（あなた）、**Loro**（あなたがた）のときは前置されます。

　Lei、Loroに対して命令法を使う場面は少ないですから、「きみ」「私たち」「きみたち」に対して「〜して！」「〜しよう！」と命令法を使って話すときは、代名詞を後ろに結合させて一気に言う、と覚えておきましょう。

　me lo、glieloのような「間接目的語＋直接目的語」もそのまま語尾にくっつけてしまいます。

Mangialo!　　それを食べて！
マンジャロ

Mandaglielo!　彼にそれを／彼女にそれを送りなさい！
マンダリェロ

Passatemelo!　私にそれを渡してください！
パッサーテメロ

6. 命令法

　否定にするにはそれぞれの活用形の前にnonをつけますが、このとき、tuに対する否定命令だけは[non＋不定詞]になることに注意しましょう。

　代名詞の位置は不定詞の前に置いても、不定詞の語尾の-eを取って結合しても、どちらも同じ意味です。

Non lo prendere!　=　Non prenderlo!　それを取らないで！
ノン　ロ　プレンデレ　　　　ノン　　プレンデルロ

不定詞の前に置く　　　　　不定詞の語尾の-eを取ってくっつける

Non me lo passare!　=　Non passarmelo!
ノン　メロ　パッサーレ　　　ノン　　パッサルメロ

私にそれを渡さないで！

	mangiare + lo「それを」を使った命令	mangiare + lo「それを」を使った否定命令
tu	mangialo	non lo mangiare / non mangiarlo
Lei	lo mangi	non lo mangi
noi	mangiamolo	non mangiamolo
voi	mangiatelo	non mangiatelo
Loro	lo mangino	non lo mangino

13-6-6 再帰動詞の命令法の活用

　一般の動詞の命令形のときと同じパターンですが、再帰代名詞の位置は以下のようになります。fermarsi「とどまる／滞在する」と divertirsi「楽しむ」を例に見てみましょう。

tu	**Fermati!** フェルマティ	**Divertiti!** ディヴェルティティ
Lei	**Si fermi!** スィ フェルミ	**Si diverta!** スィ ディヴェルタ
noi	**Fermiamoci!** フェルミアーモチ	**Divertiamoci!** ディヴェルティアーモチ
voi	**Fermatevi!** フェルマーテヴィ	**Divertitevi!** ディヴェルティーテヴィ
Loro	**Si fermino!** スィ フェルミノ	**Si divertano!** スィ ディヴェルタノ

　Sediamoci! 座りましょう！　← sedersi 座る
セディアーモチ

　Alzati! 起きて！　← alzarsi 起きる
アルツァティ

　Rilassatevi. リラックスしてください。　← rilassarsi リラックスする
リラッサーテヴィ

　Calmati! 落ち着いて！　← calmarsi 冷静になる／落ち着く
カルマティ

　Sbrigatevi! きみたちは急いでください！　← sbrigarsi 急ぐ
ズブリガーテヴィ

否定形は Non si fermi!　Non divertitevi! のように non をつけるだけですが、tu に対する否定命令は次のようになります。

　Non ti fermare!　＝　Non fermarti!
　ノン ティ フェルマーレ　　　ノン フェルマルティ

　Non ti divertire!　＝　Non divertirti!
　ノン ティ ディヴェルティーレ　　ノン ディヴェルティルティ

再帰代名詞を後置するときは、不定詞の語末の e をとって、そこに結合させます。どちらも意味は同じです。

6. 命令法

va'、fa'、da'、di'、sta' は後ろに代名詞が続くとき、言いやすいように次のようになります。「命令」ですから「一気に言う」わけです。

Di' + mi → Dimmi!　　　　私に言って！
ディ　ミ　　　ディンミ

Di' + mi + lo → Dimmelo!　　私にそれを言って！
ディ　ミ　ロ　　　ディンメロ

Fa' + lo → Fallo!　　　　それをしなさい！
ファ　ロ　　ファッロ

Da' + mi → Dammi!　　　　私にちょうだい！
ダ　ミ　　　ダンミ

Dammene uno!　　　　私にそれを1つちょうだい！
ダンメネ　ウーノ

Stalle vicino!　　　　彼女の近くにいてあげなさい！
スタッレ ヴィチーノ

Dille che io arriverò domani.　私は明日到着すると彼女に言って。
ディッレ ケ イオ アッリヴェロ ドマーニ

Fagli un favore!　　　　彼の頼みごとを聞いてあげなさい！
ファッリ ウン ファヴォーレ

gliが結合されるときは、dimmiのような子音の重なりは起こりません。

Un momento!

andarsene の命令

「立ち去る」「行ってしまう」を意味する andarsene は、日常さまざまな場面で命令法をよく用います。 ☞ p.112

tu	**vattene**
Lei	**se ne vada**
noi	**andiamocene**
voi	**andatevene**
Loro	**se ne vadano**

Vattene! 出ていけ！
Se ne vada. どうぞお引き取りください。
Ragazzi, andatevene. 子どもたち、出て行ってちょうだい。

注意書きに注目！

命令法の活用は注意書きなどでよく目にします。慣用的な命令表現として不定詞が用いられることがあります。

<u>NON CALPESTARE</u> LE AIUOLE　　花壇に入らないでください

<u>NON ATTRAVERSARE</u> A LAMPEGGIANTE ACCESO
　　　　　　　　　　ランプが点灯している間は渡らないでください

<u>NON BERE</u>. ACQUA NON POTABILE
　　　　　　　　飲料水ではないので飲まないでください

<u>NON USARE</u> IN CASO DI INCENDIO
　　　　　　　　火災発生のときは使用しないでください

<u>RALLENTARE</u>　　　　　　　　　　　　速度を落とせ

13-7 不定法 (I modi indefiniti)

13-7-1 ジェルンディオ (Il gerundio)

ジェルンディオと呼ばれる動詞の形があります。語尾が-ando, -endoで終わる形のものがそれで、音楽用語でなじみ深いsforzando「スフォルツァンド」、crescendo「クレシェンド」などもそうです。

ジェルンディオには現在と過去の時制があります。一般にジェルンディオというときは、次の現在の形のことを言います。

ジェルンディオにおける動詞の規則的な語尾変化

- -are 動詞語尾 ➡ -ando
- -ere 動詞語尾 ➡ -endo
- -ire 動詞語尾 ➡ -endo

-are動詞は -areの部分を -andoに、-ere動詞、-ire動詞はそれぞれ-ere、-ireの部分を -endoに変えて作ります。

-are動詞	amare → amando suonare → suonando	cantare → cantando
-ere動詞	prendere → prendendo piangere → piangendo	chiedere → chiedendo
-ire動詞	finire → finendo dormire → dormendo	sentire → sentendo
	essere → essendo	avere → avendo

よく使われる次の動詞のジェルンディオは個別に覚えてしまいましょう。それぞれ直説法現在の活用形からジェルンディオへの音の変化を類推することができます。

fare → facendo   dire → dicendo   bere → bevendo
tradurre → traducendo   proporre → proponendo

ジェルンディオの過去は、[essendo＋過去分詞]、[avendo＋過去分詞]で作ります。

　[essendo＋過去分詞]のとき、過去分詞の語末は性・数によって次のように変化させます。このように複合時制において、essereかavereか、どちらと過去分詞を組み合わせるのかについては、近過去のときと同じです。☞ p.220

essendo　uscit<u>o/i/a/e</u>

avendo　studiato

ジェルンディオの用法

　ジェルンディオは、主節の動詞を説明する働きを持ちます。ジェルンディオの主語は、普通、主節の動詞の主語と同じです。

　　<u>Andando</u> a scuola, incontro spesso Paolo.
　　　　　　　　　　　　　私は学校へ行く途中でよくパオロに会います。

　　<u>Andando</u> a scuola, ho incontrato la nonna.
　　　　　　　　　　　　私は学校へ行く途中でおばあちゃんに会いました。

　ジェルンディオの現在は、主節の動詞と同時性を表します。前後の脈絡から判断して、時「～のとき／～すると」、様態「～しながら／～の様子で」、手段「～によって」、理由「～なので」、条件「～ならば」、譲歩「～にもかかわらず／～なのに」などの意味になります。主節の動詞が現在のことならば現在の事柄を、過去のことならば過去の事柄を表していると考えてください。

　ジェルンディオは、文頭にも文末にも置かれますが、意味は同じです。

　　I bambini imparano la matematica <u>giocando</u> con i numeri.
　　<u>Giocando</u> con i numeri i bambini imparano la matematica.
　　　　　　　　　　　　　　子どもたちは数字で遊びながら算数を学びます。

　　Lucia mi ha chiesto scusa <u>piangendo</u>.
　　　　　　　　　　　　　　　　　ルチーアは泣きながら私に謝った。

Tutti lo salutavano <u>sorridendo</u>.　皆は笑顔で彼に挨拶した。

<u>Avendo</u> poco tempo, se n'è andato subito.
　　　　　　　　　ほとんど時間がなかったので、彼はすぐに立ち去った。

<u>Studiando</u> così poco, non potrai superare l'esame.
　　こんなに少ししか勉強しないのなら、きみは試験に合格できないだろう。

<u>Sbagliando</u> s'impara.　失敗は成功のもと。(← 失敗しながら人は学ぶ)

ジェルンディオの過去

　ジェルンディオの過去を用いた文を見てみましょう。ジェルンディオの過去は、普通、主節の動詞より以前に完了した事柄を示します。

<u>Essendo arrivati</u> in ritardo, non hanno potuto partecipare alla gara.　彼らは遅れて到着したのでレースに参加できなかった。

<u>Non avendo ricevuto</u> una risposta, gli ho scritto un'altra email.　返信がなかったので私は彼にもう1通メールを書いた。

[pur＋ジェルンディオ]

　[pur＋ジェルンディオ] は、「たとえ〜であっても」「〜とはいえ」という譲歩の意味を表します。pur というのは接続詞 pure の語末の e が落ちた形です。

<u>Pur mangiando</u> molto, Adele non ingrassa.
　　　　　　　　　　　　　たくさん食べるのにアデーレは太らない。

<u>Pur abitando</u> vicino al mare, mia zia non mangia mai il pesce.　海の近くに住んでいるのに私のおばは魚をまったく食べません。

ジェルンディオと代名詞の結合

　lo、la、li、le、gli、me lo などの目的語人称代名詞や、mi、ti、si、ci、vi などの再帰代名詞は、-ando、-endo の語末に結合させます。主節との関係や、前後の文脈からそれが何を表しているかを読みとるようにしましょう。

Lui mi ha chiamato <u>chiedendomi</u> se poteva parlare con Lucia.
　　彼は私に電話をかけてきて、ルチーアと話ができるかどうかを尋ねた。

chiendomiのmiは間接目的語「私に」です。chiedere「尋ねる」のジェルンディオの語末に結合させます。彼が私に電話をかけてきたことに、「se以下のことを私に尋ねている」状況説明を加えています。

<u>Conoscendolo</u> da anni, ho fiducia in lui.
彼のことを何年も前から知っているので私は彼のことを信頼しています。

conoscendolo のloは直接目的語「彼を」です。conoscere「知る」のジェルンディオconoscendoの語末に結合させます。主文に理由を加える働きです。

<u>Avendole</u> detto tutto, se n'è andato.
彼女にすべてを言ったあと、彼は立ち去った。

avendole のleは間接目的語「彼女に」です。dire「言う」のジェルンディオの過去avendo dettoのavendoの語末に結合させます。主文よりも以前に起きた事柄を説明しています。

Alessandro e Nicoletta si salutano <u>abbracciandosi</u>.
アレッサンドロとニコレッタは抱き合いながら挨拶をしています。

si salutano はsalutarsi「互いに挨拶する（相互的再帰動詞）」の直説法3人称複数の活用、abbracciandosiはabbracciarsi「互いに抱き合う（相互的再帰動詞）」のジェルンディオの現在です。

<u>Essendosi</u> alzato presto, è andato a passeggiare sulla spiaggia.
早く起きたので、彼は海岸へ散歩に出かけた。

essendosi alzatoは再帰動詞alzarsi「起きる」のジェルンディオの過去です。[essendo + 過去分詞]の形に合わせて、再帰代名詞のsiはessendoに結合させてessendosi、そのあとにalzareの過去分詞alzatoを続けます。

接続詞を用いてジェルンディオを言い換えてみる

ジェルンディオを用いた文は、接続詞を用いて表すこともできます。mentre「〜しながら」、perché「〜なので」、anche se「〜だけれども」などを示す接続詞を使った文と、ジェルンディオを用いた文の両方を表現できるようにしましょう。意味は同じですが、接続詞を用いた文のほうは意味がより明確になり、説得力を増す場合があります。

Prendendo il sole sulla terrazza, leggevo il libro che mi hai dato.
  = <u>Mentre</u> prendevo il sole sulla terrazza, leggevo il libro che mi hai dato.

テラスで日光浴をしながら、私はきみがくれた本を読んでいた。

Maria si è sentita male avendo bevuto troppo.
  =Maria si è sentita male <u>perché</u> ha bevuto troppo.

マリーアは飲みすぎたので気分が悪くなった。

Pur essendo arrabbiata, lei ha accettato la decisione del capoufficio.
  = <u>Anche se</u> era arrabbiata, lei ha accettato la decisione del capoufficio.

彼女は腹を立てていたが、事務長の決定を受け入れた。

進行形を表すジェルンディオ

[stare＋ジェルンディオ]は進行形として用いられます。

Cosa <u>stai facendo</u>? - <u>Sto parlando</u> al telefono.

きみは何してるの？　私は電話中です。

Mio padre <u>sta bevendo</u> della birra alla spina.

私の父は生ビールを飲んでいる。

Mario <u>stava aspettando</u> il suo turno dal dentista.

マリオは歯医者で自分の番を待っていた。

[venire＋ジェルンディオ]は徐々に進行する様子を表します。

L'appetito <u>viene mangiando</u>.　　　食べると食欲が湧いてくる。

[andare＋ジェルンディオ]は反復する様子を表します。

Mauro <u>va dicendo</u> a tutti che ha superato l'esame.

マウロは試験に合格したことを皆に言い続けている。

In quel periodo il prezzo della farina <u>andava aumentando</u>.

その頃、小麦粉の価格が上昇し続けていた。

13-7-2 現在分詞 （Il participio presente）

現在分詞の作り方

まず現在分詞の作り方を見てみましょう。-are 動詞は -are の部分を **-ante** に、-ere動詞、-ire動詞は -ere、-ire の部分を **-ente** に代えます。

-are ➡ -ante

-ere ➡ -ente

-ire ➡ -ente

-ire 動詞の中には -iente となるものもあります。

provenire → provenient<u>e</u>
来る、由来する　　〜発の

ubbidire → ubbidient<u>e</u>　　convenire → convenient<u>e</u>
従う　　　　従順な　　　　　好都合である　　好都合な

いろいろな働きをする現在分詞

現在分詞は形容詞、または名詞としての働きを持ちます。

1) 形容詞の例です。「〜している」という能動的な意味を名詞に与えます。名詞の数の変化に合わせて複数のときは-anti/-enti にします。

affascinare 魅了する → affascinant<u>e</u> 魅力的な
　　　　　　　　　　　una donna affascinante 魅力的な女性

entrare 入る → entrant<u>e</u> 来るべき
　　　　　　　　　　　la stagione entrante 次の季節

esigere 要求する → esigent<u>e</u> 厳しい
　　　　　　　　　　　una richiesta esigente 厳しい要求

cadere 落下する → cadent<u>e</u> 落下する
　　　　　　　　　　　una stella cadente 流れ星

seguire 追う → seguent<u>e</u> 以下の
　　　　　　　　　　　la pagina seguente 次のページ

7. 不定法

rimanere 残る → rimanente 残りの
　　　　　　　　　la fetta rimanente 残ったひと切れ
interessante 興味深い　brillante 輝く　　bollente 沸いている
pesante 重い　　　　　importante 重要な
umiliante 屈辱的な　　sorridente 笑みを浮かべた

Anche se le cose le vanno male, Monica è sempre sorridente.
　　　　たとえ事がうまく運ばなくても、モニカはいつもにこやかでいる。

Mettete la pasta nell'acqua bollente.
　　　　　　　　　　　沸騰した湯にパスタを入れてください。

2) 形容詞と名詞の両方の意味を持つものもあります。

amare 愛する → amante 〜を愛好する／愛人
assistere 補佐する → assistente 補佐の／アシスタント
corrispondere 一致する → corrispondente 対応する／特派員
contribuire 貢献する → contribuente 寄与する／納税者

3)「〜する人」という意味の名詞です。男女同形のものが多く、性は冠詞によって区別されます。

cantante 歌手　　　insegnante 教師　　comandante 司令官
commerciante 商人　dirigente 指導者　　migrante 移民
principiante 初心者　rappresentante 代表者
combattente 戦士　　attaccante 攻撃者、フォワード
discendente 子孫　　conducente 運転手

性・数の見分け方

	単数	単数	複数
男性	un cantante	il cantante	➡ i cantanti
女性	una cantante	la cantante	➡ le cantanti

4） 次の語は、形は現在分詞ですが、名詞として用いられています。

    recipiente 容器　　serpente へび　　stampante プリンター

5） ラテン語などからの由来のものは対応する動詞が現代イタリア語には見当たらない場合もあります。

    docente 教える／教員　ambiente 周囲の／環境
    intelligente 知的な

6） 現在分詞が「〜する」という意味を名詞に与えて関係節の働きをする場合があります。主に公文書や法律用語において用いられます。

  la tutela del lavoratore nelle norme vigenti
                                現行法における労働者の保護

  norma vigente 現行法 ← norma che vige ancora
                                現在も効力ある規定

  legislazione riguardante la riforma della Camera
                                  下院の改革に関する法律

        ← legislazione che riguarda 〜　〜に関する法律

13-7-3 過去分詞 （Il participio passato）

過去分詞の働き

　過去分詞の作り方は近過去の項で学びました。☞ p.220　-are動詞、-ere動詞、-ire動詞のそれぞれ -are、-ere、-ire の部分を次のように変えます。

-are ➡ -ato	telefonare ➡ telefonato
-ere ➡ -uto	credere ➡ creduto
-ire ➡ -ito	uscire ➡ uscito

7. 不定法

1）過去分詞はすでに学んだように複合時制や受け身の表現において用いられます。 ☞ p.130、220

Ieri le ho telefonato e mi sono scusato.　　　　　［近過去］
　　　　　　　　　　　　　　　　　昨日彼女に電話して謝った。

Mio cugino è stato assunto da una grossa compagnia giapponese.　　　　　　　　　　　　　　　　　　　　［受け身］
　　　　　　　　　私の従兄弟は日本の大きな会社に雇われた。

Il direttore avrebbe ricevuto diverse tangenti dall'imprenditore.
　　部長は企業家から何度も賄賂を受け取ったのかもしれない。［条件法過去］

Ecco la canzone che mi ha cambiato la vita!　　　［近過去］
　　　　　　　　　　　　　　　ほらこの歌が私の人生を変えたんだ！

Alessia è sempre stata brava in chimica ed è diventata una ricercatrice di un'industria chimica.　　　　［近過去］
　アレッシアはいつも化学が優秀だったので化学工業の研究者になった。

Lui ci ha domandato se noi eravamo stati in Italia.
　　私たちがイタリアにいたのかどうか彼は私たちに尋ねた。［近過去］［大過去］

再帰動詞や自動詞（複合時制において [essere + 過去分詞] になるもの）のときは、**過去分詞の語尾は意味上の主語の性・数に一致させます。**

2）過去分詞は名詞を修飾し、形容詞や関係節の働きを持ちます。 修飾する名詞の性・数に応じて語尾を -o、-i、-a、-e と変化させます。他動詞の過去分詞のときは受動的な意味「〜された」に、自動詞の過去分詞のときは能動的な意味「〜した」になります。

Vendiamo un tavolo in legno intarsiato lavorato a mano.
　　　　　　　　　私たちは手作りの寄木細工のテーブルを売っています。

　　　　　　　lavorare（他動詞：加工する）→ lavorato（加工された）

Luciano mi ha regalato un libro <u>dedicato</u> alla moglie <u>scomparsa</u>.　ルチャーノは亡くなった彼の妻に捧げた本を私にくれた。

dedicare（他動詞：捧げる）→ dedicato（捧げられた）

scomparire（自動詞：死ぬ）→ scomparso（死去した）

Eravamo <u>seduti</u> in silenzio.　私たちは黙って座っていた。

sedere（自動詞：座る）→ seduto（座っている）

Abbiamo visto un orso <u>sceso</u> in città per cercare cibo.
私たちは食べ物を探しに町へ降りてきた熊を見ました。

scendere（自動詞：降りる）→ sceso（降りてきた）

過去分詞が直接補語人称代名詞（**mi**、**ti**、**lo**、**la**、**ci**、**vi**、**li**、**le**）や間接補語人称代名詞（**mi**、**ti**、**gli**、**le**、**ci**、**vi**、**gli**）、代名小詞類（**ci**、**ne**、**lo**）、再帰代名詞（**mi**、**ti**、**si**、**ci**、**vi**、**si**）を伴うときは、**過去分詞の後ろに結合させます**。

Il piatto portato<u>ci</u> era buono.
私たちに運ばれてきた料理はおいしかったです。

portare（運ぶ）→ portato（運ばれてきた）＋ ci（私たちに）

3）独立した形容詞や名詞として用いられているものも多くあります。

abbronzato（日焼けした）　　bollito（沸かした／ゆで肉）
cantata（カンタータ／歌うこと）deputato（選ばれた／下院議員）
documentato（証拠に基づいた）
laureato（学士号を得た／大学卒業者）
raccomandata（書留郵便）　smarrito（紛失した）
stampato（印刷された／印刷物）

4）時「〜したあと」、理由「〜なので」、譲歩「〜だが」、条件「〜であれば」などを表す副詞節を作ります。副詞節の意味上の主語は、普通、主節の主語と同じです。

Letta la rivista, l'uomo l' ha lasciata sulla panchina.
(Dopo che aveva letto ...)

その男性は雑誌を読むと、それをベンチの上に置いていった。

直接補語を伴うときは、過去分詞の語尾はその目的語の性・数に一致させます。

Una volta raggiunto l'obiettivo, che cosa dovrei fare?
(Una volta fosse stato raggiunto ...)

一度目的が達成されたら、私はどうすればよいのだろうか？

Finitolo, ci riposeremo.
(Quando lo finiremo ...)　　　　　それを終えたら、休憩しよう。

補語人称代名詞は過去分詞の語尾に結合させます。過去分詞の語尾は補語人称代名詞の性・数に一到させます。

Usciti dal cinema, siamo andati a prendere un aperitivo.
(Dopo che eravamo usciti ...)

映画館を出ると、私たちは食前酒を飲みに行った。

essereを助動詞にとる自動詞や再帰動詞の過去分詞は、語尾を主語の性・数に一到させます。

Benché arrabbiato, Edoardo è andato a prenderla.
(Benché fosse arrabbiato...)

腹を立てていたが、エドアルドは彼女を迎えに行った。

譲歩のときは、benché, pure, anche se などを過去分詞の前に置いて**譲歩の意味**を明示します。

Svegliatosi per il calore, il giovane ha potuto spegnere le fiamme.
(Poiché si è svegliato ...)

その青年は熱さで目が覚めたので、火を消すことができた。

再帰動詞のときも再帰代名詞を過去分詞に結合させます。

> **Un momento!**
>
> 「〜した後で」の表現
>
> 「〜した後で」を表現するとき、次のパターンがあります。
> ① dopo che 〜を用いる場合は [dopo che ＋節]
> ② 過去分詞を用いる場合は dopo の後ろに不定詞の複合形
>   [dopo ＋ avere ＋過去分詞]　[dopo ＋ essere ＋過去分詞]
> ③ ジェルンディオを用いる場合はジェルンディオの過去
>   [avendo ＋過去分詞] [essendo ＋過去分詞]
> ④ 過去分詞のみ用いる場合は [過去分詞]
>
>
> ① Dopo che ho finito gli esami, scrivo la tesi.
> ② Dopo aver finito gli esami, scrivo la tesi.
> ③ Avendo finito gli esami, scrivo la tesi.
> ④ Finiti gli esami, scrivo la tesi.
>
> 　　　　　　　　　　　　試験を終えたら、私は論文を書きます。
>
> ① Dopo che è entrata nella stanza, Paola è rimasta stupita per la festa a sorpresa.
> ② Dopo essere entrata nella stanza, Paola è rimasta stupita per la festa a sorpresa.
> ③ Essendo entrata nella stanza, Paola è rimasta stupita per la festa a sorpresa.
> ④ Entrata nella stanza, Paola è rimasta stupita per la festa a sorpresa.
>
> 　　　　　　　　　　部屋へ入って、パオラはサプライズパーティーに驚いた。

13-7-4 不定詞 （L'infinito）

　不定詞は、辞書の見出しとして載っている動詞の形です。-are、-ere(-rre もある)、-ire の形のこれらの動詞を**不定詞の単純形**と言います。再帰動詞の場合は -arsi、-ersi、-irsi です。単に不定詞と言う場合、この単純形を指します。

　また、[avere ＋過去分詞] [essere ＋過去分詞] の形を**不定詞の複合形**と言います（[aver ＋過去分詞] [esser ＋過去分詞] のように avere、

7. 不定法

essere の語尾の母音が落ちることがよくあります）。複合形では再帰代名詞や目的語、代名小詞類は avere、essere の後ろに結合させます。

不定詞の単純形の例

inviare 送る	**ammalarsi** 病気になる
vendere 売る	**rompersi** 壊れる
partire 出発する	**vestirsi** 服を着る

不定詞の複合形の例

avere inviato	essersi ammalato(-i/-a/-e)
avere venduto	essersi rotto(-i/-a/-e)
essere partito(-i/-a/-e)	essersi vestito(-i/-a/-e)

不定詞は、いわば動詞と名詞との半ばの働きを持ちます。単純形は主語と同時の事柄を、複合形はそれ以前に完了した事柄を示します。以下に使用例を見てみましょう。

1）補助動詞（volere、potere、dovere、sapere）とともに用いる。

　　Vorrei diventare un mangaka.
　　　　　　　　　　　　私は漫画家になることができればと思っています。

2）非人称構文（bisogna、basta、occorre などに続けて、あるいは essere＋形容詞・副詞の形で）の意味上の主語として用いる。

　　Basta compilare questo modulo.
　　　　　　　　　　　　　　　この用紙に記入すれば十分です。

　　È necessario iscriversi al comune per usufruire dei servizi.　サービスを受けるためにはまず市に登録することが必要です。

3）使役動詞（fare、lasciare）とともに用いる。

　　Chi ha fatto cadere la palla nella piscina?
　　　　　　　　　　　　　　　誰がプールの中にボールを落としたの？

4）知覚動詞（ascoltare、guardare、sentire、vedere、osservare など）とともに用いる。

Ho visto gli stambecchi scendere in riva al lago.
　　　　　　私はアルプスアイベックスが湖の端まで降りてくるのを見ました。

5）piacere、preferire、desiderare に続けて用いる。

Mi piacerebbe partecipare al concorso artistico che si svolge a Roma.
　　　　　　私はローマで開催される芸術コンクールに参加できればと思っています。

Mi piacerebbe che Luca partecipasse al concorso artistico che si svolge a Roma.
　　　　　　私はローマで開催される芸術コンクールにルカが参加してくれればと思っています。
＊行為の主語が主節の主語と異なる場合は、従属節を続けて主語を明示します。

6）前置詞とともに用いる。

Hanno continuato a litigare.　彼らは口論を続けた。
Spero di vedervi presto.
　　　　　　近いうちにあなたたちにお会いできますように。
Spero di essere stato utile.　私がお役に立てたことを願っています。
Siamo andati a cambiare gli yen in euro.
　　　　　　私たちは円をユーロに替えに行った。
Vi ringrazio per aver scelto i nostri prodotti.
　　　　　　私どもの製品をお選びいただきまして誠にありがとうございます。
Com'è andata a finire?　　　　それは結局どうなったのか？

7）前置詞da とともに用いる。
da に不定詞を続けて「〜に値する」の意味を与えます。

Non ho niente da dire.　　　　私は何も言うことがない。
Ci deve essere qualcosa da fare anche per me.
　　　　　　私にも何かするべきことがあるはずだ。

8）慣用的命令表現とともに用いる。

NON AVVICINARSI　　　　　　　　　　近づかないでください

In una padella scaldare 2 cucchiai di olio d'oliva a fuoco medio e unirvi l'aglio schiacciato.
フライパンで大さじ2杯のオリーブオイルを中火で温め、そこにつぶしたニンニクを入れてください。

9）名詞化したもの

il potere 権力　　il dovere 義務　　il piacere 喜び
l'essere 存在　　l'avere 所有物

Lui ha usato il suo potere per ottenere alcune opere di Marinetti.
マリネッティのいくつかの作品を手に入れるために彼は権力を行使した。

Il padre gli ha comprato il libro "L'evoluzione dell'essere umano".　　父親は彼に『人類の進化』という本を買った。

Il conte ha lasciato tutti i suoi averi all'orfanotrofio.
その伯爵は自分の財産すべてを孤児院に残した。

10）情景描写や心理描写に用いる。

Ecco arrivare i soldati!　　　　　　あそこに軍勢が到着した！
Che fare in tale situazione?
そのような状況でどうしたらいいのだろう？

11）名詞として用いられる。

Mangiare è uno dei piaceri della vita.
食べることは人生の喜びの1つです。

Aprile, dolce dormire.　　　　4月は眠るのに心地よい。

Fare un po' di jogging fa bene alla circolazione.
少しジョギングすることは血液の循環によい。

第14章 仮定文 (Il periodo ipotetico)

仮定を表す文には se~ を使います。法の使い分けによってさまざまな様態の仮定文が作れます。

14-1 仮定文の作り方

仮定文の構成は、ある仮定条件を設定する**条件節**と、その条件のもとで起こり得ること（起こり得たこと）を表す**帰結節**から成ります。

「もし〜」の部分は普通 **se〜** で表します。実現の可能性に応じて、条件節、帰結節の動詞活用は次のようになります。

1）実現する可能性が高い事柄・現実のこと

Se ＋直説法,　　直説法.
　〜なら、　　　〜だ／〜だろう。

実現可能な仮定と、それが実現されたらこうなるという結果です。実現可能な仮定には**直説法**を用います。

帰結節の時制は過去、現在、未来があります。帰結節には直説法のほか、**命令法**「〜してください」、**条件法現在**「〜なのだが」も使われる場合があります。

Se prendo un caffè la sera, non riesco a dormire bene.
　　　　　　　　私は夜にコーヒーを飲むと、よく眠れません。

Se vuoi rilassarti tranquillamente, puoi guardare la TV sul divano.
　　　　　　　　もしきみは静かに休みたいなら、ソファーでテレビを見ればいい。

Se lo vedo, glielo dico subito.
　　　　　　　　もし彼に会ったら、私は彼にそのことをすぐに言います。

Se non parli chiaramente, non capisco che cosa vuoi.
　　　　　　　　もしはっきり言わないのなら、きみが何がほしいかわからない。

Se <u>studi</u> di più, <u>passerai</u> l'esame.
>きみはもっと勉強したら試験に合格するだろう。

Se domani <u>farà</u> bel tempo, <u>faremo</u> una bella passeggiata.
>もし明日天気がよければすてきな散歩をしよう。

Se <u>avrai finito</u> di farlo prima delle sei, <u>andremo</u> al cinema.
>もしきみがそれを6時前にし終えたら、映画に行こう。

Se <u>hai fatto</u> un errore, <u>dovrai</u> spiegarlo a tutti.
>もしきみが間違いを犯したなら、皆に説明しないといけないだろう。

Se <u>hai vinto</u> al lotto, <u>offrimi</u> la cena.
>もしきみがロトが当たったのなら、私に夕食をごちそうしてよ。

Se non <u>hai capito</u> la domanda, sicuramente <u>è stata</u> difficile per tutti.
>もしきみがその問いがわからなかったのなら、きっと皆にとってそれは難しかったんだ。

Se ti <u>chiamo</u>, <u>vieni</u> a prendermi.
>もし私がきみに電話したら、私を迎えにきてね。

Se <u>hai comprato</u> quella maglietta da rugby, la <u>vorrei</u> comprare anch'io.
>きみがあのラグビーのジャージを買ったのなら、私もそれを買いたいなあ。

これらの仮定文は、日常会話の中でよく使われる表現です。

2）実現する可能性が極めて低い事柄 ／ 実現不可能な現在の事柄

Se ＋接続法半過去,　　条件法現在.
>もし〜なら、　　　　〜なのに／〜のだが。

　実際には実現しないし、実現するとしても可能性は極めて低いが、その可能性を仮定して、それが可能であればこうなるという結果を述べています。seに導かれる条件節には接続法半過去を、帰結節には条件法現在を用います。

<u>Se</u> <u>fossi</u> in te, <u>cambierei</u> argomento.
> もし私がきみの立場なら、話題を替えるだろう。

<u>Se</u> <u>facesse</u> bel tempo, <u>faremmo</u> una gita in campagna.
> もし天気がよければ、私たちは田舎を散策するのだが。

<u>Se</u> io <u>fossi</u> ricco sfondato, <u>farei</u> un giro del mondo con il jet privato.
> もし私は大金持ちだったら、自家用ジェット機で世界を周りたいなあ。

<u>Se</u> <u>potessi</u>, <u>cambierei</u> lavoro.
> もしできることなら、私は転職したいのだけれど。

<u>Se</u> tu <u>venissi</u> da me, <u>sarei</u> contento.
> もしきみが私の家に来てくれたら、私はうれしいのだが。

<u>Se</u> <u>tornassi</u> indietro nel tempo, non <u>ripeterei</u> tutto quello che ho fatto nella vita.
> もし時間を戻すことができるなら、私は人生で行ってきたことすべてを繰り返さないだろう。

<u>Se</u> <u>nascessi</u> un'altra volta, <u>diventerei</u> astronauta e <u>viaggerei</u> nello spazio.
> もしもう一度生まれ変わることができるなら、宇宙飛行士になって宇宙を旅していたいのだが。

この仮定文は、「このようなことはないだろうけれど」「そうならないのはわかっているけれど」「あり得ないのだが」という想定をもとに、結果を述べています。

3) 実現することのない過去の事柄

Se ＋接続法大過去 ,　　条件法過去.
　もし〜だったら、　　　　〜だったのに。

実現しなかった過去の事柄を仮定して、実現しなかった過去の結果を述べる表現です。seに導かれる条件節には接続法大過去を、帰結節には条件法過去を用います。

1. 仮定文の作り方

Se mi aveste avvertito prima, avrei potuto cambiare programma.
もしきみたちが私に前に知らせていてくれたら、私は予定を変更することができたのに。

Se foste partiti dieci minuti prima, avreste potuto prendere l'ultimo treno.
10分早く出ていたら、きみたちは最終の列車に乗ることができたのに。

Se ci fosse stato il direttore, il risultato sarebbe stato diverso.　　もし部長がいたら、結果は違っていただろう。

Se avessi avuto tempo, avrei visitato la Galleria degli Uffizi.
もし時間があったなら、私はウッフィツィ美術館を訪れたことだろう。

Se tu mi avessi invitato, sarei venuto volentieri.
もしきみが私を招待してくれていたら、私は喜んで行ったことだろう。

Se avessi preso l'ombrello, non mi sarei bagnato.
もし傘を持っていっていれば、私は濡れずにすんだのに。
（←持っていかなかったから濡れてしまった）

Se non avessi preso l'ombrello, mi sarei bagnato.
もし傘を持っていかなかったら、私は濡れていただろう。
（←持っていったから濡れなかった）

　これらの仮定文は、上の例文からわかるように「もしこうしていたら、こうなっていたのに」という過去の事実に反する事柄を言うのに使われます。言外に「そうでなかったから、こうなってしまった」という、想定とは逆の事実があります。

　1）2）3）で見てきたように、仮定文を用いるとき、表現したい事柄について「現実のことか」「非現実のことか」「現在のことか」「過去のことか」など内容によって、話者は動詞活用を使い分けます。現実ではないことや実現性が極めて低い事柄には直説法は用いないわけです。

Se posso, cambierò lavoro.

　　　　　　　　　　　もしできれば、私は転職するつもりだ。

　直説法を用いたこの文は「私が転職する」可能性が十分にあると考えられます。仮定文において悩ましいのは日本語訳の中に現実性・およびその可能性の大小が現れにくいことがあります。

　仮定文を用いるときには、まず、表現したい事柄が現実のことか、それともそうでないのかを意識するようにして、文を作りましょう。

4）現在に結果がおよぶ過去の事実に反する仮定

Se ＋接続法大過去,　　条件法現在.
　もし〜だったら、　　　（今）〜なのに。

　これは、過去の事実に反する事柄を仮定して、その仮定が現在におよぶ結果を帰結節で述べています。このように、1）2）3）以外の組み合わせのバリエーションもあります。

Se avessi preso la medicina, mi sentirei meglio.

　　　　　　　　　もし薬を飲んでいたなら、私は気分が良いのだけれど。

Se avessi studiato di più, ora sarei un imprenditore.

　　　　　　　もしもっと勉強していたなら、私は今ごろ実業家になっているのだが。

5）直説法半過去を使った仮定文

　口語においては、実現することのない過去の事柄を表す3）の仮定文に**直説法半過去**を用いることがあります。

Se＋直説法半過去,　　直説法半過去.
　もし〜だったら、　　　〜だったのに。

Se lo sapevo, non ci andavo.

　　　　　　　もしそのことを知っていたら、私はそこへは行かなかったのに。

　また、条件節 se〜 にだけ直説法半過去を用いる場合、あるいは帰結節にだけ直説法半過去を用いる場合があります。このように直説法が接続法大過去に代用されたり、条件法過去に代用されたりするミック

スされた仮定文の形もあります。

Se ＋直説法半過去,　　条件法過去.

Se lo sapevo, non ci sarei andato.
　　　　もしそのことを知っていたら、私はそこへは行かなかったのに。

Se ＋接続法大過去,　　直説法半過去.

Se l'avessi saputo, non ci andavo.
　　　　もしそのことを知っていたら、私はそこへは行かなかったのに。

第15章 時制の一致
(La concordanza dei tempi)

主節の時制に合わせて従属節の時制が決まっています。まずはそのルールを覚えていきましょう。

15-1 主節と従属節の時制一致のルール

15-1-1 主節の動詞が直説法現在の場合

「〜であると言う」「〜であるのは確かだ」「〜だったと聞いた」のような、従属節を伴う文（＝複文）において、**従属節中の動詞は、主節の動詞に応じて形が変わります**。

主節の動詞が直説法現在のケースを見てみましょう。従属節の動詞活用は、その動詞が表す事柄が、主節の示す時制よりも「**未来**（それ以降のこと）」か、「**現在**（同時）」か、「**過去**（それ以前のこと）」かによって変わります。

下の例文の主節の動詞 dice「彼女は言う」は直説法現在です。che に導かれる節（＝従属節）の動詞は、その行為が主節の動詞の時制（現在）から見て、未来のことか、現在のことか、過去であるかに応じて次のようになります。

つまり、「アントニオがここに来る」という事柄が、**「彼女は言う」時点から見て**、これから**先のこと**なのか、**同時のこと**なのか、すでに**終わってしまったこと**なのか、の3つのパターンに分かれます。

Lei dice che　**直説法現在**　彼女は言う。

― Antonio **verrà** qui.　**直説法未来**　〈それ以降〉
　　アントニオはここに来るだろうと

― Antonio **verrebbe** qui.　**条件法現在**　〈それ以降〉
　　アントニオはここに来るはずだと

― Antonio **viene** qui.　**直説法現在**　〈同時〉
　　アントニオはここに来ると

― Antonio **sta venendo** qui.　**直説法現在**　〈同時(進行形)〉
　　アントニオはここに来る途中だと

1. 主節と従属節の時制一致のルール

Antonio è venuto qui.　　直説法近過去　〈それ以前〉
　　アントニオはここに来たと

Antonio veniva qui.　　直説法半過去　〈それ以前〉
　　アントニオはここに来ていたと

Antonio venne qui.　　直説法遠過去　〈それ以前〉
　　アントニオはここに来たと

Antonio sarebbe venuto qui.　条件法過去　〈それ以前〉
　　アントニオはここに来ただろうと

Sono sicuro che la nostra squadra vincerà questo campionato.
　　　　　　　　　　　　　　　　　　　　直説法未来　〈それ以降〉
私たちのチームはこの選手権できっと勝つだろう。

Sai che mio bisnonno arrivò dal Brasile?
　　　　　　　　　　　　　　　　　　　　直説法遠過去　〈それ以前〉
私の曽祖父はブラジルからやってきたこと知ってる？

15-1-2 主節の動詞が直説法過去の場合

　次に、主節の動詞が直説法過去（近過去、半過去、遠過去、大過去）のケースを見てみましょう。従属節中の動詞活用は、その動詞が表す事柄が、主節の示す時制よりも「それ以降」か、「同時」か、「それ以前」かによって変わります。これらの組み合わせによって、たとえば、過去の事実であるのか、完了したことか、繰り返したことか、進行した事柄か、現在から見て遠い歴史的叙述か、過去のある時点から見てさらに過去のことか、などを表すことができます。考え方は15-1-1と同じです。

　「アントニオがここに来る」という事柄が、「彼女は言った」時点から見て、これから先のことなのか、同時のことなのか、すでに終わってしまったことなのか、の3つのパターンに分かれます。

1. 主節と従属節の時制一致のルール

Lei ha detto/diceva/
　　　近過去　　半過去
disse/aveva detto che
遠過去　　大過去
彼女は言った／言っていた。

　Antonio sarebbe venuto qui.
　　　条件法過去　〈それ以降〉
　アントニオはここに来るだろうと

　Antonio veniva qui.
　　　直説法半過去　〈それ以降〉
　アントニオはここに来るだろうと

- -

　Antonio veniva qui.
　　　直説法半過去　〈同時〉
　アントニオはここに来ると

　Antonio stava venendo qui.
　　　直説法半過去　〈同時（進行形）〉
　アントニオはここに来る途中だと

- -

　Antonio venne qui.
　　　直説法遠過去　〈それ以前〉
　アントニオはここに来たと

　Antonio era venuto qui.
　　　直説法大過去　〈それ以前〉
　アントニオはここに来たと

15 時制の一致

Ho sentito che lei avrebbe partecipato al concorso nazionale di drammaturgia.
　　　彼女が国内戯曲コンクールに参加するだろうと私は聞きました。

Ada mi ha detto che suo figlio studiava molto.
　　　息子がよく勉強しているとアーダは私に言った。

Mi hanno detto che avevano già cenato.
　　　彼らはもう夕食を済ませたと私に言った。

1. 主節と従属節の時制一致のルール

15-1-3 主節の動詞が条件法の場合

次に、主節の動詞が条件法（現在、過去）のケースを見てみましょう。従属節中の動詞活用が、その動詞が表す事柄が主節の示す時制よりも「それ以降」か、「同時」か、「それ以前」かによって変わるのは、これまでのパターンと同じです。

「アントニオがここに来る」という事柄を、「彼女はそうあってほしいと望んでいる／そうあればよかったのにと望んでいた」時点から見て、これから先のことなのか、同時のことなのか、すでに終わってしまったことなのか、の3つのパターンに分かれます。

Lei vorrebbe/ avrebbe voluto che
条件法現在　　条件法過去
彼女はよいのだけれど／よかったのだけれど。

- Antonio venisse qui.
  接続法半過去　〈それ以降〉
  アントニオがここに来てくれれば

- Antonio venisse qui.
  接続法半過去　〈同時〉
  アントニオはここに来てくれると

- Antonio fosse venuto qui.
  接続法大過去　〈それ以前〉
  アントニオはここに来てくれたなら

この場合、従属節の「それ以降」と「同時」の表現は同じです。文脈で判断しましょう。

Vorrei che domani andassimo a sciare.
明日私たちはスキーへ行けたらいいなあ。

Desiderei che mia zia venisse a trovarmi a Parigi.
おばがパリに私を訪ねて来てくれればうれしいのですが。

Lei vorrebbe che Antonio le mandasse una mail almeno una volta al giorno.
アントニオがメールをせめて1日に1回は送ってくれればと彼女は思っている。

Avrei voluto che lei avesse finito quel lavoro un po' prima.　彼女が少し早くその仕事を終えてくれたならばよかったのだが。

15-1-4 主節の動詞が現在で、従属節の動詞に接続法を用いる場合

では次に、従属節中の動詞に接続法を用いるケースを見てみましょう。主節の動詞が願望や判断、可能性や不確実なことなど、「主観」を伴う動詞であるとき、従属節の動詞活用は接続法です。

次の例文の主節の動詞「彼女は考える」は直説法現在です。che に導かれる節（= 従属節）の動詞は、その行為が主節の動詞の時制（現在）から見て、未来のことか、現在のことか、過去であるかに応じて次のようになります。

つまり、「アントニオがミラノへ出発する」という事柄が、「彼女は考える」時点から見て、これから先のことなのか、同時のことなのか、すでに終わってしまったことなのか、の3つのパターンに分かれます。

Lei pensa che
直説法現在
彼女は考えている。

- Antonio partirà per Milano. **直説法未来**〈それ以降〉
  アントニオはミラノへ出発するだろうと
- Antonio parta per Milano. **接続法現在**〈それ以降〉
  アントニオはミラノへ出発するだろうと
- Antonio parta per Milano. **接続法現在**〈同時〉
  アントニオはミラノへ出発すると
- Antonio stia partendo per Milano. **直説法現在**〈同時（進行形）〉
  アントニオはミラノへ出発するところだと
- Antonio sia partito per Milano. **接続法過去**〈それ以前〉
  アントニオはミラノへ出発したと

Ho paura che le succeda qualcosa di brutto.
　　私は彼女に何かよくないことが起きるのではないかと心配しています。

Bisogna che tu parli tranquillamente del problema con i tuoi parenti.

　　　　　きみはその問題についてきみの親戚と落ち着いて話をする必要がある。

Credo che questo sakè sia il migliore di questa zona.

　　　　　　　　　　　この酒はこの地域で最高だと思います。

Mi sembra che non abbiano capito niente.

　　　　　　　　　彼らは何もわからなかったように私には思えます。

Mi dispiace che tu non abbia potuto vedere quel bellissimo paesaggio.

　　　　　きみがあの最高の景色を見ることができなかったのは残念です。

15-1-5 主節の動詞が過去時制で、従属節の動詞に接続法を用いる場合

　次に、主節の動詞が過去時制（直説法近過去、半過去、遠過去、大過去）で従属節に接続法を用いるケースを見てみましょう。従属節中の動詞活用は、その動詞が表す事柄が、主節の示す時制よりも「それ以降」か、「同時」か、「それ以前」かによって変わるのは、これまでのパターンと同じです。

　che に導かれる節（＝従属節）の動詞は、その行為が主節の動詞の時制（過去）から見て、未来のことか、現在のことか、過去であるかに応じて次のようになります。

　「アントニオがミラノへ出発する」という事柄が、「彼女は考えた」時点から見て、これから先のことなのか、同時のことなのか、すでに終わってしまったことなのか、の3つのパターンです。

　主節の動詞は大きく分けて次のように直説法近過去、半過去、遠過去、大過去の場合があります。文脈や記述されている内容によってこれらの時制を使い分けます。

　注意点は、「アントニオがミラノへ出発する」という事柄が、「彼女は考えた」時点から見て未来のことであるとき、すなわち、「過去のある時点から見た未来」のとき、条件法過去を用いることです。

Lei ha pensato/pensava/ che
近過去　　　半過去
pensò / aveva pensato
遠過去　　　大過去
彼女は考えた／考えていた。

Antonio sarebbe partito per Milano.
条件法過去　〈それ以降〉

アントニオはミラノへ出発するだろうと

Antonio partisse per Milano.
接続法半過去　〈同時〉

アントニオはミラノへ出発すると

Antonio stesse partendo per Milano.
接続法半過去　〈同時（進行形）〉

アントニオはミラノへ出発するところだと

Antonio fosse partito per Milano.
接続法大過去　〈それ以前〉

アントニオはミラノへ出発したと

La madre sperava che suo figlio sarebbe tornato al paese.
母は息子が故郷へ帰ってくることを待ち望んでいた。

Pensavo che tutto andasse bene.
すべてうまくいくものと私は思っていた。

Non immaginavo che lui non si ricordasse di me.
彼が私のことを覚えていないとは想像していませんでした。

Era probabile che Anna l'avesse conosciuto da giovane.
アンナは若い頃に彼と知り合ったのかもしれなかった。

第16章 直接話法と間接話法
（Il discorso diretto）（Il discorso indiretto）

人の言葉を引用して伝える言い表し方のことを言います。直接話法と間接話法があります。

16-1 間接話法の作り方

人の言葉や考えを誰かに伝える表現法（話法）の中で、話者が直接話しているような形で伝えるのが**直接話法**、話者の言葉を書き手の立場から間接的に伝えるのが**間接話法**です。

Maria dice: "Sono contenta".
マリーアは、「私はうれしい」と言う。（直接話法）

Maria dice che è contenta.
マリーアは、自分はうれしいと言う。（間接話法）

直接話法では、話者の言葉を" "や《 》、- を用いて記します。間接話法では、話者の言葉を **che** や **se** などの接続詞のあとに続けます。

直接話法
- Maria dice: "Sono contenta".
- Maria dice:《Sono contenta》. マリーアは、「私はうれしい」と言う。
- Maria dice: –Sono contenta.

間接話法 Maria dice che è contenta. マリーアは自分はうれしいと言う。

主節の動詞には dire「言う」、raccontare「語る」、chiedere「尋ねる」, affermare「明言する」、esclamare「大声で言う」、insistere「強く主張する」などが用いられます。

1）主節が直説法現在・未来のとき
主節の動詞が直説法現在・未来のときは、che に続く節の動詞は直接話法の時制をそのまま用います。

Mio padre dice: "Vado a lavorare".

私の父は「私は仕事に行く」と言う。

→ Mio padre dice che va a lavorare.

私の父は自分は仕事に行くと言う。

Laura dice: "Vorrei andare in Sardegna".

ラウラは「サルデーニャ島に行ってみたい」と言う。

→ Laura dice che vorrebbe andare in Sardegna.

ラウラはサルデーニャ島に行ってみたいと言う。

Laura dirà: "Io non ci vado".

ラウラは「私はそこへ行かない」と言うだろう。

→ Laura dirà che non ci va.

ラウラは自分はそこへ行かないと言うだろう。

2）主節が直説法の過去時制のとき

次に、主節の動詞が直説法過去時制（近過去・半過去・遠過去）のときを見てみましょう。直接話法の法と時制は次のようになります。

直接話法:「　　　」中の文の時制	間接話法:接続詞に続く節の時制
①直説法現在・半過去 ➡	直説法半過去
②直説法近過去・遠過去・大過去 ➡	直接法大過去
③直説法未来 ➡	条件法過去
④条件法現在・過去 ➡	条件法過去

①Maria ha detto: "Parto". → Maria ha detto che partiva.

出発するとマリーアは言った。

①Maria ha detto: "Ero nervosa".

→ Maria ha detto che era nervosa.

緊張しているとマリーアは言った。

①Maria ha detto: "Da giovane giocavo a tennis".
→ Maria ha detto che da giovane giocava a tennis.
若い頃テニスをしていたとマリーアは言った。

②Maria ha detto: "Sono partita".
→ Maria ha detto che era partita.
出発したとマリーアは言った。

②Maria raccontava: "I Senatori gli ordinarono di tornare verso Roma".
→ Maria raccontava che i Senatori gli avevano ordinato di tornare verso Roma.
元老院の議員たちが彼にローマ方面に戻るように命じたとマリーアは語った。

②Maria ha detto: "Ero già uscita di casa".
→ Maria ha detto che era già uscita di casa.
もう家を出てしまっていたとマリーアは言った。

③Maria ha detto: "Partirò".
→ Maria ha detto che sarebbe partita.
出発するだろうとマリーアは言った。

③Maria ha detto: "Rimarrò a casa".
→ Maria ha detto che sarebbe rimasta a casa.
家に居るだろうとマリーアは言った。

④Maria diceva sempre: "Vorrei tornare al mio paese".
→ Maria diceva sempre che sarebbe voluta tornare al suo paese.
自分の故郷に帰ることができればなあといつもマリーアは言っていた。

④Maria ha detto: "Avrei voluto fare l'attrice".
→ Maria ha detto che avrebbe voluto fare l'attrice.
女優になりたかったのにとマリーアは言った。

3）疑問文を間接話法で表すとき
疑問文のときは、間接話法は**接続詞se**「〜かどうか」を用いて文を

続けます。疑問詞を用いた疑問文は、その疑問詞のあとに文を続けます。

Maria chiede a Franco e Anna: "Andate in palestra?".
マリーアはフランコとアンナに「あなたたちはジムへ行くの？」と尋ねます。

→ Maria chiede a Franco e Anna <u>se</u> vanno in palestra.
マリーアはフランコとアンナに、ジムへ行くかどうかを尋ねます。

Maria ha chiesto a Franco e Anna: "Andate in palestra?".
マリーアはフランコとアンナに「あなたたちはジムへ行くの？」と尋ねました。

→ Maria ha chiesto a Franco e Anna <u>se</u> andavano in palestra.
マリーアはフランコとアンナに、ジムへ行くかどうかを尋ねました。

Maria chiede a Franco: "Quando parti per Londra?".
マリーアはフランコに「いつロンドンへ出発するの？」と尋ねます。

→ Maria chiede a Franco <u>quando</u> parte per Londra.
マリーアはフランコにいつロンドンへ出発するのかを尋ねます。

Maria ha chiesto a Franco: "Quando parti per Londra?".
マリーアはフランコに「いつロンドンへ出発するの？」と尋ねました。

→ Maria ha chiesto a Franco <u>quando</u> partiva per Londra.
マリーアはフランコにいつロンドンへ出発するのかを尋ねました。

Maria chiede a Anna: "Dove hai conosciuto Franco?".
マリーアはアンナに「どこでフランコと知り合ったの？」と尋ねます。

→ Maria chiede a Anna <u>dove</u> ha conosciuto Franco.
マリーアはアンナにどこでフランコと知り合ったのかを尋ねます。

Maria ha chiesto a Anna: " Dove hai conosciuto Franco?".
マリーアはアンナに「どこでフランコと知り合ったの？」と尋ねました。

→ Maria ha chiesto a Anna <u>dove</u> aveva conosciuto Franco.
マリーアはアンナにどこでフランコと知り合ったのかを尋ねました。

4）間接話法にするときに変化する語句

　直接話法の文を間接話法の文に換えるとき、「　　」の文の要素は変化します。これまでに見てきたように、人称や動詞活用が変わるほかに、指示形容詞や副詞に次のような変化が生じます。

1. 間接話法の作り方

> **questo** これ／この ➡ **quello** それ／その
> **qui / qua** ここ ➡ **lì / là** そこ

さらに、主節の動詞が過去時制のとき、時を表す副詞句は次のような変化が生じます。

ora / adesso いま	➡	allora / in quel momento そのとき
oggi 今日	➡	quel giorno その日
ieri 昨日	➡	il giorno prima 前日
ieri sera 昨晩	➡	la sera prima 前の晩
domani 明日	➡	il giorno dopo / l'indomani 翌日
fra ~ （今から）～後に	➡	dopo ~ （そのときより）～後に
~ fa （今から）～前に	➡	~ prima （そのときより）～前に
stamattina 今朝	➡	quella mattina その朝
il mese scorso 先月	➡	il mese prima その前の月

Marco ha detto: "Tornerò qui fra un'ora".
　　　　　　　　「私は１時間後にここに戻る」とマルコは言った。

→ Marco ha detto che sarebbe tornato lì dopo un'ora.
　　　　　　　　１時間後にそこへ戻るとマルコは言った。

Marco ha detto: " Mi piace questa canzone".
　　　　　　　　「私はこの歌が好きだ」とマルコは言った。

→ Marco ha detto che gli piaceva quella canzone.
　　　　　　　　自分はその歌が好きだとマルコは言った。

Marco ha detto: "Oggi mi sento bene".
　　　　　　　　「今日は気分がいい」とマルコは言った。

→ Marco ha detto che quel giorno si sentiva bene.
　　　　　　　　その日は気分がよかったとマルコは言った。

Marco ha detto: "Ieri era la festa della donna".
「昨日は女性の日だった」とマルコは言った。

→ Marco ha detto che il giorno prima era stata la festa della donna.　前日は女性の日だったとマルコは言った。

Marco ha detto: "Lucia mi ha chiamato poco fa".
「少し前にルチーアが私に電話してきた」とマルコは言った。

→ Marco ha detto che Lucia l'aveva chiamato poco prima.　少し前にルチーアが自分に電話してきたとマルコは言った。

5）命令文を間接話法にする

　直接話法の命令文は、主節の動詞が直説法現在・未来のとき、「　」内の命令文を **[di＋不定詞]** に換えて、間接話法を作ります。

La mamma dice a Paola: "Aiutami a preparare la tavola".
「食卓の準備をするのを手伝って」と母さんはパオラに言う。

→ La mamma dice a Paola di aiutarla a preparare la tavola.
食卓の準備をするのを手伝うようにと母さんはパオラに言う。

　主節の動詞が直説法過去時制のときも、「　」内の命令文を **[di＋不定詞]** に換えて、間接話法を作ります。

Il professore ha detto: "Leggete il primo capitolo per domani".　「明日までに第1章を読むように」と教授は言った。

→ Il professore ha detto di leggere il primo capitolo per il giorno dopo.
教授は翌日までに第1章を読むようにと言った。

Il padre gli ha detto: "Vattene!"　「出ていけ！」と父親は彼に言った。

→ Il padre gli ha detto di andarsene.
父親は彼に出て行くように言った。

第17章 句読記号と発音関連

文字以外に文を表現するための句読記号と、イタリア語の発音の特徴的なルールを紹介します。

17-1 句読記号 （I segni di punteggiatura）

　文を書くにあたって、意味を明確にするためや，イントネーションを与えたりするための、文字以外の記号があります。それらを**句読記号**と言います。

①	〔.〕終止符／ピリオド	punto
②	〔,〕コンマ	virgola
③	〔;〕セミコロン	punto e virgola
④	〔:〕コロン	due punti
⑤	〔?〕疑問符	punto interrogativo
⑥	〔!〕感嘆符	punto esclamativo
⑦	〔...〕中断符	puntini di sospensione
⑧	〔" "〕〔' '〕〔« »〕引用符	virgolette
⑨	〔-〕ハイフン	trattino
⑩	〔–〕ダッシュ	lineetta
⑪	〔( )〕丸括弧	parentesi tonde
⑫	〔[ ]〕角括弧	parentesi quadre
⑬	〔/〕スラッシュ	sbarretta
⑭	〔*〕アスタリスク	asterisco
⑮	〔@〕アットマーク（アット）	chiocciola

①ピリオド〔.〕
　文の終わりに置きます。略語にも用いられます。

Tutte le strade portano a Roma.　　すべての道はローマに通ず。

La carezza del papa ha guarito il malato.
教皇が病人に触れ、病いを癒した。

sig.ra ＝ signora　〜氏

prof. ＝ professore　〜先生

D.O.C. ＝ Denominazione d'Origine Controllata
ワインの原産地統制呼称

ecc. ＝ eccetera　　など

②コンマ〔,〕

文中の休止、区切りを示します。

Prima di andare a dormire metto la crema idratante, massaggiando delicatamente.
私は休む前に保湿クリームを塗ってやさしくマッサージします。

Luca è bello, simpatico e intelligente.
ルカはかっこよくて感じがよくて知的です。

Avanti signorina, c'è posto!
お入りくださいお嬢さん、席がありますよ！

③セミコロン〔;〕

文どうしを区切ります。コンマより強い区切りですが、ピリオドよりも弱く、両者のちょうど中間の働きです。前後の文の内容につながりがあり、書き手のスタイルが反映されることが多くあります。

Di solito Lidia è sempre allegra; oggi invece mi sembra triste.
普通リディアはいつも陽気なのだが、今日は悲しそうに見える。

④コロン〔:〕

直接話法の導入に用いられるほかに、語の説明や例示を示します。

Lui mi ha risposto:《Verrò da te domani. Va bene?》
彼は私に答えた。「明日きみのところへ行くつもりだ。いいかい？」

Giovanni è troppo timido: deve cercare di essere più aperto.

ジョヴァンニはあまりに気が弱すぎる。もっと明るくするようにしたほうがいい。

Un esempio: il TPP, Trans-Pacific Partnership, appena concluso tra gli Stati Uniti e i paesi del Pacifico, tra cui Singapore e Vietnam, Giappone ed Oceania.

例としてTPP、つまり環太平洋連携協定がある。アメリカ合衆国と、シンガポール・ベトナム・日本・オセアニアを含む太平洋の国々との間で締結したばかりだ。

⑤ **疑問符〔？〕**

疑問文の末尾に用います。

Qual è il santo protettore della tua città?

きみの町の守護聖人は誰ですか？

Conosci la storia di San Francesco d'Assisi?

きみはアッシジの聖フランチェスコの物語を知っていますか？

⑥ **感嘆符〔！〕**

感嘆文の末尾に用います。

Non immaginavo che facesse così caldo!

これほど暑いとは思わなかった！

Oh! Com'è bello!　　　　　　ああ！　なんと美しい！

⑦ **中断符〔…〕**

文の中断を示します。最後まで言わずに途中でやめたり、躊躇して言うのをやめて、また再開するときなどに使います。ピリオドを3つ並べます。［…］は中略があることを示します。☞ p.322

Non so se Michele è sincero. A volte mi dice bugie …

ミケーレが誠実かどうか私はわかりません。ときどき私に嘘をつくから…。

Io … ecco … volevo dire solo questo.

私は…そう…ただこのことを言いたかったんだ。

⑧ 引用符 〔" "〕〔' '〕〔« »〕

　直接話法の「　」、引用部分や作品の題名など強調された部分を示します。〔' '〕は、〔" "〕の中に記された会話部分の区切りや新聞などの見出しに使われます。

　　Lui ha detto : "Anche se non ci credete, questa è la verità".

　　Lui ha detto :«Anche se non ci credete, questa è la verità».
　　　　　　「たとえきみたちが信じなくても、これが真実だ」と彼は言った。

　　Si racconta che "Il Principe" fu scritto in pochi mesi nel 1513.
　　　　　　『君主論』は1513年に数か月のうちに執筆されたと言われています。

⑨ ハイフン〔 - 〕

　語の連結、語の音節の区切りや改行を示します。手紙文などにおいて長い綴りの単語が行末に来た場合、音節でその単語を区切って改行します。

　　Incontro di calcio Francia - Spagna：3 - 3
　　　　　　　　　　　　フランス対スペインのサッカーの試合　3対3

　　nord-est　　北東

　　il rapido Milano-Roma　　ミラノ － ローマ間の特急列車

⑩ ダッシュ〔 － 〕

　直接話法の導入や挿入部分を示します。

　　Lui mi ha raccontato： –Anche la Sicilia fu colpita da molti terremoti.
　　　　　　彼は私にこう語った。「シチリアも幾度も地震に見舞われたのですよ。」

　　– Sentite, compare Turiddu – gli disse alfine – , lasciatemi raggiungere le mie compagne.　Che direbbero in paese se mi vedessero con voi? ...
　　　　「ねえ、トゥリッドゥ。」彼女はようやく口を開いた。「私を皆のところへ行かせてよ。あんたと一緒のところを見られたら、村で何て言われるか……」
　　　　（G. ヴェルガ『カヴァレリア・ルスティカーナ』）

⑪ **丸括弧〔 ( ) 〕**
挿入部分を示します。

> In Italia esistono due università "per stranieri", a Siena e Perugia (entrambe aperte a studenti stranieri e italiani).
> イタリアには、シエナとペルージャの2つの外国人大学(両方とも外国人学生にも、イタリア人学生にも開かれてる)があります。
>
> Giacomo Puccini (Lucca 1858 - Bruxelles 1924), compositore.
> ジャコモ・プッチーニ(1858年生 ルッカ 〜1924年没 ブリュッセル)作曲家。

⑫ **角括弧〔 [ ] 〕**
[ ]の中に自分の注釈を示す場合があります。また、[…]のように中断符を角括弧で閉じて、引用部分の中略箇所を示します。

> … don Michele e don Ugo e messer Ramiro,[20]
> 20. Michele […] Ugo […] Ramiro: Miguel de Corrella, Hugo de Moncada e Ramiro de Lorqua, luogotenente di Cesare Borgia.
> …ドン・ミケーレとドン・ウーゴとラミーロ、[20]
> 20. ミケーレ[…]ウーゴ[…]ラミーロ:チェーザレ・ボルジアの副将ミゲル・デ・コレッラ、ウーゴ・デ・モンカーダ、ラミーロ・デ・ロルカのこと
> ニッコロ・マキァヴェッリ『使節報告書・政府訓令書 第2巻』

⑬ **スラッシュ〔 / 〕**
2つの可能性を示すほか、数字の区切りや日付、URLの表記に用いられます。単にbarraと呼ばれることもあります。

> gli insegnanti di matematica e/o informatica
> 数学を教える教員か、情報工学を教える教員か、数学と情報工学の両方を教える教員
>
> Bologna, 21/2/2015   2015年2月21日　ボローニャ
> ＊21-2-2015, 21.2.2015の表記も可能です。

⑭ **アスタリスク〔＊〕**

　ページの下段に注を示すときに用いられることがあります。また、文中の語を隠しておくために伏字を [＊＊＊] のようにアスタリスクを3つ続けて示す場合があります。

⑮ **アットマーク／アット〔＠〕**

　URLの表記に用いられます。**chiocciola** とはカタツムリのことです。

　　grammatica@nhk-book.it

17-2 発音関連事項

1）音節の切り方 (La divisione in sillabe)

　音節とはひとまとまりの音の区切りを指します。単語を途中で区切る場合や、楽譜などにおいて歌詞の単語を分ける場合には、次の法則にしたがって分節します。

・原則として、単母音と単子音の組み合わせが1音節です。1つの母音の前か後ろに1つの子音を伴います。

　　　a-mo-re　　　Ro-ma　　　te-le-fo-na-re
　　　愛　　　　　　ローマ　　　電話する

・二重子音は前後の音節で分けます。

　　　pic-co-lo　　　mat-ti-na　　　ar-ri-vo
　　　小さい　　　　　朝　　　　　　到着

・二重母音、三重母音は1つの音節とします。

　　　pia-no　　mie-le　　I-ta-lia　　Ve-ne-zia　　a-iuo-la
　　　ピアノ　　はちみつ　　イタリア　　ヴェネツィア　　花壇

・連続する子音は最初の子音字のあとで分けます。

　　　Fi-ren-ze　　　ac-qua
　　　フィレンツェ　　水

2. 発音関連事項

・[l、m、n、r＋ほかの子音]の場合は、l、m、n、rは前の音節に入れます。

im-pe-ra-to-re　　com-bat-te-re　　scul-tu-ra
皇帝　　　　　　　戦う　　　　　　彫刻

pon-te　　　　　　sa-cer-do-te
橋　　　　　　　　聖職者

・[l、m、n、r＋ほかの子音]以外の子音の組み合わせの場合は、1つの音節にします。ch、gh、gl、gn、scは1つの子音として扱います。[s＋子音]のときも次に続く母音とまとめて1つの音節とします。br、tr、dr、cr、sf、str、sprも次にくる母音とまとめて1つの音節とします。

mo-stra　sca-la　na-scon-de-re　fa-mi-glia　sciar-pa
展示会　　階段　　隠す　　　　　家族　　　　マフラー

Bo-lo-gna　pa-dre　chi-tar-ra　ghiot-to-ne　cro-ce
ボローニャ　父親　　ギター　　　食いしん坊　　十字架

spruz-zo　sfu-ma-tu-ra　vi-bra-to
しぶき　　陰影／ニュアンス　振動した

tra-di-men-to　glo-ria　scri-ve-re
裏切り　　　　　栄光　　　書く

・cia行の音、gia行のつづりも音声上1つに扱います。

spe-cia-li-tà　　gior-no　　re-li-gio-ne
専門／名物　　　　日　　　　宗教

cioc-co-la-ta　　giap-po-ne-se
チョコレート　　　日本人（語）／日本の

2）アクセント (L'accento)

・イタリア語の単語のアクセントは、音節が2つ以上の場合、大部分は後ろから2番めの音節に置かれます。

amico 男友達　　　tradizione 伝統　　　padrona 女主人
nave 船　　　　　 portafoglio 財布　　　campanile 鐘
soffitto 天井　　　maggiordomo 執事　　 speranza 希望

2. 発音関連事項

・後ろから3つめの音節にアクセントのある単語はそのつど覚えるようにしましょう。特に、動詞の3人称複数の活用と、-ere動詞の不定詞のアクセントにも注意しましょう。

  camera 部屋　　Napoli ナポリ　　pubblico 公の／大衆
  tavolo 机　　coriandolo 色紙つぶて　　telefono 電話
  musica 音楽　　zucchero 砂糖　　incantevole 魅惑的な
  cantano 彼らは歌う　　ridono 彼らは笑う　　sentono 彼らは感じる
  vivere 生きる　　prendere 飲む、とる　　vendere 売る
  scrivere 書く　　leggere 読む　　mettere 置く

・一番最後の音節にアクセントがある単語にはアクセント記号をつけます。

  città 街　　caffè コーヒー　　università 大学　　virtù 徳
  venerdì 金曜日　　realtà 現実　　felicità 幸福
  partirò 私は出発するだろう (partire : 直説法未来)
  finì 彼は終えた (finire : 直説法遠過去)　　perché なぜ／〜だから

・単音節でアクセントのあるものは同音異義語と区別するためのものです。必ずつけましょう。

  è 〜です (essere : 直説法現在)　↔　e そして (接続詞)
  dà 彼は与える (dare : 直説法現在)　↔　da 〜から (前置詞)
  lì そこに (副詞)　↔　li 彼らを／それらを
           (直接補語人称代名詞)、その (定冠詞)
  tè 紅茶　↔　te きみを (直接補語人称代名詞・強勢形)

・アクセント記号には　右下がりのアクセント [`]　accento grave と、左下がりのアクセント [´] accento acuto があります。左下がりのアクセントがつくのは、-ché の語尾を持つ接続詞 (perché、poiché、affinché、benché など)、否定の接続詞の né、数詞の -tré など、かなり限られます。また、アクセントの位置によって意味が変わる場合、

曖昧さを避けるためにアクセントをつけることがあります。

l'àncora della nave　　　↔　Non avete ancóra finito?
　　船の錨　　　　　　　　　　きみたちはまだ終わっていないの？
　名詞 ancora 錨 [アンコラ]　　　副詞 ancora まだ〜ない [アンコーラ]

Perché vuoi lèggere questo libro? ↔ ricette leggère a base di carne
きみはなぜこの本を読みたいの？　　　肉ベースの軽いレシピ
　動詞 leggere 読む [レッジェレ]　　形容詞 leggere 軽い [レッジェーレ]

Quel paese ha subìto danni dall'alluvione. ↔ Aspettami, vengo súbito.
その村は洪水の被害を受けた。　　　　　待ってよ、すぐに行くから。
　動詞 subire 受ける／被るの過去分詞 [スビート]　副詞 subito すぐに [スービト]

・「エ」の音には è（開口母音）と é（閉口母音）、「オ」の音には ò（開口母音）と ó（閉口母音）のそれぞれ2種類あります。イタリア語の母音字は [a、e、i、o、u] ですが、母音の数は全部で7つになります。

3）母音省略　(L'elisione)

隣接する2つの母音の前のほうを省略する場合が多くあります。その場合には ['] apostrofo アポストロフォをつけて、1つの単語のように発音します。不定冠詞 un' ☞ p.27 、定冠詞 l' ☞ p.29 、指示形容詞 quell' ☞ p.47 、形容詞 bell' ☞ p.37 、buon' ☞ p.38 の形はすでに見ました。c'è、non c'è もそうです。前置詞 di に母音が続く場合 di の i は省略されることがよくあります。

　　un'amica　1人の女友達　　l'arte　芸術　　quell'uomo　あの男性
　　Bell'Italia　美しきイタリア　　la buon'anima　故人
　　nell'armadio　たんすの中に　　all'aperto　戸外で

di が d' となったもの

　　d'inverno　冬の　　d'oro　金の　　d'amore　愛の

da が d' となったもの（慣用句として用いられます）

 d'ora in poi これから d'altra parte だがしかし
 d'altronde とは言っても

4）語尾切断　(Il troncamento)

単語の語尾が [l、n、r + e、o] のとき、語尾の母音の [e、o] が省略されます。義務的なものとそうでないものがあります。不定冠詞 un ☞ p.27 、形容詞 bel、gran ☞ p.40 などについてはすでに見ました。

 un amico 1人の男友達 un bel panorama すばらしい眺望
 una gran fame ひどい空腹

 Signor Longo ロンゴ氏 Suor Costa コスタシスター
 mal di testa 頭痛 Qual è? どれですか？

5）好音字　(La 'd' eufonica)

前置詞の a や、接続詞の e、o の次に母音で始まる語が続く場合、d を添えて音を滑らかにする場合があります。同じ音の母音でない場合は無理にそうする必要はありません。

 ed ecco それにほら　　　　ad esempio たとえば
 エデッコ　　　　　　　　　アデゼンピオ

 ad opera di ～ ～によって　　io ed Elena 私とエレナ
 アドーペラ ディ　　　　　　イオ エデーレナ

付録

ローマ数字と序数

アラビア数字	ローマ数字	序数
1	I	primo
2	II	secondo
3	III	terzo
4	IV	quarto
5	V	quinto
6	VI	sesto
7	VII	settimo
8	VIII	ottavo
9	IX	nono
10	X	decimo
11	XI	undicesimo
12	XII	dodicesimo
13	XIII	tredicesimo
14	XIV	quattordicesimo
15	XV	quindicesimo
16	XVI	sedicesimo
17	XVII	diciassettesimo
18	XVIII	diciottesimo
19	XIX	diciannovesimo
20	XX	ventesimo
21	XXI	ventunesimo
22	XXII	ventiduesimo
23	XXIII	ventitreesimo
24	XXIV	ventiquattresimo
25	XXV	venticinquesimo
26	XXVI	ventiseiesimo
27	XXVII	ventisettesimo
28	XXVIII	ventottesimo

アラビア数字	ローマ数字	序数
29	XXIX	ventinovesimo
30	XXX	trentesimo
40	XL	quarantesimo
50	L	cinquantesimo
60	LX	sessantesimo
70	LXX	settantesimo
80	LXXX	ottantesimo
90	XC	novantesimo
100	C	centesimo
200	CC	duecentesimo
300	CCC	trecentesimo
400	CD	quattrocentesimo
500	D	cinquecentesimo
600	DC	seicentesimo
700	DCC	settecentesimo
800	DCCC	ottocentesimo
900	CM	novecentesimo
1000	M	millesimo

ローマ数字ではアラビア数字の 0（zero）にあたるものがありません。

2016 年はローマ数字で MMXVI となります。

序数形容詞の場合は、次に続く名詞の性・数によって語尾が -o/-a/-e/-i と変化します。

イタリア語発音のめやす

	a ア	e エ	i イ	o オ	u ウ
b	ba バ	be ベ	bi ビ	bo ボ	bu ブ
c	ca カ	che ケ	chi キ	co コ	cu ク
	cia チャ	ce/cie チェ	ci チ	cio チョ	ciu チュ
d	da ダ	de デ	di ディ	do ド	du ドゥ
f	fa ファ	fe フェ	fi フィ	fo フォ	fu フ
g	ga ガ	ghe ゲ	ghi ギ	go ゴ	gu グ
	gia ジャ	ge/gie ジェ	gi ジ	gio ジョ	giu ジュ
	glia リャ	glie リェ	gli リ	glio リョ	gliu リュ
	gna ニャ	gne ニェ	gni ニ	gno ニョ	gnu ニュ
h	ha ア			ho オ	
i	ia ヤ・イーア	ie イェ・イーエ		io ヨ・イーオ	iu ユ
l	la ラ	le レ	li リ	lo ロ	lu ル
m	ma マ	me メ	mi ミ	mo モ	mu ム
n	na ナ	ne ネ	ni ニ	no ノ	nu ヌ
p	pa パ	pe ペ	pi ピ	po ポ	pu プ
q	qua クワ	que クエ	qui クイ	quo クオ	
r	ra ラ	re レ	ri リ	ro ロ	ru ル
s	sa サ・ザ	se セ・ゼ	si スィ・ズィ	so ソ・ゾ	su ス・ズ
	sca スカ	sche スケ	schi スキ	sco スコ	scu スク
	scia シャ	sce/scie シェ	sci シ	scio ショ	sciu シュ
t	ta タ	te テ	ti ティ	to ト	tu トゥ
u	ua ワ	ue ウェ	ui ウィ	uo ウォ	
v	va ヴァ	ve ヴェ	vi ヴィ	vo ヴォ	vu ヴ
z	za ヅァ・ツァ	ze ヅェ・ツェ	zi ヅィ・ツィ	zo ヅォ・ツォ	zu ヅゥ・ツ

* カタカナ表記はあくまで学習の手助けとなるものです。正しい発音は耳から覚えましょう。

essere、avere および規則動詞活用表

1. essere 動詞 （下線はアクセントのある部分）

人称	直説法			
	現在	近過去	半過去	大過去
io	sono	sono stato/a	ero	ero stato/a
tu	sei	sei stato/a	eri	eri stato/a
lui/lei/Lei	è	è stato/a	era	era stato/a
noi	siamo	siamo stati/e	eravamo	eravamo stati/e
voi	siete	siete stati/e	eravate	eravate stati/e
loro	sono	sono stati/e	erano	erano stati/e
	遠過去	前過去（先立過去）	未来	前未来（先立未来）
io	fui	fui stato/a	sarò	sarò stato/a
tu	fosti	fosti stato/a	sarai	sarai stato/a
lui/lei/Lei	fu	fu stato/a	sarà	sarà stato/a
noi	fummo	fummo stati/e	saremo	saremo stati/e
voi	foste	foste stati/e	sarete	sarete stati/e
loro	furono	furono stati/e	saranno	saranno stati/e

人称	接続法			
	現在	過去	半過去	大過去
io	sia	sia stato/a	fossi	fossi stato/a
tu	sia	sia stato/a	fossi	fossi stato/a
lui/lei/Lei	sia	sia stato/a	fosse	fosse stato/a
noi	siamo	siamo stati/e	fossimo	fossimo stati/e
voi	siate	siate stati/e	foste	foste stati/e
loro	siano	siano stati/e	fossero	fossero stati/e

人称	条件法		命令法	不定法
	現在	過去		過去分詞
io	sarei	sarei stato/a	-	stato
tu	saresti	saresti stato/a	sii	
lui/lei/Lei	sarebbe	sarebbe stato/a	sia	ジェルンディオ
noi	saremmo	saremmo stati/e	siamo	essendo
voi	sareste	sareste stati/e	siate	
loro	sarebbero	sarebbero stati/e	siano	

2. avere 動詞

(下線はアクセントのある部分)

直説法

人称	現在	近過去	半過去	大過去
io	ho	ho avuto	avevo	avevo avuto
tu	hai	hai avuto	avevi	avevi avuto
lui/lei/Lei	ha	ha avuto	aveva	aveva avuto
noi	abbiamo	abbiamo avuto	avevamo	avevamo avuto
voi	avete	avete avuto	avevate	avevate avuto
loro	hanno	hanno avuto	avevano	avevano avuto

人称	遠過去	前過去（先立過去）	未来	前未来（先立未来）
io	ebbi	ebbi avuto	avrò	avrò avuto
tu	avesti	avesti avuto	avrai	avrai avuto
lui/lei/Lei	ebbe	ebbe avuto	avrà	avrà avuto
noi	avemmo	avemmo avuto	avremo	avremo avuto
voi	aveste	aveste avuto	avrete	avrete avuto
loro	ebbero	ebbero avuto	avranno	avranno avuto

接続法

人称	現在	過去	半過去	大過去
io	abbia	abbia avuto	avessi	avessi avuto
tu	abbia	abbia avuto	avessi	avessi avuto
lui/lei/Lei	abbia	abbia avuto	avesse	avesse avuto
noi	abbiamo	abbiamo avuto	avessimo	avessimo avuto
voi	abbiate	abbiate avuto	aveste	aveste avuto
loro	abbiano	abbiano avuto	avessero	avessero avuto

条件法 / 命令法 / 不定法

人称	条件法 現在	条件法 過去	命令法	不定法
io	avrei	avrei avuto	-	現在分詞 avente
tu	avresti	avresti avuto	abbi	過去分詞 avuto
lui/lei/Lei	avrebbe	avrebbe avuto	abbia	
noi	avremmo	avremmo avuto	abbiamo	ジェルンディオ
voi	avreste	avreste avuto	abbiate	avendo
loro	avrebbero	avrebbero avuto	abbiano	

3. amare（-are 動詞）

（下線はアクセントのある部分）

直説法

人称	現在	近過去	半過去	大過去
io	amo	ho amato	amavo	avevo amato
tu	ami	hai amato	amavi	avevi amato
lui/lei/Lei	ama	ha amato	amava	aveva amato
noi	amiamo	abbiamo amato	amavamo	avevamo amato
voi	amate	avete amato	amavate	avevate amato
loro	amano	hanno amato	amavano	avevano amato

人称	遠過去	前過去（先立過去）	未来	前未来（先立未来）
io	amai	ebbi amato	amerò	avrò amato
tu	amasti	avesti amato	amerai	avrai amato
lui/lei/Lei	amò	ebbe amato	amerà	avrà amato
noi	amammo	avemmo amato	ameremo	avremo amato
voi	amaste	aveste amato	amerete	avrete amato
loro	amarono	ebbero amato	ameranno	avranno amato

接続法

人称	現在	過去	半過去	大過去
io	ami	abbia amato	amassi	avessi amato
tu	ami	abbia amato	amassi	avessi amato
lui/lei/Lei	ami	abbia amato	amasse	avesse amato
noi	amiamo	abbiamo amato	amassimo	avessimo amato
voi	amiate	abbiate amato	amaste	aveste amato
loro	amino	abbiano amato	amassero	avessero amato

人称	条件法 現在	条件法 過去	命令法	不定法
io	amerei	avrei amato	-	現在分詞 amante
tu	ameresti	avresti amato	ama	過去分詞
lui/lei/Lei	amerebbe	avrebbe amato	ami	amato
noi	ameremmo	avremmo amato	amiamo	ジェルンディオ
voi	amereste	avreste amato	amate	amando
loro	amerebbero	avrebbero amato	amino	

4. temere（-ere 動詞） （下線はアクセントのある部分）

直説法

人称	現在	近過去	半過去	大過去
io	temo	ho temuto	temevo	avevo temuto
tu	temi	hai temuto	temevi	avevi temuto
lui/lei/Lei	teme	ha temuto	temeva	aveva temuto
noi	temiamo	abbiamo temuto	temevamo	avevamo temuto
voi	temete	avete temuto	temevate	avevate temuto
loro	temono	hanno temuto	temevano	avevano temuto

人称	遠過去	前過去（先立過去）	未来	前未来（先立未来）
io	temei または temetti	ebbi temuto	temerò	avrò temuto
tu	temesti	avesti temuto	temerai	avrai temuto
lui/lei/Lei	temé または temette	ebbe temuto	temerà	avrà temuto
noi	tememmo	avemmo temuto	temeremo	avremo temuto
voi	temeste	aveste temuto	temerete	avrete temuto
loro	temerono または temettero	ebbero temuto	temeranno	avranno temuto

接続法

人称	現在	過去	半過去	大過去
io	tema	abbia temuto	temessi	avessi temuto
tu	tema	abbia temuto	temessi	avessi temuto
lui/lei/Lei	tema	abbia temuto	temesse	avesse temuto
noi	temiamo	abbiamo temuto	temessimo	avessimo temuto
voi	temiate	abbiate temuto	temeste	aveste temuto
loro	temano	abbiano temuto	temessero	avessero temuto

条件法・命令法・不定法

人称	条件法 現在	条件法 過去	命令法	不定法 過去分詞
io	temerei	avrei temuto	-	temuto
tu	temeresti	avresti temuto	temi	
lui/lei/Lei	temerebbe	avrebbe temuto	tema	ジェルンディオ
noi	temeremmo	avremmo temuto	temiamo	temendo
voi	temereste	avreste temuto	temete	
loro	temerebbero	avrebbero temuto	temano	

5. sentire（-ire 動詞）

（下線はアクセントのある部分）

直説法

人称	現在	近過去	半過去	大過去
io	sento	ho sentito	sentivo	avevo sentito
tu	senti	hai sentito	sentivi	avevi sentito
lui/lei/Lei	sente	ha sentito	sentiva	aveva sentito
noi	sentiamo	abbiamo sentito	sentivamo	avevamo sentito
voi	sentite	avete sentito	sentivate	avevate sentito
loro	sentono	hanno sentito	sentivano	avevano sentito

人称	遠過去	前過去（先立過去）	未来	前未来（先立未来）
io	sentii	ebbi sentito	sentirò	avrò sentito
tu	sentisti	avesti sentito	sentirai	avrai sentito
lui/lei/Lei	sentì	ebbe sentito	sentirà	avrà sentito
noi	sentimmo	avemmo sentito	sentiremo	avremo sentito
voi	sentiste	aveste sentito	sentirete	avrete sentito
loro	sentirono	ebbero sentito	sentiranno	avranno sentito

接続法

人称	現在	過去	半過去	大過去
io	senta	abbia sentito	sentissi	avessi sentito
tu	senta	abbia sentito	sentissi	avessi sentito
lui/lei/Lei	senta	abbia sentito	sentisse	avesse sentito
noi	sentiamo	abbiamo sentito	sentissimo	avessimo sentito
voi	sentiate	abbiate sentito	sentiste	aveste sentito
loro	sentano	abbiano sentito	sentissero	avessero sentito

人称	条件法 現在	条件法 過去	命令法	不定法 過去分詞
io	sentirei	avrei sentito	-	sentito
tu	sentiresti	avresti sentito	senti	
lui/lei/Lei	sentirebbe	avrebbe sentito	senta	ジェルンディオ
noi	sentiremmo	avremmo sentito	sentiamo	sentendo
voi	sentireste	avreste sentito	sentite	
loro	sentirebbero	avrebbero sentito	sentano	

334

6. finire（-ire 動詞 -isc 型） _{（下線はアクセントのある部分）}

人称	直説法			
	現在	近過去	半過去	大過去
io	finisco	ho finito	finivo	avevo finito
tu	finisci	hai finito	finivi	avevi finito
lui/lei/Lei	finisce	ha finito	finiva	aveva finito
noi	finiamo	abbiamo finito	finivamo	avevamo finito
voi	finite	avete finito	finivate	avevate finito
loro	finiscono	hanno finito	finivano	avevano finito
	遠過去	前過去（先立過去）	未来	前未来（先立未来）
io	finii	ebbi finito	finirò	avrò finito
tu	finisti	avesti finito	finirai	avrai finito
lui/lei/Lei	finì	ebbe finito	finirà	avrà finito
noi	finimmo	avemmo finito	finiremo	avremo finito
voi	finiste	aveste finito	finirete	avrete finito
loro	finirono	ebbero finito	finiranno	avranno finito

人称	接続法			
	現在	過去	半過去	大過去
io	finisca	abbia finito	finissi	avessi finito
tu	finisca	abbia finito	finissi	avessi finito
lui/lei/Lei	finisca	abbia finito	finisse	avesse finito
noi	finiamo	abbiamo finito	finissimo	avessimo finito
voi	finiate	abbiate finito	finiste	aveste finito
loro	finiscano	abbiano finito	finissero	avessero finito

人称	条件法		命令法	不定法
	現在	過去		過去分詞
io	finirei	avrei finito	-	finito
tu	finiresti	avresti finito	finisci	
lui/lei/Lei	finirebbe	avrebbe finito	finisca	ジェルンディオ
noi	finiremmo	avremmo finito	finiamo	finendo
voi	finireste	avreste finito	finite	
loro	finirebbero	avrebbero finito	finiscano	

7. lavarsi（再帰動詞）

（下線はアクセントのある部分）

直説法

人称	現在	近過去	半過去	大過去
io	mi lavo	mi sono lavato/a	mi lavavo	mi ero lavato/a
tu	ti lavi	ti sei lavato/a	mi lavavi	ti eri lavato/a
lui/lei/Lei	si lava	si è lavato/a	si lavava	si era lavato/a
noi	ci laviamo	ci siamo lavati/e	ci lavavamo	ci eravamo lavati/e
voi	vi lavate	vi siete lavati/e	vi lavavate	vi eravate lavati/e
loro	si lavano	si sono lavati/e	si lavavano	si erano lavati/e

人称	遠過去	前過去（先立過去）	未来	前未来（先立未来）
io	mi lavai	mi fui lavato/a	mi laverò	mi sarò lavato/a
tu	ti lavasti	ti fosti lavato/a	ti laverai	ti sarai lavato/a
lui/lei/Lei	si lavò	si fu lavato/a	si laverà	si sarà lavato/a
noi	ci lavammo	ci fummo lavati/e	ci laveremo	ci saremo lavati/e
voi	vi lavaste	vi foste lavati/e	vi laverete	vi sarete lavati/e
loro	si lavarono	si furono lavati/e	si laveranno	si saranno lavati/e

接続法

人称	現在	過去	半過去	大過去
io	mi lavi	mi sia lavato/a	mi lavassi	mi fossi lavato/a
tu	ti lavi	ti sia lavato/a	ti lavassi	ti fossi lavato/a
lui/lei/Lei	si lavi	si sia lavato/a	si lavasse	si fosse lavato/a
noi	ci laviamo	ci siamo lavati/e	ci lavassimo	ci fossimo lavati/e
voi	vi laviate	vi siate lavati/e	vi lavaste	vi foste lavati/e
loro	si lavino	si siano lavati/e	si lavassero	si fossero lavati/e

条件法／命令法／不定法

人称	現在（条件法）	過去（条件法）	命令法	不定法
io	mi laverei	mi sarei lavato/a	-	過去分詞 lavatosi
tu	ti laveresti	ti saresti lavato/a	lavati	
lui/lei/Lei	si laverebbe	si sarebbe lavato/a	si lavi	ジェルンディオ lavandosi
noi	ci laveremmo	ci saremmo lavati/e	laviamoci	
voi	vi lavereste	vi sareste lavati/e	lavatevi	
loro	si laverebbero	si sarebbero lavati/e	si lavino	

8. amare の受け身 (下線はアクセントのある部分)

人称	直説法			
	現在	近過去	半過去	大過去
io	sono amato/a	sono stato/a amato/a	ero amato/a	ero stato/a amato/a
tu	sei amato/a	sei stato/a amato/a	eri amato/a	eri stato/a amato/a
lui/lei/Lei	è amato/a	è stato/a amato/a	era amato/a	era stato/a amato/a
noi	siamo amati/e	siamo stati/e amati/e	eravamo amati/e	eravamo stati/e amati/e
voi	siete amati/e	siete stati/e amati/e	eravate amati/e	eravate stati/e amati/e
loro	sono amati/e	sono stati/e amati/e	erano amati/e	erano stati/e amati/e

人称	遠過去	前過去 (先立過去)	未来	前未来 (先立未来)
io	fui amato/a	fui stato/a amato/a	sarò amato/a	sarò stato/a amato/a
tu	fosti amato/a	fosti stato/a amato/a	sarai amato/a	sarai stato/a amato/a
lui/lei/Lei	fu amato/a	fu stato/a amato/a	sarà amato/a	sarà stato/a amato/a
noi	fummo amati/e	fummo stati/e amati/e	saremo amati/e	saremo stati/e amati/e
voi	foste amati/e	foste stati/e amati/e	sarete amati/e	sarete stati/e amati/e
loro	furono amati/e	furono stati/e amati/e	saranno amati/e	saranno stati/e amati/e

人称	接続法			
	現在	過去	半過去	大過去
io	sia amato/a	sia stato/a amato/a	fossi amato/a	fossi stato/a amato/a
tu	sia amato/a	sia stato/a amato/a	fossi amato/a	fossi stato/a amato/a
lui/lei/Lei	sia amato/a	sia stato/a amato/a	fosse amato/a	fosse stato/a amato/a
noi	siamo amati/e	siamo stati/e amati/e	fossimo amati/e	fossimo stati/e amati/e
voi	siate amati/e	siate stati/e amati/e	foste amati/e	foste stati/e amati/e
loro	siano amati/e	siano stati/e amati/e	fossero amati/e	fossero stati/e amati/e

人称	条件法		命令法	不定法
	現在	過去		過去分詞
io	sarei amato/a	sarei stato/a amato/a	-	essere amato/a/i/e
tu	saresti amato/a	saresti stato/a amato/a	sii amato/a	
lui/lei/Lei	sarebbe amato/a	sarebbe stato/a amato/a	sia amato/a	ジェルンディオ
noi	saremmo amati/e	saremmo stati/e amati/e	siamo amati/e	essendo amato/a/i/e
voi	sareste amati/e	sareste stati/e amati/e	siate amati/e	
loro	sarebbero amati/e	sarebbero stati/e amati/e	siano amati/e	

索引

文法事項索引

ア行
アクセント	324
アスタリスク	318, 323
アットマーク	318, 323
あの〜(指示形容詞)	47
ある(不定冠詞)	27
あれ(指示形容詞)	46-47

イ行
いくつ(疑問代名詞)	52
いくつかの(部分冠詞)	33
いくつの(疑問形容詞)	52
1人称	137
いつ(疑問副詞)	48
一体どうして？(疑問副詞)	51
行ったことがある	226
いつもの(不定冠詞)	27
引用符	318, 321

ウ行
受け身のsi	128-129
受け身の表現	130-133

エ行
遠過去	217-218, 247-251

オ行
音楽用語	62
音節(ハイフン)	318, 321, 323-325

カ行
〜がある	154, 155
開口母音	326
階数	62
外来語起源の名詞	21
〜がいる(essere)	67
角括弧	318, 322
拡大辞	26
加減乗除	55
過去の過去(直説法大過去)	236
過去分詞	291
過去分詞の作り方	220
過去未来／過去における未来 (条件法過去)	259
家族	22
活用形	13-17, 67
活用語尾	71
活用する	66, 71
仮定文	299
関係代名詞	161
関係副詞	165
冠詞	27
間接補語人称代名詞	141
間接目的語	14, 141
間接目的語＋直接目的語	147
間接話法	312
感嘆符	318, 320
感嘆文	63
間投詞	213
慣用的命令表現	298
慣用表現(avereを使った)	69,
(andareと前置詞を使った)	83,
(fareを使った)	88,
(dareを使った)	90,
(neを使った)	152,
(daを使った)	174

キ行
帰結節	299
紀元後	59
紀元前	59
基数形容詞	53-56
擬声語	215
規則動詞	71-81
擬態語	215
基本文型	13
疑問形容詞	50, 150
疑問詞	48
疑問代名詞	49
疑問符	318, 320
疑問副詞	48
疑問文	15
強勢形	140, 145

強調	16
強調的用法	110
ギリシア語源の名詞	31
近過去	217-230
近過去の作り方	220

ク行
句読記号	318

ケ行
敬称	68
軽蔑辞	26
形容詞	34-65
形容詞の副詞的用法	203
結合形 (間接目的語と直接目的語の)	115,
(補語人称代名詞の)	146,
(定冠詞と前置詞の)	181
現在分詞	289
現時点での未来	259

コ行
好音字	327
語順	15
この〜	46
語尾	18, 34, 71
語尾切断	327
語尾変化	18, 34, 37, 284
語尾変化しない名詞	21
語尾変化の規則性	18
これ	46
コロン	318, 319
コンマ	56, 318, 319

サ行
再帰代名詞	106
再帰動詞	87, 106
再帰動詞の近過去の作り方	225
再帰動詞の命令法	281
〜させる（使役表現）	86

三重母音	323	進行形を表すジェルンディオ		代名小詞(ne)	149,
3人称	42, 137		288	（代名小詞ci)	156
		親族名詞	22, 43	代名動詞	109
シ行				ダッシュ	318, 321
使役動詞	112	**ス行**		他動詞	66
使役表現	86	数形容詞	53	単音節	32
ジェルンディオ	284	数字	54	単子音	323
ジェルンディオと代名詞の結合		数の概念	22	単純時制	218, 230
	286	数量	22, 149	男女混合	30
ジェルンディオの過去	286	スラッシュ	318, 322	単数形(名詞)	18,
子音	27, 37, 47, 159, 282			（冠詞)	29
時刻	60	**セ行**		男性名詞	18,
指示形容詞	45	世紀	59	（～につく冠詞)	27,
指示代名詞	45	性・数	34	（～を修飾する形容詞)	34,
時制	217	聖名祝日	39	（所有形容詞)	42
（時制の一致)	305	西暦	58	単複同形(外来語)	21,
自動詞	66	節	17, 64	（冠詞)	31
従位接続詞	209	接続詞	17, 207	単母音	323
従属節	17,	接続法	217, 260		
（時制の一致)	305	接続法過去	266	**チ行**	
主格	162	接続法大過去	269	知覚動詞	118
縮小辞	25	接続法の独立用法	274	中断符	318, 320
主語	12	接続法半過去	268	直説法	71, 217
主語人称代名詞	15, 137	絶対最上級	196	直説法現在	71, 218
主節	17	接尾辞	25	直接補語人称代名詞	138
条件法	217, 253, 308	セミコロン	318, 319	直接目的語	14, 138
条件法過去	256	前過去	252	直接話法	312
条件法現在	253-256	先行詞	162		
正午	60	前置詞	170-182	**ツ行**	
小数点	56	前未来	238, 245	月(日付)	58
序数	56	先立過去	252		
序数形容詞	53, 56	先立未来	238, 245	**テ行**	
女性名詞	18,			～である(essere)	67
（～につく冠詞)	27,	**ソ行**		定冠詞	27, 29-32
（～を修飾する形容詞)	34,	相互的用法(再帰動詞)	108	定冠詞＋所有形容詞＋名詞	
（所有形容詞)	42	相対最上級	194		42
助動詞	220, 223, 230, 236, 245,			定冠詞＋乗り物	85
	252, 256, 265, 269	**タ行**		定冠詞＋cui＋名詞	166
叙法(→法)	217	大過去(直説法大過去)	236,	定冠詞＋quale	167
所有形容詞	41	（接続法大過去)	269	ていねい表現	253
所有代名詞	44	代名詞	137	定法	217
				天候	124

339

索引

ト行
等位接続詞	207
同音異義語	325
動詞	12, 66-136
動詞＋a＋不定詞	133-134
同時性	285
どうして	51
動詞＋di＋不定詞の表現	135
動詞の原形	71
倒置	15
同等比較級	191, 193
時を表す副詞	204
どこで	49
どこへ	49
どちらの〜	50
どの〜	50
どのくらい	51
どのような	50
どのように	51
どれ	50
どれだけ	51, 52
どんな〜	50
どんなふうに	51

ナ行
なぜ	51
何が	49
何を	49
何の〜	50

ニ行
二重子音	323
二重母音	77, 323
2人称	137
人称代名詞	15, 137

ネ行
年代	58

ノ行
〜の方を好む(preferire)	81

ハ行
倍数形容詞	63
ハイフン	318, 321
場所を表す副詞	204
発音	20, 323-327
半過去	217, 218, 231-235

ヒ行
比較級	191-194
日付	58
否定文	15, 139
否定命令	278
1つの(冠詞)	27
非人称	120, 263
非人称構文	120, 296
非人称動詞	120, 124
非人称のsi	125-127
非人称の表現	120-124
ピリオド	56, 318
品質形容詞	34, 55

フ行
不規則動詞	81
不規則な過去分詞	223, 227, 230
複合時制	218, 230
副詞	200-206
副詞句	316
複数形(名詞)	18-22,
(冠詞)	30-32
不定冠詞	27
不定詞	71, 295
不定詞の単純形	295
不定詞の複合形	295
不定代名詞	183-190
不定法	217, 284-298
不定形容詞	183-190
部分冠詞	33, 150
文	12
分数	58

ヘ行
閉口母音	326
平叙文	15

ホ行
母音	18, 323-327
母音省略	326
法	217
放任の表現	117
補語	12-14
補助動詞	101, 145, 225

マ行
丸括弧	318, 322

ミ行
未来(未来形)	238-244,
(前未来)	245-246
(仮定文)	299,
(時制の一致)	305
見分け方	19, 290

メ行
名詞	18-26
明示	16
名詞化	298
名詞・形容詞の語順について	190
名詞の数	18
名詞の性	18
命令法	217, 218, 275-283

モ行
目的格	162
目的語	12, 66
目的節	17

ユ行
優等比較級	191-192

ヨ行
曜日	58

ラ行
ラテン語源の名詞　31

リ行
量を表す副詞　205

レ行
例外的な語尾変化　19-20
歴史的現在　219
劣等比較級　191-192

ロ行
ローマ数字　328

ワ行
私　12

イタリア語索引

A
a（前置詞）　14, 170
abbastanza　188
abbi（命令法）　277
abbia（接続法）　260,
　（命令法）　277
abbiamo（直説法現在）　68,
　（接続現在）　260,
　（命令法）　277
abbiano　260, 277
abbiate　260, 277
abbracciarsi　109
abitare　15
accanto　204
accento　324
accento acuto　325
accento grave　325
-accio　26
accorgersi ~　109
accrescitivi　26
a condizione che ~　212
acqua　22
adesso　204
affinché　211
aggettivi　34
aggettivi indefiniti　183
aggettivi possessivi　41
agli（定冠詞と前置詞の結合形）
　　181
ai（定冠詞と前置詞の結合形）　181
aiutare　66
al（定冠詞と前置詞の結合形）　181
alcuno　185
alla（定冠詞と前置詞の結合形）181
all'（定冠詞と前置詞の結合形）181
alle（定冠詞と前置詞の結合形）181
allo
（定冠詞と前置詞の結合形）　181
almeno　16, 274
alpinista　30

altrimenti　207
a lungo　206
alzarsi（再帰動詞，直説法現在の
　活用）　106
amare（直説法遠過去の活用）
　　248
amarsi（再帰動詞）　109
a me　（強勢形）145, 154
amico　30
analista　30
anche　16, 100, 208
anche se　210
ancora　204
andare　81-85, 126, 132, 223,
　（直説法半過去の活用）　231,
　（単純未来の活用）　240,
　（接続法現在の活用）　261,
　（接続法半過去の活用）　268,
　（命令法の活用）　277
andare a/in ~　83
andare con ~　85
andare da ~　83
andare＋ジェルンディオ
　　288
andare＋過去分詞
（受け身の表現）　132
andarsene　111, 283
-ando　284
annoiarsi（再帰動詞）　127
annoiarsi di ~　109
-ante　289
a patto che ~　212
aperto　132
apparire（直説法現在の活用）
　　96
appena（従位接続詞）　209,
　（副詞）　226
aprire　132
arancione　36
-are動詞　71
arrivare　75, 126, 223,
　（単純未来の活用）　238

341

索引

articoli	27
articolo indeterminativo	27
articolo determinativo	29
articolo partitivo	33, 150
artista	30
ascoltare	118
asterisco	318, 323
-astro	26
astronauta	24
-ato（過去分詞）	291
attore	24
attorno	204
attrice	24
auto	31
avanti	204
avemmo（遠過去）	247
avendo（ジェルンディオ）	284
avercela con 〜	69
avere（直説法現在の活用）	68,
（直説法半過去の活用）	232,
（直説法単純未来の活用）	238,
（直説法遠過去の活用）	247,
（条件法現在の活用）	254
（接続法現在の活用）	260,
（接続法半過去の活用）	268,
（命令法の活用）	277
avere＋過去分詞	220, 229, 230,
（前未来の活用）	245,
（条件法過去の活用）	257,
（接続法過去の活用）	265,
（接続法大過去の活用）	269,
（不定詞）	295
avesse（接続法半過去）	268
avessero（接続法半過去）	268
avessi（接続法半過去）	268
avessimo（接続法半過去）	268
aveste（接続法遠過去）	247,
（接続法半過去）	268
avesti（接続法遠過去）	247
avete（直説法現在）	68
aveva（直説法半過去）	232
avevamo（直説法半過去）	232
avevano（直説法半過去）	232
avevate（直説法半過去）	232
avevi（直説法半過去）	232
avevo（直説法半過去）	232
avrà（直説法単純未来）	238
avrai（直説法単純未来）	238
avranno（直説法単純未来）	238
avrebbe（条件法現在）	254
avrebbero（条件法現在）	254
avrei（条件法現在）	254
avremmo（条件法現在）	254
avremo（直説法単純未来）	238
avreste（条件法現在）	254
avresti（条件法現在）	254
avrete（直説法単純未来）	238
avrò（直説法単純未来）	238
avverbi	200
azzurro	36
-aで終わる男性名詞	30-31

B

baciarsi	109
ballare	126
begli	37
bei	37
beige	36
bel	37
bell'	37, 326
bella	37
belle	37
bello	37
benché	211
bene	198, 202
benissimo	198
bere（直説法現在の活用）	93,
（直説法半過去の活用）	232,
（直説法単純未来の活用）	242,
（直説法遠過去の活用）	250
bianco	36
blu	36
braccio	32
bravo	37
buon	38
buon'	38
buona	38
buone	38
buoni	38
buono	38, 197

C

cadere（直説法単純未来の活用）	241
caldo	69
calendario	39
cameriera	23
cameriere	23
camminare	66
cantare	75
capire	81,
（接続法現在の活用）	260,
（接続法半過去の活用）	268
carino	34
cattivo	197
cavarsela	111
c'è 〜	70
ce n'è	154
ce ne sono	154
centinaio	56
cercare（直説法現在の活用）	73,
（直説法単純未来の活用）	239
che（疑問詞）	49-50,
（感嘆文）	63-64,
（非人称構文）	120-123,
（関係代名詞）	161-166,
（比較級）	191-193,
（接続詞）	211-212,
（接続法）	262-266,
（間接話法）	312-314
che＋名詞（疑問形容詞）	50,
（感嘆文）	63
che＋形容詞（感嘆文）	64
che cosa	49

chi	49,(感嘆文)65,	
（関係代名詞）		168
chiamare		14
chiocciola		318, 323
chiunque		184
ci(c'èとci sono)		70 -71,
（再帰代名詞）		106,
（代名詞）		138, 141,
（ciの用法）		155
ciascuno		185
cinema		31
ciò		152
ciò che ～		169
cioè		208
ci＋si＋3人称単数の活用形		127
ci sono		70
ci vogliono＋複数名詞		103
ci vuole＋単数名詞		103
come		51
Come mai ～?		51
come se ～		212
cominciare		66,
（直説法現在の活用）		73
cominciare a ～		133
compire(直説法現在の活用)		95
comprare		66
comparativi		191
comparativi di maggioranza		191
comparativi di minoranza		192
comparativi di uguaglianza		193
con		178
concordanza dei tempi		305
condizionale		253
condizionale passato		256
congiuntivo		260
congiuntivo imperfetto		268
congiuntivo passato		265
congiuntivo presente		260
congiuntivo trapassato		269
congiunzioni		207
congiunzioni coordinative		207
congiunzioni subordinative		209
conoscere(直説法現在の活用)		91,
（直説法単純未来の活用）		240
conoscersi		109
corno		32
cosa		49
così ～ che ～		212
così～come ...		193
credere di ～		273
credo che ～		263
cui		161

D

da		170, 173
dagli(定冠詞と前置詞の結合形)		181
dai(定冠詞と前置詞の結合形)		181
dal(定冠詞と前置詞の結合形)		181
dall'（定冠詞と前置詞の結合形)		181
dalla(定冠詞と前置詞の結合形)		181
dalle(定冠詞と前置詞の結合形)		181
dallo(定冠詞と前置詞の結合形)		181
dal momento che		211
dare（直説法現在の活用）		82,
（直説法単純未来の活用）		241,
（直説法遠過去の活用）		250,
（命令法の活用）		277
dato che		211
davanti		204
decina		56
degli(定冠詞と前置詞の結合形)		181
dei(定冠詞と前置詞の結合形)		181
del(部分冠詞)		33,
（定冠詞と前置詞の結合形）		181
dell'(定冠詞と前置詞の結合形)		181
della(定冠詞と前置詞の結合形)		181
delle(定冠詞と前置詞の結合形)		181
dello(部分冠詞)		33,
（定冠詞と前置詞の結合形）		181
dentista		30
dentro		204
'd' eufonica		327
di		170, 172
di corsa		206
dietro		204
di meno		199
diminutivi e vezzeggiativi		25
di più		199
dire(直説法現在の活用)		91, 92,
（直説法半過去の活用）		232,
（直説法単純未来の活用）		241,
（直説法遠過去の活用）		250,
（接続法現在の活用）		261,
（接続法半過去の活用）		268,
（命令法の活用）		277,
（間接話法）		312
discorso diretto/indiretto		312
di sicuro		206
di solito		206
diversi		187
divertirsi		127
divisione in sillabe		323

343

索引

diviso（計算）	55
di＋定冠詞（部分冠詞）	33, 150
domani	204
donna	22
dopo	204, 205
dopo che ～	212, 245, 252, 295
doppio	63
dormire	66,
（直説法現在の活用）	79
dove	49,（関係副詞）165
dovere	
（直説法現在の活用）	101, 104,
（直説法単純未来の活用）	240
dovere＋essere＋過去分詞	133
dovunque	204, 267
dozzina	56
due punti	318
dunque	208
durante	182

E

e	207
è（直説法現在の活用）	67
ebbe（直説法遠過去の活用）	247
ebbero（直説法遠過去の活用）	247
ebbi（直説法遠過去の活用）	247
ecco	205
egli	137
è ＋ 形容詞＋che ～	122
è ＋ 形容詞＋不定詞	122
elisione	326
ella	137
-ellino	25
-ello	25
è meglio ～	199
-endo	284
-ente	289
entro	182

era（直説法半過去の活用）	232
erano（直説法半過去の活用）	232
eravamo（直説法半過去の活用）	232
eravate（直説法半過去の活用）	232
-ere動詞	71
eri（直説法半過去の活用）	232
ero（直説法半過去の活用）	232
esclamativi	63
-esimo	56
essa	137
esse	137
essendo	284
essere	67-68,
（esserci）	71,
（非人称の表現）	120, 124,
（受け身）	130-131, 133, 223-230,
（直説法半過去の活用）	232,
（大過去の活用）	236,
（単純未来の活用）	238,
（遠過去の活用）	247,
（条件法現在の活用）	254,
（接続法現在の活用）	260,
（接続法半過去の活用）	268,
（接続法大過去の活用）	269,
（命令法の活用）	277,
（ジェルンディオ）	284
essere＋過去分詞	
（前未来の活用）	245,
（前過去の活用）	252,
（条件法過去の活用）	257,
（接続法過去の活用）	265,
（接続法大過去の活用）	269
essi	137
esso	137
-ettino	25
-etto	25

F

fame	69
farcela	88-89
fare（直説法現在の活用）	82,
（使役動詞）	112-117,
（直説法半過去の活用）	232,
（直説法単純未来の活用）	241,
（直説法遠過去の活用）	250,
（接続法現在の活用）	261,
（接続法半過去の活用）	268,
（命令法の活用）	277
fare＋不定詞	86
farmacista	30
farsi（再帰動詞）	87, 116
femmina	22
fettuccine	22
figlia	22, 43
figlio	22, 43
finché	212
finire	66,
（直説法現在の活用）	80,
（直説法単純未来の活用）	238,
（直説法遠過去の活用）	248,
（命令法の活用）	275
finire di ～	133
fino a quando	212
forma impersonale	120
forma presente	218
fosse（接続法半過去の活用）	268
fossero	
（接続法半過去の活用）	268
fossi	16,
（接続法半過去の活用）	268
fossimo（接続法半過去の活用）	268
foste（直説法遠過去の活用）	247,
（接続法半過去の活用）	268
fosti（直説法遠過去の活用）	247
foto	31
fratello	22, 43
fra/tra	170, 178
freddo	69

fu（直説法遠過去の活用）	247	-iciattolo	26	le＋数字	60
fui（直説法遠過去の活用）	247	-icino	25	leggere	13, 66,
fummo		ieri	204	（直説法現在の活用）	77
（直説法遠過去の活用）	247	imperativo	275	Lei　68,（主語人称代名詞）137	
fuori	16, 204	in	170, 174	li（直接補語人称代名詞）	138
furono（直説法遠過去の活用）		indicativo imperfetto	231	lì	204
	247	indicativo presente dei		lineetta	318
futuro	238	verbi regolari	71	lo（定冠詞）	29,
futuro anteriore	245	indietro	204	（代名詞）　138-140, 146-148,	
futuro semplice	238	infermiera	23	（用法）	159-161,
		infermiere	23	（定冠詞と前置詞の結合形）181,	
G		infinito（不定詞）	295	（命令法:補語人称代名詞との結	
gentile	34	in fretta	206	合）	279-282,
gerundio	284	in modo che	211	（ジェルンディオと代名詞の結合）	
già	204, 226	-ino	25		286-287
giallo	26, 36	interiezioni	213	lontano	204
ginocchio	32	interrogativi	48	loro（所有形容詞）	41,
giù	204	intorno	204	（主語人称代名詞）	137
gli　29-32, 141, 146-148, 153,		io	137	lui（主語人称代名詞）	137
154, 181, 282, 286, 293		-ire動詞	71		
gnocchi	22	-isc型活用	80	**M**	
gran	40	-issimo	196	ma	207
grand'	40	-ista	30	madre	22, 43
grande	34, 40,	italiano	12	magari	274
（比較）	197	-ito（過去分詞）	291	maggiore	197
grandi	40			mai	204, 227
grigio	36	**L**		male	198
guardare		l'	29	malgrado	211
（直説法現在の活用）	72,	la（定冠詞）	29,	malissimo	198
（知覚動詞）	118	（直接補語人称代名詞）	138	mangiare	66,
guardarsi	109	là	316	（直説法現在の活用）	73,
		labbro	32	（直説法近過去の活用）	220,
H		lasciare	117	（直説法単純未来の活用）	240
ha（直説法現在の活用）	68	lasciarsi	109	marito	22, 43
hai（直説法現在の活用）	68	lavorare	66,	marrone	36
hanno（直説法現在の活用）	68	（条件法現在の活用）	254	maschio	22, 23
ho（直説法現在の活用）	68	lasagne	22	massimo	197
		le（定冠詞）	29,	meglio	198
I		（直接補語人称代名詞）	138,	meno（計算）	55,
i（定冠詞）	29	（間接補語人称代名詞）	141,	（時刻)	61,
-icciolo	25	（敬称の）	144,	（比較）	192
		（補語人称代名詞の結合形）	146	meno～di (che) ...	192

345

索引

-mente	201
mentre	210
mezzanotte	60
mezzo	61
mezzogiorno	60
mi	100,
（再帰動詞）	106,
（直接補語人称代名詞）	138,
（間接補語人称代名詞）	141,
（補語人称代名詞の結合形）	146
mie（所有形容詞）	41
mia（所有形容詞）	41
miei（所有形容詞）	41
migliaio	56
migliore	197
minimo	197
minore	197
mio（所有形容詞）	41
mi piacciono＋複数名詞	100
mi piace＋単数名詞	100
mi piace＋不定詞	100
modi e tempi	217
modi indefiniti	284
modo indicativo	218
moglie	22, 43
moltissimo	198
molto	37, 188,
（比較）	196-198,
（副詞）	200, 205
morire（直説法現在の活用）	97
moto	31
muovere（直説法現在の活用）	97

N

nascere（直説法現在の活用）	98
ne	149
neanche	16, 100, 208
ne＋動詞＋数量を表す語（neの用法）	150
negli（定冠詞と前置詞の結合形）	181
nei（定冠詞と前置詞の結合形）	181
nel（定冠詞と前置詞の結合形）	181
nell'（定冠詞と前置詞の結合形）	181
nella（定冠詞と前置詞の結合形）	181
nelle（定冠詞と前置詞の結合形）	181
nello（定冠詞と前置詞の結合形）	181
nemmeno	16
né ～né ～	208
neppure	16
nero	36
nessuno	186, 267
nevicare	124
niente	184
nipote	23, 43
no	202
nomi	18
non	15, 68, 139, 221, 228-229, 278,
（命令法）	281
non ～ ancora	226, 228
non appena	209
non＋不定詞	278
non ～ mai	226
nonna	23, 43
nonno	23, 43
nonostante	211
non so＋疑問詞＋動詞の不定詞	105
non solo ～ ma anche ～	209
non so se ～	267
nostra（所有形容詞）	41
nostre（所有形容詞）	41
nostri（所有形容詞）	41
nostro（所有形容詞）	41
nulla	184
numero dei nomi	18
numeri cardinali	53
nuovo	41

O

o	207
oggi	204
ogni	183
ognuno	184
-one	26
onomastico	39
oppure	207
ora	204
ormai	204
ossa	32
osservare	118
osso	32
ottimo	197
-o で終わる女性名詞	30

P

padre	22, 43
padrona	23
padrone	23
pagare（直説法現在の活用）	73,
（直説法単純未来の活用）	239
pane	22
parecchio	188
parentesi quadre	318
parentesi tonde	318
parlare（命令法の活用）	275
particella pronominale	149
participio passato	291
participio presente	289
partire	16, 126, 223,
（条件法現在の活用）	254,
（接続法現在の活用）	260,
（接続法半過去の活用）	268
passare	66

passato prossimo	219	（条件法現在の活用）	254,	qualsiasi		183
passato remoto	247	（命令法の活用）	275	qualunque		183, 267
paura	69	preoccuparsi di ～	109	quando（疑問詞）		48,
peggio	198	preposizioni	170	（接続詞）		209
peggiorativi	26	presto	204	quanto（疑問詞）		51-52,
peggiore	197	prima	204	（感嘆文）		64
penne	22	prima che ～	212	（関係代名詞）		169
penso che ～	263	primo	58, 62	quarto		61
per（計算）	55-56,	produrre（直説法現在の活用）		quegli（指示形容詞）		47
（前置詞）	176-177		95	quei（指示形容詞）		47
perché	51, 210	professore	24	quel（指示形容詞）		47
perciò	209	professoressa	24	quell'（指示形容詞）		47
per favore	276	pronomi	137	quella（指示形容詞）		47
periodo ipotetico	299	pronomi indefiniti	183	quelle（指示形容詞）		47
però	208	pronomi personali		quelli（指示代名詞）		48
pessimo	197	accoppiati	146	quello		45, 47
piacere（直説法現在の活用）	98	pronomi personali		quello che ～		169
piccolo	34, 37, 197	complemento diretto		questo		45
piovere	124		138	qui		204
pittore	24	pronomi personali		quindi		209
pittrice	24	complemento indiretto				
più（計算）	55		141	**R**		
più ～ che ...	192	pronome personale		radio		31
più ～ di ...	191	soggetto	137	ravioli		22
più / meno di quello che		pronomi relativi	161	ricevere		221
	193	proprio	45	rimanere		
pochissimo	198	puntini di sospensione		（直説法現在の活用）		93,
poco	187, 198, 205		318	（直説法単純未来の活用）		242
poi	204	punto	318	riso		22
poiché	211	punto esclamativo	318	rosa		36
porre（直説法現在の活用）	94,	punto e virgola	318	rosso		36
（直説法単純未来の活用）	242	punto interrogativo	318			
（直説法遠過去の活用）	250	purché	212	**S**		
potere		pur＋ジェルンディオ	286	salire（直説法現在の活用）		96
（直説法現在の活用）	101,			salutarsi		109
	103,	**Q**		san		39
（直説法単純未来の活用）	240	qua	316	santa		39
preferire	81	qualche	183	sante		39
prendere		qualcosa	184	santi		39
（直説法半過去の活用）	231,	qualcuno	184, 267	santo		39
（直説法単純未来の活用）	238,	quale	50, 167	sapere		
（直説法遠過去）	249,	quale＋名詞	50	（直説法現在の活用）		102,104,

347

索引

（直説法単純未来の活用） 241,
（直説法遠過去の活用） 250,
（接続法現在の活用） 261,
（接続法半過去の活用） 268
sarà
（直説法単純未来の活用） 238
sarai（直説法単純未来の活用） 238
saranno（直説法単純未来の活用） 238
sarebbe
（条件法現在の活用） 254
sarebbero
（条件法現在の活用） 254
sarei（条件法現在の活用） 254
saremmo
（条件法現在の活用） 254
saremo
（直説法単純未来の活用） 238
sareste
（条件法現在の活用） 254
saresti
（条件法現在の活用） 254
sarete
（直説法単純未来の活用） 238
sarò
（直説法単純未来の活用） 238
sbarretta 318
scrivere
（直説法遠過去の活用） 249,
（接続法現在の活用） 260,
（接続法半過去の活用） 268
se 210, 262
sebbene 211
secondo 62-63
sedere（直説法現在の活用） 77
segni di punteggiatura 318
sei（直説法現在の活用） 14, 67
sempre 204
sentire 118,
（直説法半過去の活用） 231,
（命令法の活用） 275,
senza 182
senza che ～ 212
sete 69
si（再帰代名詞） 106
sia（接続法現在の活用） 260
sia ～ che ～ 208
siamo（直説法現在の活用） 67
siano（接続法現在の活用） 260
sia ～ sia ～ 208
siate（接続法現在の活用） 260
siccome 211
si dice che ～ 266
si＋動詞の3人称単数の活用形 125
si＋è＋形容詞の男性複数形 127
siete（直説法現在の活用） 67
signora 23
signore 23
sii（命令法の活用） 277
si impersonale 125
si passivante 125
si＋自動詞の3人称単数 126
solo 127
sonno 69
sono 12, 17,
（時刻） 60-61,
（直説法現在の活用） 67,
（ci sono） 70,
（ce ne sono） 154,
（直説法近過去の活用） 224-225
sopra 204
sorella 22, 43
sotto 204
spaghetti 22
spegnere
（直説法現在の活用） 98
spesso 204
stamattina 204
stare（直説法現在の活用） 91,
（直説法単純未来の活用） 241,
（直説法遠過去の活用） 250,
（接続法現在の活用） 261,
（接続法半過去の活用） 268,
（命令法の活用） 277
stare＋ジェルンディオ 288
stasera 204
stilista 30
studente 13, 24, 27
studentessa 24
su 170, 204
sua（所有形容詞） 41
sue（所有形容詞） 41
suffissi 25
sugli
（定冠詞と前置詞の結合形） 181
sui（定冠詞と前置詞の結合形） 181
sul（定冠詞と前置詞の結合形） 181
sull'
（定冠詞と前置詞の結合形） 181
sulla
（定冠詞と前置詞の結合形） 181
sulle
（定冠詞と前置詞の結合形） 181
sullo
（定冠詞と前置詞の結合形） 181
suo（所有形容詞） 41
suoi（所有形容詞） 41
suocera 23, 43
suocero 23, 43
suonare（直説法現在の活用） 74
superlativi assoluti 196
superlativi relativi 194
s＋子音 27, 29

T

tanto 189, 205
tanto ～ quanto ... 193
tardi 204
telefonare 14, 220, 291
temere
（直説法遠過去の活用） 248

348

tenere（直説法現在の活用）	94,	uomo	22, 32, 40	virgola	318
（直説法単純未来の活用）	242,	uova	32	virgolette	318
（直説法遠過去の活用）	250	uovo	32	visto che 〜	211
ti	138, 141	usare	129	vivere（直説法現在の活用）	76,
togliere（直説法現在の活用）	95	uscire（直説法現在の活用）	91	（直説法単純未来の活用）	241
tornare		-uto（過去分詞）	291	voi	16, 67, 137
（接続法現在の活用）	260,			volerci	103
（接続法半過去の活用）	268	**V**		volere	
tradurre		va（直説法現在の活用）	82	（直説法現在の活用）	101, 102,
（直説法単純未来の活用）	242	vado	16,	（直説法単純未来の活用）	242
trapassato prossimo	236	（直説法現在の活用）	82	volere bene a＋人	102
trapassato remoto	252	vanno	15,	vorrei（条件法）	253-255
trarre（直説法現在の活用）	98	（直説法現在の活用）	82	vostra（所有形容詞）	41
trattino	318	vari	187	vostre（所有形容詞）	41
triplo	63	vecchio	41	vostri（所有形容詞）	41
triste	127	vedere	118,	vostro（所有形容詞）	41
troncamento	327	（直説法単純未来の活用）	241		
troppo	189	vedersi	109	**Z**	
tu	16, 137	venire	81,	zia	22, 43
tua（所有形容詞）	41	（直説法現在の活用）	82,	zio	22, 43
tue（所有形容詞）	41	（直説法単純未来の活用）	242,	zucchero	22
tuo（所有形容詞）	41	（接続法現在の活用）	261,		
tuoi（所有形容詞）	41	（接続法半過去の活用）	268		
tuonare	124	（命令法の活用）	277		
turista	30	venire a/in	86		
tuttavia	208	venire da	86		
tutti e＋数字	55	venire＋ジェルンディオ	288		
tutto	55, 189	venire＋過去分詞	131		
tutto quello che 〜	169	verbi	66		
tutte e＋数字	55	verbi servili	101		
		verbi causativi	112		
U		verbi di percezione	118		
-uccio	25	verbi irregolari	81		
udire		verbi riflessivi	106		
（直説法現在の活用）	97, 118	verde	26, 36		
un	27-28, 290	verso	182		
un'	27-28, 326	vi	138, 141		
una	27-28, 54, 290	vicino	204		
uno	27-28, 53, 124- 125, 185	vincere（直説法現在の活用）	77,		
un po'	187	（直説法遠過去の活用）	249		
un po' di	33, 187	vino	22		
uomini	32	viola	36		

CARTA D'ITALIA

イタリアの州と州都

VALLE D'AOSTA
- Aosta

TRENTINO-ALTO ADIGE
- Trento

FRIULI-VENEZIA GIULIA
- Trieste

LOMBARDIA
- Milano

VENETO
- Venezia

PIEMONTE
- Torino

EMILIA-ROMAGNA
- Bologna

LIGURIA
- Genova

SAN MARINO

TOSCANA
- Firenze

MARCHE
- Ancona

UMBRIA
- Perugia

ABRUZZO
- L'Aquila

LAZIO
- Roma

CITTÀ DEL VATICANO

MOLISE
- Campobasso

PUGLIA
- Bari

CAMPANIA
- Napoli

BASILICATA
- Potenza

SARDEGNA
- Cagliari

CALABRIA
- Catanzaro

SICILIA
- Palermo

リグーリア海 Mar Ligure
アドリア海 Mar Adriatico
ティレニア海 Mar Tirreno
地中海 Mar Mediterraneo
イオニア海 Mar Ionio

参考文献

MORETTI G.B., *L'italiano come seconda lingua nelle varietà del suo repertorio scritto e parlato*, Perugia, Guerra Edizioni, 1992.

DARDANO M. e TRIFONE P., *Grammatica italiana*, Milano, Zanichelli, 1995.

AA.VV., *L'italiano e l'Italia*, Perugia, Guerra Edizioni, 1995.

GABRIELLI G. e PIVETTI P. (a cura di), *Parlare e scrivere meglio*, Milano, Selezione dal Reader's Digest, 1996.

TRIFONE P. e PALERMO M., *Grammatica italiana di base*, Milano, Zanichelli, 2000.

RENZI L., SALVI G., CARDINALETTI A. (a cura di), *Grande grammatica italiana di consultazione*, Bologna, Il Mulino, 2001.

PATOTA G., *Grammatica di riferimento della lingua italiana per stranieri*, Firenze, Le Monnier, 2003.

PATOTA G., *Grammatica di riferimento dell'italiano contemporaneo*, Novara, Garzanti Linguistica, 2006.

武田 好
たけだ・よしみ

大阪外国語大学大学院修士課程修了。1998年より2009年までNHKラジオ「イタリア語講座」、2018年より2020年までNHKラジオ「まいにちイタリア語」、2012年〜2013年度、NHKテレビ「テレビでイタリア語」講師を担当。現在、静岡文化芸術大学教授。著書に、『イタリアオペラを原語で読む カヴァレリア・ルスティカーナ』(小学館)、『CDブック これなら覚えられる！ イタリア語単語帳』、『100分de名著 君主論 マキャベリ』(以上、NHK出版)など多数。

ブックデザイン
堀田 滋郎（hotz design inc.）

校正
染谷 香織、リッチ 佐藤 エレナ

編集協力
川竹 克直

NHK出版 これならわかる
イタリア語文法 〜入門から上級まで

2016年 2月20日　第 1 刷発行
2023年12月20日　第10刷発行

著　者　武田 好
　　　　©2016 Yoshimi Takeda
発行者　松本浩司
発行所　NHK出版
　　　　〒150-0042 東京都渋谷区宇田川町10-3
　　　　電話 0570-009-321（問い合わせ）
　　　　　　 0570-000-321（注文）
　　　　ホームページ https://www.nhk-book.co.jp
印　刷　光邦／大熊整美堂
製　本　ブックアート

落丁・乱丁本はお取り替えいたします。定価はカバーに表示してあります。
本書の無断複写（コピー、スキャン、デジタル化など）は、
著作権法上の例外を除き、著作権侵害となります。
Printed in Japan
ISBN 978-4-14-035141-3　C0087